赵剑英　主编
Zhao Jianying Editor

理解中国丛书
Understanding China Series

China's Path of Human Rights Development

中国的人权发展道路

柳华文　著
By Liu Huawen

图书在版编目（CIP）数据

中国的人权发展道路 / 柳华文著 . —北京：中国社会科学出版社，2018.12

（理解中国丛书）

ISBN 978-7-5203-3552-2

Ⅰ.①中… Ⅱ.①柳… Ⅲ.①人权—发展—研究—中国 Ⅳ.①D621.5

中国版本图书馆 CIP 数据核字（2018）第 258917 号

出 版 人	赵剑英
项目统筹	王　茵　孙　萍
责任编辑	王　茵
特约编辑	李溪鹏
责任校对	李　剑
责任印制	王　超

出　　版	中国社会科学出版社
社　　址	北京鼓楼西大街甲 158 号
邮　　编	100720
网　　址	http://www.csspw.cn
发 行 部	010-84083685
门 市 部	010-84029450
经　　销	新华书店及其他书店

印刷装订	北京君升印刷有限公司
版　　次	2018 年 12 月第 1 版
印　　次	2018 年 12 月第 1 次印刷

开　　本	710×1000　1/16
印　　张	17.25
插　　页	2
字　　数	300 千字
定　　价	48.00 元

凡购买中国社会科学出版社图书，如有质量问题请与本社营销中心联系调换
电话：010-84083683

版权所有　侵权必究

《理解中国》丛书编委会

编委会主任：王伟光

编委会副主任：李 扬 李培林 蔡 昉

编委会成员（以拼音字母为序）：

卜宪群 蔡 昉 高培勇 郝时远 黄 平
金 碚 李 林 李培林 李 扬 马 援
王 镭 王 巍 王伟光 杨 义 赵剑英
周 弘 卓新平

主编：赵剑英

编辑部主任：王 茵

编辑部成员：孙 萍 朱华彬 喻 苗

出版前言

　　自鸦片战争之始的近代中国，遭受落后挨打欺凌的命运使大多数中国人形成了这样一种文化心理：技不如人，制度不如人，文化不如人，改变"西强我弱"和重振中华雄风需要从文化批判和文化革新开始。于是，中国人"睁眼看世界"，学习日本、学习欧美以至学习苏俄。我们一直处于迫切改变落后挨打、积贫积弱，急于赶超这些西方列强的紧张与焦虑之中。可以说，在一百多年来强国梦、复兴梦的追寻中，我们注重的是了解他人、学习他人，而很少甚至没有去让人家了解自身、理解自身。这种情形事实上到了1978年中国改革开放后的现代化历史进程中亦无明显变化。20世纪八九十年代大量西方著作的译介就是很好的例证。这就是近代以来中国人对"中国与世界"关系的认识历史。

　　但与此并行的一面，就是近代以来中国人在强国梦、中华复兴梦的追求中，通过"物质（技术）批判""制度批判""文化批判"一直苦苦寻求着挽救亡国灭种、实现富国强民之"道"，这个"道"当然首先是一种思想，是旗帜，是灵魂。关键是什么样的思想、什么样的旗帜、什么样的灵魂可以救国、富国、强国。一百多年来，中国人民在屈辱、失败、焦虑中不断探索、反复尝试，历经"中学为体，西学为用"、君主立宪实践的失败，西方资本主义政治道路的破产，"文化大革命"的严重错误以及20世纪90年代初世界社会主义的重大挫折，终于走出了中国革命胜利、民族独立解放之路，特别是将科学社会主义理论逻辑与中国社会发展历史逻辑结合在一起，走出了一条中国社会主义现代化之路——中国特色社会主义道路。经过最近三十多年的改革开放，中国社会主义市场经济快速发展，经济、政治、文化和社会建设取得伟大成就，综合国力、文化软实力和国际影响力大幅提升，中国特色社会主义取得了巨大成功，虽然还不完善，但可以说其体制制度基本成型。百年追梦的中国，正以更加坚定的道路自信、理论自信和制度自信的姿态，崛起于世界民族之林。

与此同时，我们应当看到，长期以来形成的认知、学习西方的文化心理习惯使我们在中国已然崛起、成为当今世界大国的现实状况下，还很少积极主动向世界各国人民展示自己——"历史的中国"和"当今现实的中国"。而西方人士和民族也深受中西文化交往中"西强中弱"的习惯性历史模式的影响，很少具备关于中国历史与当今发展的一般性认识，更谈不上对中国发展道路的了解，以及"中国理论""中国制度"对于中国的科学性、有效性及其对于人类文明的独特价值与贡献这样深层次问题的认知与理解。"自我认识展示"的缺位，也就使一些别有用心的不同政见人士抛出的"中国崩溃论""中国威胁论""中国国家资本主义"等甚嚣尘上。

可以说，在"摸着石头过河"的发展过程中，我们把更多的精力花在学习西方和认识世界上，并习惯用西方的经验和话语认识自己，而忽略了"自我认知"和"让别人认识自己"。我们以更加宽容、友好的心态融入世界时,自己却没有被客观真实地理解。因此,将中国特色社会主义的成功之"道"总结出来,讲好中国故事,讲述中国经验,用好国际表达,告诉世界一个真实的中国,让世界民众认识到,西方现代化模式并非人类历史进化的终点,中国特色社会主义亦是人类思想的宝贵财富,无疑是有正义感和责任心的学术文化研究者的一个十分重要的担当。

为此,中国社会科学出版社组织一流专家学者编撰了《理解中国》丛书。这套丛书既有对中国道路、中国理论和中国制度总的梳理和介绍,又有从政治制度、人权、法治,经济体制、财经、金融,社会治理、社会保障、人口政策,价值观、宗教信仰、民族政策,农村问题、城镇化、工业化、生态建设,以及古代文明、哲学、文学、艺术等方面对当今中国发展和中国历史文化的客观描述与阐释,使中国具象呈现。

期待这套丛书的出版,不仅可以使国内读者更加正确地理解100多年中国现代化的发展历程,更加理性地看待当前面临的难题,增强全面深化改革的紧迫性和民族自信,凝聚改革发展的共识与力量,也可以增进国外读者对中国的了解与理解,为中国发展营造更好的国际环境。

2014 年 1 月 9 日

目　录

第一章　中国梦与中国人权发展道路 ……………………………（1）
　一　中国梦也是人权梦 ………………………………………（2）
　二　中国人权道路的三个维度：法治、发展与人权…………（6）
　三　改革开放40年与中国人权发展道路 ……………………（17）

第二章　经济、社会和文化权利 …………………………………（36）
　一　作为"第二代人权"的经济、社会和文化权利 …………（37）
　二　保障经济、社会和文化权利的举措………………………（42）
　三　保障经济、社会和文化权利的成就与挑战………………（55）

第三章　公民和政治权利 …………………………………………（72）
　一　作为"第一代人权"的公民和政治权利 …………………（73）
　二　保障公民和政治权利的举措………………………………（82）
　三　保障公民和政治权利的成就与挑战………………………（95）

第四章　妇女权利 …………………………………………（116）
　一　妇女权利是人权 ……………………………………（117）
　二　保护妇女权利的举措 ………………………………（126）
　三　保护妇女权利的成就和挑战 ………………………（132）

第五章　儿童权利 …………………………………………（139）
　一　儿童权利是人权 ……………………………………（140）
　二　保护儿童权利的举措 ………………………………（144）
　三　保护儿童权利保障的成就和挑战 …………………（149）

第六章　少数民族权利 ……………………………………（160）
　一　作为基本政治制度的民族区域自治制度 …………（161）
　二　保护少数民族权利的举措 …………………………（170）
　三　保护少数民族权利的成就和挑战 …………………（173）

第七章　老年人权利 ………………………………………（185）
　一　老年人权利保护的新观念 …………………………（187）
　二　保护老年人权利的举措 ……………………………（194）
　三　保护老年人权利的成就与挑战 ……………………（201）

第八章　残疾人权利 ………………………………………（208）
　一　残疾人权利保护的新认识 …………………………（209）
　二　保护残疾人权利的举措 ……………………………（214）
　三　保护残疾人权利的成就和挑战 ……………………（222）

第九章 中国与国际人权治理……………………………（232）
　一　联合国与人权主流化………………………………（233）
　二　中国积极参与联合国人权工作……………………（240）
　三　中国积极促进国际人权治理………………………（247）

参考文献……………………………………………………（254）

索　引………………………………………………………（260）

第 一 章

中国梦与中国人权发展道路

2016年8月22日,由联合国开发计划署和国务院发展研究中心历时两年完成的《中国人类发展报告2016》(以下简称《报告》)在北京发布。《报告》指出,以"人类发展指数"为依据,中国已成为"高水平人类发展国家",是30余年来在人类发展领域中进步最快的国家之一。

1980年中国还处于低人类发展水平组,1995年以后进入了中等人类发展水平组,在2010年以后人类发展指数开始超过世界平均水平,2011年则达到了高人类发展水平。在1990年处于低人类发展水平组别的47个国家中,此时的中国是唯一跻身高人类发展水平组的国家。

《报告》指出,中国的人类发展在收入与减贫、健康、教育等各方面都得到了体现,经济的快速增长对人类发展起到了关键作用。20世纪70年代末的经济体制改革,打破了计划经济的束缚,极大地释放了增长潜力,带来了30多年平均近10%的高速经济增长,这对促进中国的人类发展起到了至关重要的作用。从1980年到2010年的30年间,中国收入指数的增幅在全球排名第一。对中国人类发展指数增长因素的分析表明,30年间经济(收入)增长对人类发展指数增长的贡献达到了56.26%，其中1980—1990年的贡献率更是高达65.53%。收入的快速增长让大量人口摆脱了贫困，不仅提高了物质生活水平，也大大扩展了机会和选择。义务教育在全国已经实现了普及，人人有学上的目标基本实现，义务教育的平等性也大大提高，但城乡教育的质量差距仍然很大。农民工子女入学难，城市"择校"现象严重，少数民族人口较多地区的高中毛入学率均低于全国平均水平。中国人口的健康水平在改革开放之前已经处于相对较高水平，20世纪80年代以来，健康指标逐步改善，人均预期寿命从1981年的67.9岁提高到2010年的74.8岁，高于70岁的世界平均水平，特别是2000—2010年的10年间，提高了3.4岁，进步加快。

中国作为人口众多、幅员辽阔、世界上最大的发展中国家，为什么可以发展最快，这其中的发展是"人类的发展"，是人权保障的进步，用"巨变"来形容也并不为过。

中国对人权理想和人权追求与中国国家主席习近平提出的"中国梦"有着密切的联系。中国，这个有着悠久、灿烂的历史文化的文明古国，却在近代史上积贫积弱、饱受西方殖民列强和日本帝国主义的侵略之苦。中华人民共和国成立后，中国从"一穷二白"起步，重新走上发展、繁荣和复兴之路。中国人站起来了，也逐渐开始强起来了，中国梦展现的正是中国人的发展理想，包括更加美好的人权愿景。

◇ 一　中国梦也是人权梦

2018年3月11日，第十三届全国人民代表大会第一次会议通过了新的宪法修正案。修正案充实坚持和加强中国共产党全面领导的内容，在《宪法》第一章总纲第一条第二款"社会主义制度是中华人民共和国的根本制度"后增写一句，内容为"中国共产党领导是中国特色社会主义最本质的特征"。

因此，中国共产党是执政党，是国家的最高政治领导力量，这是有国家的根本法根据的。中国的经济发展和社会进步是在中国共产党和中国政府领导下实现的。中国共产党和中国政府对国家和社会的正确和坚强的领导，是中国社会主义现代化建设的有力保障。

在中国共产党第十九次全国代表大会上部分修改、2017年10月24日通过的《中国共产党章程》中规定："中国共产党是中国工人阶级的先锋队，同时是中国人民和中华民族的先锋队，是中国特色社会主义事业的领导核心，代表中国先进生产力的发展要求，代表中国先进文化的前进方向，代表中国最广大人民的根本利益。"这是中国共产党的定位和责任担当。

与人权密切相关，《中国共产党章程》在总纲中明确申明："尊重和保障人权。"它还提到"逐步消灭贫穷，达到共同富裕，在生产发展和社会财富增长的基础上不断满足人民日益增长的美好生活需要，促进人的全面发展"，"必须坚持以人民为中心的发展思想"，"做到发展为了人民、发展依靠人民、发展成果由人民共享"。

2012年中国共产党第十八次全国代表大会实现了党的领导层交替，为国家机构领导人的更替奠定了基础。2013年3月，第十二届全国人民代表大会选举产生了以国家主席、中共中央总书记习近平为核心的新一届国家机构领导人。党的十八大报告提到："经过九十多年艰苦奋斗，我们党团结带领全国各族人民，把贫穷落后的旧中国变成日益走向繁荣富强的新中国，中华民族伟大复兴展现出光明的前景，对党和人民确立的理想信念倍加坚定、对党肩负的历史使命倍加清醒。"以此为基础,以习近平为核心的新的领导集体响亮地提出了努力实现"中国梦"的施政目标。

2013年3月17日,在十二届全国人大一次会议闭幕会上,中共中央总书记、当选国家主席、中央军委主席的习近平在讲话中九次提到"中国梦"。他向全国人民做出庄严承诺:"中国梦归根到底是人民的梦,必须紧紧依靠人民来实现,必须不断为人民造福。"他提出:"中国梦是民族的梦,也是每个中国人的梦。只要我们紧密团结,万众一心,为实现共同梦想而奋斗,实现梦想的力量就无比强大,我们每个人为实现自己梦想的努力就拥有广阔的空间。生活在我们伟大祖国和伟大时代的中国人民,共同享有人生出彩的机会,共同享有梦想成真的机会,共同享有同祖国和时代一起成长与进步的机会。有梦想,有机会,有奋斗,一切美好的东西都能够创造出来。"①

在同一天,当选国务院总理的李克强和四位副总理与中外记者见面,并回答记者提问。他说:"正是改革开放改变了我们国家的命运,使亿万农民脱贫,也使许许多多的人出现了重大的人生转折。现在改革的重任落到了我们这一代肩上,我们要尽力使改革的红利惠及全体人民,使老年人安度晚年、年轻人充满希望,使我们的国家生机勃勃。"②

2015年9月25日,习近平主席在访问美国时指出:"中国人民实

---

① 习近平:《在第十二届全国人民代表大会第一次会议上的讲话》,载习近平《习近平谈治国理政》,外文出版社2014年版,第40页。

② 转引自新华网:《两会授权发布:李克强总理等会见采访两会的中外记者并回答提问》,http://news.xinhuanet.com/2013lh/2013-03/17/c_124469054_10.htm,2013年3月20日。

现中华民族伟大复兴中国梦的过程,本质上就是实现社会公平正义和不断推动人权事业发展的进程。"① 可见,尊重和保障人权,促进每一个人心中梦想的实现,这是中国梦美好愿景的集中体现。中国梦,是中国国家、民族、社会、家庭和个人长期理想和近期理想的典型概括和形象表述。

2012年中国共产党召开第十八次全国代表大会以来的五年,是中国发展进程中极不平凡的五年。面对世界经济复苏乏力、局部冲突和动荡频发、全球性问题加剧的外部环境,面对中国经济发展进入新常态等一系列深刻变化,中国坚持稳中求进工作总基调,迎难而上,开拓进取,取得了改革开放和社会主义现代化建设的历史性成就。为贯彻党的十八大精神,十八届中共中央召开了七次全会,分别就政府机构改革和职能转变、全面深化改革、全面推进依法治国、制定"十三五"规划、全面从严治党等重大问题做出决定和部署。比如,在十八届五中全会上,习近平总书记系统论述了创新、协调、绿色、开放、共享"五大发展理念"。"五大发展理念"关系到2016年至2020年"十三五"乃至更长时期中国的发展思路、发展方式和发展着力点,是中国共产党认识把握发展规律的再深化和新飞跃,丰富发展了中国特色社会主义理论。

在2017年10月召开的中国共产党第十九次全国代表大会上,习近平总书记在报告中明确提出,新时代中国社会主要矛盾是人民日益增长的美好生活需要和不平衡不充分的发展之间的矛盾,必须坚持以人民为中心的发展思想,不断促进人的全面发展、全体人民共同富裕。他重申,中国特色社会主义事业总体布局是"五位一体"(经济

---

① 杜尚泽、陈丽丹:《习近平同美国总统奥巴马共同会见记者》,《人民日报》2015年9月26日第2版。

建设、政治建设、文化建设、社会建设、生态文明建设统一兼顾)、战略布局是"四个全面"(全面建成小康社会、全面深化改革、全面依法治国、全面从严治党)。

说到底,对于中国这样一个世界上最大的发展中国家来说,中国梦也是发展梦、人权梦。中国的发展理念与时俱进,对人权的实现和保障影响深远。

中国特色社会主义理论体系是马克思主义及其中国化的最新成果,指明了中国梦的正确方向,诠释了中国梦的精神内核,是指引中国坚定不移地走中国特色社会主义道路的思想指南,是统一全党全国人民思想、凝聚全党全国人民共识的强大精神武器;中国共产党的坚强领导是实现中国梦的组织保证。[①] 在党的十九大上确立的习近平新时代中国特色社会主义思想是这一理论体系的集中体现。

可以说,中国的人权道路是中国共产党和中国政府在道路自信、理论自信、制度自信和文化自信的基础上,在中国特色社会主义人权观指导下的伟大实践,中国梦是这一伟大实践的生动概括。

二 中国人权道路的三个维度:法治、发展与人权

中国文化强调整体性思维。关于人权,中国人不喜欢就事说事,就人权说人权。换句话说,中国人不主张简单、孤立地看人权、说人权。那么人权与哪些因素是必然联系在一起的?中国人权事业是整个

[①] 王伟光:《坚定不移沿着中国特色社会主义道路前进》,《人民日报》2013年12月24日第7版。

国家整体发展进程的一个有机组成部分,融合于中国整体的发展道路当中。

观察中国的发展道路,有三条主线,或者称为发展过程中的三个基本维度,它们相辅相成、密切联系。它们是法治、发展和人权。一方面,三者中任何一个方面的发展状况都会影响另外两者;另一方面,缺一不可,三者构成一个有机整体,并构成一个全面、平衡、健康和可持续发展的基本架构。

(一) 法治

法治是现代社会国家治理的基本方式。值得注意的是,中华人民共和国成立后,1950年5月1日,中央人民政府正式颁布了《中华人民共和国婚姻法》,这是新中国颁布的第一部法律,旨在解放妇女,保障妇女的婚姻自由,赋予妇女和男性平等的地位的权利。也就是说,从一开始,中国法律就是以人为本、关注人权特别是女权的。

作为一个拥有漫长古代历史和文化传统的国家,拥抱现代法治理念并非易事,也绝非没有曲折和弯路。作为经验教训的总结,1978年12月,中共十一届三中全会公报中明确提出:"宪法规定的公民权利,必须坚决保障,任何人不得侵犯。"[1]

1982年《中华人民共和国宪法》再次专章规定保护公民基本权利,并将其列为总纲之后的第一个章节,置于"国家机构"一章之前,以突出其重要性和优先地位。2004年3月14日,在第十届全国人民代表大会第二次会议上,新的宪法修正案以2863张赞成票获得

---

[1] 转引自《中国共产党第十一届中央委员会第三次全体会议公报》,1978年12月22日通过。

通过。正是通过该宪法修正案,将"国家尊重和保障人权"明确写入宪法。

法治与人治相对,它是巩固社会发展成就(包括制度成就),维护社会正常秩序的根本,是民主的基础和保障。有"规矩",方可以"成方圆",法治是国家和社会发展之基;依法治国,国家的稳定、可持续发展才可以有章法、可预期。法治是百姓和个人之福;不论个人还是群体,权利的合理主张和正义的充分伸张离不开法治的支撑。

以宪法为基础,中国保障人权法律体系的建设已获得长足的进步。2011年1月24日,时任全国人大常委会委员长的吴邦国在北京宣布:一个立足中国国情和实际、适应改革开放和社会主义现代化建设需要、集中体现党和人民意志的,以宪法为统帅,以宪法相关法、民法商法等多个法律部门的法律为主干,由法律、行政法规、地方性法规等多个层次的法律规范构成的中国特色社会主义法律体系已经形成,国家经济建设、政治建设、文化建设、社会建设以及生态文明建设的各个方面实现了有法可依。立法成就为中国包括人权事业的发展奠定了坚实的基础。

立法工作及其进展有一个明确的价值目标,也可以说是一个核心驱动力,即尊重和保障人权。2007年3月16日,历经八次审议、社会广泛参与制定的物权法在十届全国人大五次会议上高票通过。这部法律直接涉及公民基本的财产权利,调整的对象是物权,保障的却是人权。2012年3月8日,十一届全国人大五次会议审议刑事诉讼法修正案。修正案明确将"尊重和保障人权"写入刑事诉讼法的第一条,还完善了非法证据排除制度,首次规定不得强迫任何人证实自己有罪。修订案也进一步规定了律师在侦查阶段的法律地位。纵观刑事诉讼法的发展脉络,中国刑事司法思想正在从单纯注重打击犯罪向兼顾人权保障方向演变。

中国特色社会主义法律体系的形成,总体上解决了有法可依的问题。虽然立法工作还应当继续推进,但是有法必依、执法必严、违法必究的问题更加突出。法律的生命力在于实施。可以说,法律实施是实现人权的法治保障的关键环节。

党的十八大以来,新的中央领导集体特别强调反对腐败,并取得了重大成就。任何人,包括高级领导干部,只要腐败、违反法律,就要受到应有的追究。一些高级领导干部因为腐败被依法追究责任,彰显了中国执政党和政府反对腐败空前的决心和坚定的意志。回顾和反思这些反腐案件,笔者认为,领导干部腐败的危害不仅仅在于他们贪污了多少钱物,获得了多少私利,更在于他们对于国家和地方的法治进行的践踏和破坏,而且这可能是最大的危害。他们的人治作风,表面上看也可能使某地或者某个部门在短时间内获得迅速的发展,似乎是政绩明显,但是从长远和整体来看,不仅牺牲和侵犯了部分公民和百姓的权利,影响了经济与社会的全面、可持续发展,更破坏了法治的尊严、国家与社会的长治久安。

坚持法治发展道路,是中国借鉴世界古今中外治理文明的需要,是中国总结自身历史和当代经验教训的结论。依法治国是党和国家治国理政的基本方略,须臾不可以动摇。

值得指出的是,目前中国所讲的法治,已然包括了国际法治的内容。出于政治的目的,最近有些国家和媒体在海洋法等领域鼓吹对中国的"法律战",宣扬所谓"中国不遵守国际法"的论调。[①] 其实,中国是联合国《海洋法公约》的缔约国,而处处发声的美国却不是。

---

① 参见《美日菲越酝酿对华"法律战"》,《参考消息》2014年6月5日第1、2版。

作为曾饱受帝国主义和殖民主义欺凌的文明古国，中国曾是旧的国际法律秩序的受害者，但是今天，中国是新的政治、经济和法律秩序坚定的支持者，并努力发挥建设性的作用。

60多年前的1954年，中国与印度、缅甸等国一起，提出了和平共处五项原则，作为处理国与国关系的基本准则。2014年6月，中国政府隆重纪念和平共处五项原则，并提出在新的时期，进一步丰富和发展国际法基本原则，促进国际法治、世界和平与发展。[①] 2018年3月，"构建人类命运共同体"写入新修订的宪法序言，这是中国关于推动国际治理的新主张、新贡献。

中国是联合国人权理事会的理事国，高度重视人权领域的国际交流与合作。中国通过实施已经批准的人权公约，积极促进国内法治和人权事业的发展。

总体而言，尊重和保障人权是法治的核心价值和根本目标，因为法治本身并不是目的，人民的福祉、社会的安定、国家的善治才是法治的追求。同时，法治不是无源之水，不是空中楼阁，它离不开经济基础的支撑，离不开社会文化和法治意识的涵养。法治建设必须与社会发展水平相适应。法治中国的建设，正在并将继续立足国情，促进中国以人为本的科学发展，推动人权事业更好更快的进步。

（二）发展

中华人民共和国成立以前，中国饱受帝国主义、封建主义和官僚买办资本主义三座大山的压迫，积贫积弱，广大的人民群众享受不到

[①] 参见习近平《弘扬和平共处五项原则　建设合作共赢美好世界——在和平共处五项原则发表60周年纪念大会上的讲话》，《人民日报》2014年6月29日第2版。

人权。特殊的历史经验使中国人深切地体会到，对于一个国家和民族而言，人权首先是独立权和生存权，没有独立权和生存权，其他一切人权都无从谈起。生存与发展，是新中国的第一要务。

1949年中华人民共和国成立后，面临的是第二次世界大战后东西方迅速进入冷战时期的复杂的国际格局。周恩来作为新中国外交的奠基人之一，提出和平与战争是世界的主要矛盾，维护世界和平是中国外交的首要目标，和平政策是中国外交的基本政策。和平共处五项原则在这样的历史大背景下作为外交策略产生。和平共处五项原则这一独立自主的和平外交政策，改变了外部世界对社会主义中国的认识，首先使中国与亚洲邻国的关系产生了突破性进展，并迅速获得广大第三世界国家的认同，成为第二次世界大战后几十年间反对帝国主义、殖民主义、霸权主义，不同国家和平共处以及和平解决国际争端领域中经典性、制度性的立场和主张。

同时，中国的社会主义经济建设也在曲折中前进。特别是改革开放40年来，中国社会主义市场经济建设取得令人瞩目的成就。甚至，中国经济迅速发展，成为世界第二大经济体。其实，不同时期，不同国情之下，中国对于发展的内涵和外延、发展的任务有不同的认识和理解，是一个与时俱进、不断探索的过程。

中国发展道路的立足点和目标是什么？联系人权来说，中国提出的观点是，生存权和发展权是首要的人权，也是享有其他人权的基础，没有生存权和发展权，其他一切人权均无从谈起。这是中国人民从自己的历史和国情出发在人权问题上得出的一个基本结论，也被认为是一个具有普遍意义和价值的重要观点。[①] 1991年11月1日，国务

[①] 董云虎、常健主编：《中国人权建设60年》，江西人民出版社2009年版，第38页。

院新闻办发表《中国的人权状况》白皮书，这是中国政府向世界公布的第一份以人权为主题的官方文件，系统总结和深入分析了中国的人权状况，从中国的国情出发，明确申明"生存权、发展权是中国的首要人权"①。

对于解决亿万人口的温饱问题来说，经济建设的重要性是非常直接、非常明了的。因此，从改革开放一开始，长期以来，以经济建设为中心是中国发展政策要义。2002年，党的十六大提出社会主义经济建设、政治建设、文化建设"三位一体"的新任务。到2007年党的十七大则发展为经济、政治、文化、社会"四位一体"的总体布局，体现了正是对社会建设前所未有的强调。2012年党的十八大正式提出了"五位一体"的发展格局，即兼顾经济建设、政治建设、文化建设、社会建设和生态文明建设的全面和科学发展的新概念。2017年党的十九大强调坚持新发展理念。习近平总书记在报告中指出，发展是解决中国一切问题的基础和关键，发展必须是科学发展，必须坚定不移贯彻创新、协调、绿色、开放、共享的发展理念。中国的发展格局和发展理念体现了以人为本的科学发展观。这就是要克服片面的物质增长、忽视精神进步和社会公平正义、漠视环境和资源保护的发展观，特别是克服"见物不见人"，忽视人的因素的错误认识。发展依靠人民，发展为了人民，发展让人民受益。

中国人权事业的目标是什么？2012年6月11日国务院新闻办根据国务院授权发布的《国家人权行动计划（2012—2014年）》在导言中谈到了制订和实施行动计划的指导思想，提道："将人权事业与经济建设、政治建设、文化建设、社会建设以及生态文明建设结合起

---

① 李希光、郭晓科主编：《人权报道读本》，清华大学出版社2007年版，第2—3页。

来，顺应各族人民过上更好生活的新期待，继续把保障人民的生存权、发展权放在首位，着力保障和改善民生，着力解决人民群众最关心、最直接、最现实的权利和利益问题，切实保障公民的经济、政治、社会和文化权利，促进社会更加公正、和谐，努力使每一个社会成员生活得更有尊严、更加幸福。"

中国人权事业与发展是什么关系？2013年5月14日国务院新闻办发布的《2012年中国人权事业的进展》白皮书在篇章布局上说明了这个问题。它不同于按照权利分类安排篇章结构的写法，首次以以人为本的科学发展观为指导，并采用了与发展格局相对应的目录结构，从第一章开始，前五章的题目分别是：经济建设中的人权保障、政治建设中的人权保障、文化建设中的人权保障、社会建设中的人权保障和生态文明建设中的人权保障。该白皮书典型地回答了如何在一个发展中国家保障人权的问题，回答了人权与发展的关系问题，即以发展促人权，在促进人权中谋发展。这既符合中国国情，又符合国际社会将人权视角纳入发展进程主流的倡导。

又比如2014年5月26日国务院新闻办发布新的白皮书《2013年中国人权事业的进展》。它在前言中写道："这一年里，中国共产党和中国政府坚持从本国国情和实际出发，以促进社会公平正义、增进人民福祉为出发点和落脚点，全面深化改革，推动经济社会文化各项事业的发展，保证人民平等参与、平等发展权利，让发展成果更多更公平惠及全体人民。中国的发展进步，使每个中国人都得到发展自我和服务社会的机会，都享有人生出彩和梦想成真的机会。"它将人权保障作为发展进程中的核心话语和重要视角，具体阐释了中国梦中的发展内涵与人权追求。

发展既需要法治保驾护航，更为法治进步提供基础和条件。党的十八大以来，法治中国建设被更加突出地提上议事议程。党的十八届四中全会是改革开放以来，中共中央第一次专门以依法治国为主题的全会。这也正是中国时势发展的必然。在坚持法治的基础上，中国发展道路的基本逻辑是，一方面发展是硬道理，另一方面发展强调以人为本，以人民为中心。

（三）人权

"条条道路通罗马"，人权是世界各国追求的共同目标，但是实现人权的道路绝非单一。中国共产党人认为，社会主义与人权有着本质的内在联系，这是由中国共产党的宗旨和社会主义的性质所决定的。"社会主义是保障人权的制度。没有人权和不切实保障人权，都不是社会主义。"[①]

人权领域的意识形态之争由来已久，令人遗憾的是，至今这种情况也时常在国际场合出现。邓小平说，人们支持人权，但不要忘记还有一个国权。他说："西方的一些国家拿什么人权、什么社会主义制度不合理、不合法等作幌子，实际上是要损害我们的国权。"[②] 他认为，国权与人权是统一的，国家的一切权力来自人民，而国家同时又要代表人民的权利。

今天，中国特色的人权观一向主张：第一，人权不仅仅是个人权利，还包括集体人权。第二，人权既包括公民权利和政治权利，也包括经济、社会、文化权利。第三，人权是历史的产物，它的充分实

[①] 李铁映：《论民主》，人民出版社、中国社会科学出版社2001年版，第157页。

[②] 邓小平：《国家的主权和安全要始终放在第一位》，载《邓小平文选》第3卷，人民出版社1993年版，第348页。

现，是同每个国家的经济文化水平相联系的逐渐发展的过程。第四，中国是世界上人口最多的发展中国家，应把人民的生存权和发展权放在首位。第五，人权推进的核心要义是保证全体社会成员平等参与、平等发展的权利。第六，中国主张全面、客观、公正地评价一国的人权状况。伴随中国经济与社会的快速发展，一方面，中国人权事业不断进步，取得有史以来最大的成就；另一方面，对于人权保障来说，没有最好，只有更好。人权的实现不是一蹴而就、一劳永逸的，需要长期坚持不懈地努力。第七，中国积极参与国际人权合作，强调在平等和相互尊重的基础上开展建设性的对话、交流与合作，推动世界人权事业健康发展。

包括发展梦和人权梦在内的中国梦与中国国情、中国道路和中国模式密切联系，有鲜明的中国特色。中国梦重要战略思想为中国人权事业的发展提供了新的理论和战略指导；中国梦与中国人权同根同源；实现中国梦，其实质是为了更好地保障人民的各项基本权利，促进中国人权事业的全面发展。①

2009年4月中国颁布实施《国家人权行动计划（2009—2010年）》，它在导言中说："中国政府坚持以人为本，落实'国家尊重和保障人权'的宪法原则，既尊重人权普遍性原则，又从基本国情出发，切实把保障人民的生存权、发展权放在保障人权的首要位置，在推动经济社会又好又快发展的基础上，依法保证全体社会成员平等参与、平等发展的权利。"关于制订该计划的基本原则，第一条就是："根据中国宪法的基本原则，遵循《世界人权宣言》和国际人权条约

---

① 孙洪丽：《推动人权事业发展，努力实践中国梦——"中国梦与中国人权"理论研讨会在济南召开》，中国人权网，http://www.humanrights-china.org/cn/dt/xwgc/t20140519_1175921.htm，2017年5月25日。

的基本精神，完善保障人权的各项法律法规，依法推进中国人权事业的发展。"

《国家人权行动计划（2012—2015年）》和《国家人权行动计划（2016—2020年）》均在导言中指出了制订和实施的三个基本原则：首要的是依法推进原则，说明人权事业是以法治为基础的；第二个原则是全面推进原则，说明人权事业是以全面、平衡的科学发展观为指导的；第三个原则是务实推进原则，说明人权事业是立足中国现阶段的国情和发展水平渐进发展的。第三个计划是正在实施中的国家人权行动计划，它还增加了两个新的基本原则：平等推进原则，即保障每个人都能平等享有各项人权；合力推进原则，政府、企事业单位、社会组织共同促进人权事业的发展。"合力原则"意味着，商业与人权密切相关，工商企业的社会责任受到越来越多的倡导，而社会组织的作用同样受到重视。

2016年8月，中共中央办公厅、国务院办公厅印发了《关于改革社会组织管理制度促进社会组织健康有序发展的意见》。意见说，以社会团体、基金会和社会服务机构为主体组成的社会组织，是中国社会主义现代化建设的重要力量。改革开放以来，中国社会组织不断发展，在促进经济发展、繁荣社会事业、创新社会治理、扩大对外交往等方面发挥了积极作用。同时，社会组织工作中还存在法规制度建设滞后、管理体制不健全、支持引导力度不够、社会组织自身建设不足等问题，从总体上看社会组织发挥作用还不够充分。意见提出，改革社会组织管理制度，正确处理政府、市场、社会三者关系，改革制约社会组织发展的体制机制，激发社会组织内在活力和发展动力，促进社会组织真正成为提供服务、反映诉求、规范行为、促进和谐的重要力量。意见提出了一个总体目标：到2020年，建立健全中国特色社会组织管理体制,基本建立政社分开、权责明确、依法自治的社会组织制度。

法治、发展和人权是中国发展道路的基本维度,形成中国发展模式"三位一体"的基本格局。今日的中国和中国人民,正在以千年文明积淀为底蕴,以发展中人口大国的现实国情为基础,以实现依法治国、科学发展和保障人权为主线,坚定不移地走在实现民族复兴伟大中国梦的道路上,正在不断取得经济与社会发展的进步,也必将为世界和平、发展和人权事业的发展做出贡献。

◇ 三 改革开放 40 年与中国人权发展道路

1949 年 10 月 1 日,中华人民共和国成立,中国人民走上了独立自主的新征程,克服重重困难,面对诸多挑战,历经曲折,中国从 20 世纪 70 年代末开始,走出了一条改革开放的成功之路。2018 年是中国改革开放 40 周年。从 1978 年开始的 40 年来改革开放的进程,是中国不断走向繁荣、富强、文明与和谐的过程,是中国与世界互动更加频繁、与各国人民联系更加密切的过程,是中国人权事业不断加快发展、获得突破、取得丰硕成就、形成有益经验的过程。

(一)新的人权原点

1978 年 12 月 18 日至 22 日召开的中共十一届三中全会开启了改革开放的序幕。它是中华人民共和国成立以来中国共产党和中国历史上具有深远意义的伟大转折。全会公报除了规定中国以经济建设为中心的新的发展道路之外,还专门指出:"宪法规定的公民权利,必须坚决保障,任何人不得侵犯。"

全国人大常委会委员徐显明说:"中共十一届三中全会郑重地提出健全社会主义法制的伟大任务,确立了'有法可依,有法必依,执法必严,违法必究'的社会主义法制建设的十六字方针,为社会主义法制建设开启了崭新征程。我们说它是一次伟大的会议,因为它当之无愧是中国人权保障的新'原点'。"① 回顾起来,1978年产生的历史性重大转折来之不易。

现代"人权"概念是世界文化交融的产物。它首先起源于西方启蒙运动时期,英国的洛克和法国的卢梭等启蒙思想家们对于近代意义上的人权概念的形成起了非常重要的作用。18世纪末的美国独立战争和法国革命中,又产生了大量的人权文献,特别是1776年美国的《独立宣言》,1789年法国的《人权和公民权宣言》以及1789年美国的《宪法修正案》等国内法律文件,推动了人权概念的形成。人权启蒙和人权运动的早期发展,极大地解放了西方社会的思想和生产力,为英国、法国、美国等西方国家的崛起奠定了基础。

中国优秀的历史文化中有珍贵的人权文化资源。传统文化里充满了民本思想、民权思想,以及关爱儿童、妇女、老人等的人权思想。中国自春秋战国时期开始产生的"天下为公"的概念和天下体系的思想,不断演进、发展,具有了平均、平等、公平、正义等丰富的内涵,② 对国家与社会治理,包括更加公平与正义的国际秩序的建立都

---

① 吴兢:《未来30年中国人权保障将更广泛》,《人民日报》2008年12月3日。
② 参见柳华文《天下为公,文明和谐》,载周溯源主编《社会主义核心价值观概述语征文选集》,中国社会科学出版社2012年版,第323—329页。

有一定的启发意义。

在中国,在20世纪初,在延续两千年的封建专制统治走到尽头之际,出现了包括人权思想在内的新文化的启蒙和发展运动。比如,当时的陈独秀先生认为,科学与人权"若舟车之有两轮焉。……国人欲脱蒙昧时代,羞为浅化之民也,则急起直追,当以科学与人权为重";"自人权平等之说兴,奴隶之名,非血气所忍受。世称近世欧洲历史为'解放历史'——破坏君权,求政治之解放也;否认教权,求宗教之解放也;均产说兴,求经济之解放也;女子参政运动,求男权之解放也"。①

可见,同西方国家一样,近现代中国也出现了人权思想的启蒙和发展。而且,中国人也为国际人权文书的制定和起草做出过杰出的贡献。第二次世界大战以后,人权概念进一步被提升到国际层面,逐渐成为世界各国的普遍追求。相比于18世纪法国的《人权宣言》,1948年12月10日联合国大会通过的《世界人权宣言》不但大大拓展了人权观,而且丰富了人权的内容,吸收和融合了世界各大宗教与文化传统的价值观。比如《世界人权宣言》第一条中规定:"人人生而自由,在尊严和权利上一律平等。他们富有理性和良心,并应以兄弟关系的精神相对待。"其中"良心"一词便是根据当时的中国代表、中国南开大学的创办人之一张彭春的建议,基于儒家文化的价值观而加入的。2008年,第61届世界非政府组织年会在法国巴黎联合国教科文组织大厦举行时,大会会场主席台两侧摆放着《世界人权宣言》的主要起草人画像。有中国的张彭春先生、美国的安娜·埃莉诺·罗斯福夫人、法国的勒内·卡辛先生、加拿大的约

---

① 陈独秀:《敬告青年》,《青年杂志》第1卷第1号。

翰·汉弗莱先生和黎巴嫩的查尔斯·马利克先生等。会场主席台左侧第二位就是张彭春。人们对这位来自中国的学者对于国际人权立法做出的贡献给予高度肯定。

中华人民共和国成立后，获得民族独立的中国人民翻开了人权保障新的一页。中国的第一部宪法诞生于1954年9月20日。在第一届全国人民代表大会第一次会议上，这部宪法以全票赞成的结果诞生。它确立了国家的根本政治制度，首次规定"中华人民共和国的一切权力属于人民"。它的第三章是"公民的基本权利与义务"。在当时的历史条件下，人们对国家与社会、国家与个人之间的相互关系问题还缺乏充分的认识，但在制宪过程中，制宪者已经注重个人宪法地位的确认问题。之后的宪法基本上沿用这个框架。

1966年5月至1976年10月的"文化大革命"，使党、国家和人民遭到中华人民共和国成立以来最严重的挫折和损失。十年"文化大革命"，使中国的经济、民主和法治建设出现了严重的曲折。法治的缺失给国家发展和公民权利保障带来了惨痛的教训。在此背景下，1978年中国共产党做出了正确的决策，开始了改革开放、发展经济、坚持法治、保障人权的新征程。

（二）人权入宪

1982年中国现行宪法出台，对公民的权利和义务做出了新的回应和规定。这是一部具有中国特色、符合社会主义现代化建设需要的宪法。它将过去本属于最后一章的"公民的基本权利和义务"移至了总纲之后，作为第二章，突出了宪法保护公民基本权利的作用，条文也由原来的10多条增加到20多条。正是基于1982年宪法，改革开放以来，中国不断探索适合国情的促进和发展人权的道路。

人权研究和讨论，在国内也经过了一个禁区被逐渐突破的过程。1991年年初，为了应对西方国家对中国人权问题的歪曲和攻击，由中共中央宣传部理论局专门组织会议，提出了八个研究课题，要求立即着手收集资料，编写一套"人权研究资料丛书"。这套丛书后来于1993年由四川人民出版社出版。这次会后，中国社会科学院法学研究所、北京大学、中国人民大学、中国法学杂志社等单位纷纷召开人权座谈会。之后人权讨论和研究的范围，迅速延伸和扩大，对人权的理论与实际问题展开了全面的探讨。法学家们先后前往南亚和北美一些国家考察人权状况，并给中央写了60多个报告。

1991年11月2日，国务院新闻办发表《中国的人权状况》白皮书。这是中国政府向世界公布的第一份人权官方文件。在中国政府首份"人权白皮书"中，人权被称为"伟大的名词"；强调实现充分的人权，是"中国人民和政府的一项长期的历史任务"；并提出"生存权是中国人民的首要人权"。邓小平高度肯定了该白皮书，他表示："这是一篇大文章，是一篇好文章。"①

1995年10月，时任中共中央总书记的江泽民在接受外媒采访时谈到了人权的普遍性原则，据称这是中国领导人首次公开承认人权普遍性。②

中国社会科学院学部委员、中国社会科学院人权研究中心前主任王家福早在1996年2月8日曾给中央政治局讲课，题目是"关于实

---

① 刘海年：《新中国人权法治60年》，载李林主编《中国法治建设60年》，中国社会科学出版社2010年版，第325页。

② 吴兢：《未来30年中国人权保障将更广泛》，《人民日报》2008年12月3日。

行依法治国，建设社会主义法治国家的理论和实践问题"。在这次讲座后，时任中共中央总书记的江泽民发表了一个讲话，正式提出了"依法治国"这一概念。此后，1997年，"尊重和保障人权"首次写入党的十五大报告。1999年，"依法治国"被写入了宪法。此后，将人权保障直接写入宪法又提上了日程。

2004年3月14日，在第十届全国人民代表大会第二次会议上，新的宪法修正案获得通过，全场报以长时间的热烈鼓掌。正是通过该宪法修正案，"国家尊重和保障人权"写入宪法。

对此，全国人大常委会委员信春鹰说："人权入宪，是我国社会主义宪政的重大发展，是我国社会主义民主和法制建设达到一个新水平的标志，必将对推进我国的人权事业，实现社会全面进步，产生重大而深远的影响。国家尊重和保障人权入宪，体现了我国宪法的基本精神。"①

徐显明认为："此次宪法修正案明确规定'国家尊重和保障人权'，这将对国家权力运作、国家的价值观产生积极影响。'国家尊重和保障人权'一旦被写进宪法，就会使我国在今后的立法和法律修订过程中更加注重对人权的保护；会使政府官员和执法人员在执政执法过程中加强对公民的人权尊重和保护，这些都会使普通百姓的人权得到更加周到的维护。"②

现在，保护人权的内容已经写进了中国国民经济和社会发展"十一五""十二五"和"十三五"规划，也写进了执政党中国共产党的

---

① 信春鹰：《国家尊重和保障人权——关于人权入宪的历史意义》，《求是》2004年第9期。

② 王锋、张国庆：《人权入宪：一贯方针、本质要求》，《法制日报》2004年3月9日。

《中国共产党章程》和党的第十五次至第十九次全国代表大会的报告当中。可以说，2004年中国修订宪法，实现"人权入宪"，为人权事业的进一步发展奠定了坚实的根本法基础。

中国宪法的改革与发展，既是中国政治体制改革的法律成果，又是进一步扎实推进的政治体制改革的法律基础。2018年3月十三届全国人大第一次会议通过的宪法修正案即是如此。

1982年宪法公布施行后，根据改革开放和社会主义现代化建设的实践和发展，全国人大于1988、1993、1999、2004年曾先后4次做出修正，共通过了31条宪法修正案，使宪法紧跟时代步伐，不断与时俱进。新的宪法修正案是对宪法的第5次修正，对中国现行宪法做出21条修改。修正案将习近平新时代中国特色社会主义思想载入宪法。其中有11条同设立国家监察委员会有关，这是中国政治体制架构的历史性突破和重大发展，有助于反腐和廉洁政府与廉洁社会的建设，对于人权保障同样意义重大。

（三）人权入法

以宪法为基础，中国保障人权的法律体系已经获得长足的进步，到2010年年底，中国已制定现行有效法律236件、行政法规690多件、地方性法规8600多件，并全面完成了对现行法律和行政法规、地方性法规的集中清理工作。因此，2011年1月24日，时任中共中央政治局常委、全国人大常委会委员长的吴邦国在北京宣布：以宪法为统帅，以宪法相关法、民法商法等多个法律部门的法律为主干，由法律、行政法规、地方性法规等多个层次的法律规范构成的中国特色社会主义法律体系已经形成。

中国形成中国特色社会主义法律体系的一条基本经验就是，坚持以人为本、立法为民；坚持走群众路线，深入推进科学立法、民主立法、依法立法。《中华人民共和国物权法》（以下简称《物权法》）的制定典型地说明了这一点。

2007年3月16日十届全国人大五次会议通过的《中华人民共和国物权法》是中国迈向第一部民法典的起点，是中国法治建设的里程碑。因为它直接涉及公民基本的财产权利，调整的对象是物权，保障的却是人权。

2005年7月10日，全国人大常委会办公厅正式公布物权法草案，向社会公开征求意见。截至2005年8月20日，短短40天中，全国各地群众就通过媒体和邮件提出意见11543件。

在来信提意见者中，有一位是天津市河西区宾友道向荣里的离休干部、81岁的康天锦老人。老人家不仅对草案中的不动产登记、建筑用地使用权等提出了25条意见，还将草案原条文、修改理由和修改意见制作成对照表格的形式。国家立法工作机关对这些意见进行了认真分类、整理，充分加以吸纳。2007年3月16日，历经八次审议的物权法在十届全国人大五次会议上高票通过。

前全国人大法律委员会[①]委员、现中国人民大学副校长王利明在接受媒体采访时这样评论："很少有哪部法律像物权法这样，让人民群众参与的热情如此之高。物权法就是一部在中国特色社会主义法律

---

① 根据2018年3月11日十三届全国人大一次会议通过的宪法修正案，全国人大法律委员会改为全国人大宪法与法律委员会，更突出了其对宪法实施监督的职能。参见王宇《宪法监督：38年后迎来新局面——解读全国人大宪法和法律委员会》，《南方周末》2018年3月22日。

体系中起支架作用的基本法律,对于保障人权具有重要意义。"①

民法被誉为"社会生活的百科全书",与人权保障关系密切。中国立法机关计划在2020年完成中华人民共和国成立以来首部民法典的制定。徐显明曾在审议总则草案时表示,"民法应该具有现代精神,而现代精神的核心是应该体现尊重和保障人权";由于法院裁判时不能援引宪法,他建议把宪法中列举的权利尽可能民事化。②

2017年3月15日,十二届全国人大五次会议表决通过了《中华人民共和国民法总则》(以下简称《民法总则》),中国向实现制定民法典的梦想迈出了坚实的一步。民法总则通过全面确认和保障公民民事权利,在相当程度上起到了有效规范公权力的作用,为中国国家治理的现代化奠定了制度基础。

中国社会科学院学部委员、法学研究所梁慧星研究员认为,民法是私法的基本法,它以对人的保护为核心,以权利为本位,系统全面地规定了自然人、法人、非法人组织在民事活动中享有的各种人身、财产权益;在具体内容方面,民法总则增加了对胎儿利益、个人信息、一般人格权、特定人格权的保护等,这些都体现了对个人权利保护的加强;民法总则在民法通则的基础上修改完善了民事权利体系,强化了保护民事权利的观念,在世界上开创了在民法总则中全面系统规定民事权利的立法模式,"我国人权保护法治建设由此进入一个新时期"③。

---

① 《王利明:畅谈中国特色社会主义法律体系展望未来立法走向》,http://www.npc.gov.cn/npc/dbdhhy/11_4/dbtzy/2011-03/11/content_1641619.htm,2016年8月10日。

② 徐显明:《民法典应充分体现"尊重和保障人权"》,《中国人大》2016年第14期。

③ 梁慧星:《民法总则的时代意义》,《人民日报》2017年4月13日。

中国《刑事诉讼法》的制定和修改同样显示中国在人权保障方面的立法进步。《刑事诉讼法》需要兼顾打击犯罪和保障人权，有人称为人权"小宪法"。1979年，在改革开放之初，在拨乱反正的关键时刻，中国的第一部刑诉法获得通过。当时，在它的基本原则里，主持立法工作的彭真亲笔加上了一句话："保障无罪的人不受刑事追究。"1996年，刑诉法迎来首次大修。收容审查制度被取消，"对抗式"诉讼被吸收，并且在最后一次研讨会上，时任全国人大常委会副委员长的王汉斌亲自拍板吸收了"疑罪从无"的原则。

许多人将诉讼中的非法证据称为"毒树之果"，而刑事司法中的世界性难题——刑讯逼供就是"毒树"。2010年5月9日，被控"杀害"同村村民，在监狱已服刑多年的河南商丘人赵作海，由于所谓的"被害人"的突然回家，被宣告无罪释放。而此时，赵家已经为此家破人亡。法治社会绝不能容忍此类冤假错案的出现，必须不断完善预防和杜绝刑讯逼供的法律机制。2012年3月，十一届全国人大五次会议审议通过新的刑事诉讼法修正案，完善了非法证据排除制度，首次规定不得强迫任何人证实自己有罪。修正案也进一步规定了律师在侦查阶段的法律地位。特别是，此次修订明确将"尊重和保障人权"写入刑事诉讼法。刑诉法的发展脉络是从单纯注重打击犯罪向人权保障方向演变的过程。

法治不仅仅与静态的法律文本有关，更意味着对动态的社会生活和社会实践的深刻影响。在中国特色社会主义法律体系的形成、总体上解决了有法可依的问题之后，有法必依、执法必严、违法必究的问题就显得更为突出、更加紧迫。

2013年2月23日，中共中央总书记习近平在主持第十八届中央政治局第四次集体学习时指出，全面建成小康社会对依法治国提出了更高要求。他强调:"全面推进科学立法、严格执法、公正司法、全民守法,坚持依法治国、依法执政、依法行政共同推进,坚持法治国家、法治政府、法治社会一体建设,不断开创依法治国新局面。"[1]

2014年10月23日,中国共产党第十八届中央委员会第四次全体会议在北京闭幕。这是中国改革开放以来,中国共产党首次以"依法治国"为主题的中央全会。会议通过《中共中央关于全面推进依法治国若干重大问题的决定》(以下简称《决定》)。此次会议承前启后,是中国法治发展历程中的一个重要节点。社会主义的法治中国建设不同于其他国家的法治建设,它是中国共产党的领导、人民当家做主和依法治国的有机统一。在党的十八届四中全会上,习近平总书记在对《决定》的起草工作的说明中指出:"党和法治的关系是法治建设的核心问题。"他强调:"对这一点,要理直气壮讲、大张旗鼓讲。要向干部群众讲清楚我国社会主义法治的本质特征,做到正本清源、以正视听。"[2]《决定》规定的是中国法治事业的蓝图,也是通过法治保障人权的纲领。

在全面推进依法治国战略的背景下,中国深化司法体制改革取得显著成效。由立案审查制变成立案登记制使公民行使诉权获得了极大的便利和保障;最高人民法院在深圳、沈阳、杭州、重庆等地设立巡回法庭有利于克服地方保护主义,促进司法公正;成功加强审判流程、庭审活动、裁判文书、执行信息四大公开平台建设,有力促进了"阳光司法",增强了司法的透明度,对于通过司法保障人权具有重要

---

[1] 习近平:《坚持法治国家、法治政府、法治社会一体建设》,载《习近平谈治国理政》,外文出版社2014年版,第144页。

[2] 习近平:《关于〈中共中央关于全面推进依法治国若干重大问题的决定〉的说明》,《人民日报》2014年10月29日。

的意义。

2013年12月28日，全国人大常委会通过决定，废止劳动教养制度，对正在被依法执行劳动教养的人员，解除劳动教养，剩余期限不再执行。这样，缺少坚实的法律基础，不能满足依法由司法机关在保障公民获得充分、公正审判权的前提下剥夺公民人身自由这一人权标准的劳动教养制度就被废止了。这是中国法制史上标志性的事件，是中国重视公民权利保障、人权保障法治化的重要体现。

2015年8月29日，国家主席习近平签署主席特赦令，根据第十二届全国人大常委会第十六次会议关于特赦部分服刑罪犯的决定，对参加过抗日战争、解放战争等四类服刑罪犯实行特赦。截至2015年年底，依法特赦服刑罪犯31527人。特赦作为一项宪法制度，在中国1954年宪法、1978年宪法和1982年宪法中都有规定，但是1975年后40年中没有适用过这项制度。这次在举国纪念抗日战争和世界反法西斯战争胜利70周年的历史时刻，特赦部分罪犯，体现了中国共产党和中国政府在法治和人权领域的制度自信和保障人权、德治与法治兼顾的特点。这也是中国法治保障人权的新实践。

（四）人权进入社会生活

所有国家制定的法律都要付诸实施，既包括刑法、民法等操作性强、传统以来可以直接诉诸司法救济的所谓法律，也包括指导性强但操作性相对较弱、除司法救济外还有更多社会保障需求的法律，如《妇女权益保障法》《未成年人保护法》。实现法治，需要落实所有法律，不能仅仅靠司法机关，更要发动社会，依靠全社会的共同参与。有的法律在打击违法犯罪时可能立竿见影，而真正应对社会问题，往往需要辅以科学、有效、系统的社会治理。在这方面，政府的决策和政策性措施也具有重要意义。

政府关于人权保障的阶段性政策性文件，虽然本身并不像法律条文一样具有法律约束力，但是，它们是落实尊重和保障人权的宪法原则以及相关法律法规的政策性措施，是结合政府职责和任务制定的国家规划，是宪法和法律在政府工作中的具体化。因为这一类的计划要求中央和地方各级政府部门切实予以实施和执行，既具有指导性，又具有较强的操作性和执行力，对促进和保障人权具有重要意义。一个典型的例证就是中国制订和发布的国家人权行动计划。

2009年4月13日，经国务院授权，国务院新闻办公室发布《国家人权行动计划（2009—2010年）》。这是中国第一次制定以人权为主题的国家规划，是一个历史性的突破，堪称中国人权事业发展过程中的一个里程碑。所有政府部门的工作都是与人权相关的工作，但是仅仅相关还不够，还应当主动地从人权的视角来规划和行动，使人权实现获得最大化。首次发布的国家人权行动计划是人权视角在政府工作中主流化的标志。

1993年维也纳世界人权大会通过了《维也纳人权宣言和行动纲领》，建议每个会员国考虑制订和实施国家行动计划，明确该国为促进和保护人权所应采取的步骤。此后，只有约30个国家开展了制订国家人权行动计划的实践，其中8个国家制定三次以上的国家人权行动计划。中国是联合国安全理事会的常任理事国，更是联合国人权理事会的理事国，已经批准了20多个国际人权条约，制订国家人权行动计划，表现了中国政府对于实施联合国人权条约规定的国际义务的真诚态度，更展现了切实推动人权事业的坚定立场、主动性和积极性。

根据行动计划的规定，由国务院新闻办公室和外交部牵头，国家立法和司法机关、国务院相关职能部门以及人民团体、社会组织等组成国家人权行动计划联席会议机制，负责统筹协调计划的执行、监督和评估工作。2011年7月14日，国务院新闻办公布《国家人权行动计划（2009—2010年）评估报告》，对首期行动计划的执行情况作了全面评估。报告指出：计划规定的各项措施得到有效实施，预定的各项目标如期实现，各项指标均已完成。其中约有35%的约束性指标、50%以上的涉民生指标提前或超额完成。

2012年6月11日国务院新闻办发布第二个国家人权行动计划，即《国家人权行动计划（2012—2015年）》。2016年6月14日，《国家人权行动计划（2012—2015年）实施评估报告》发布。根据该报告，经过各方面共同努力，行动计划规定的目标任务如期完成。

在总结第一、二期国家人权行动计划的执行情况和实施经验的基础上，依据国家尊重和保障人权的宪法原则，遵循《世界人权宣言》和有关国际人权公约的精神，结合实施《中华人民共和国国民经济和社会发展第十三个五年规划纲要》，中国政府制定《国家人权行动计划（2016—2020年）》，确定2016—2020年尊重、保护和促进人权的目标和任务。这是目前中国政府实施中的人权行动计划。

类似的国家政策文件还有中国政府2007年发布的《中国反对拐卖妇女儿童行动计划（2008—2012年）》以及2011年发布的《中国妇女发展纲要（2011—2020年）》《中国儿童发展纲要（2011—2020年）》等。全面落实这些文件，就是要在社会生活中全面落实人权保障的法律要求，将保障人权的法律和政策规则转化为老百姓实实在在的生活。

（五）人权走向世界

一国的法治发展包括国际法的实践。国际人权法在国际社会的影响日趋明显。改革开放以来，中国积极开展人权领域的国际交流与合作，有力反击美国和其他西方国家对包括中国在内的许多国家所进行的不客观、不公正的人权指责，支持联合国在改革与发展中促进世界人权事业的健康发展，支持在联合国框架下或者双边框架内开展人权对话与合作。伴随中国改革开放的不断扩大和日益推进，中国也开始积极引领国际人权治理。

抚今追昔，国际和平来之不易，和平权、发展权才是人权的根本。什么样的国际治理目标、治理模式，决定了各国及其人民能否平等、公平、公正地参与和实现经济发展和社会进步，实现人权。习近平总书记 2015 年 9 月 16 日在致"2015·北京人权论坛"的贺信中提到了两个"坚定不移"，即中国坚定不移走和平发展道路，坚定不移推进中国人权事业和世界人权事业。2016 年 12 月 4 日，习近平总书记在致"纪念《发展权利宣言》通过 30 周年国际研讨会"的贺信中强调，发展是人类社会永恒的主题，联合国《发展权利宣言》确认发展权利是一项不可剥夺的人权，中国将为人类发展进步做出更大贡献，国际社会要以联合国 2030 年可持续发展议程为新起点，努力走出一条公平、开放、全面、创新的发展之路，实现各国共同发展。他强调，中国积极参与全球治理，着力推进包容性发展，努力为各国特别是发展中国家共享发展成果创造条件和机会。[①]

[①] 习近平：《致"纪念〈发展权利宣言〉通过 30 周年国际研讨会"的贺信》，《人民日报》2016 年 12 月 5 日。

在实践中，中国一贯认真履行已加入的包括6项联合国核心人权公约在内的20多项国际人权条约，支持联合国人权理事会在客观、公正、非政治化、非选择性、非对抗性的工作原则基础上建章立制和开展工作。作为多次高票当选的联合国人权理事会成员国，中国一直认真参与联合国人权条约国家履约报告审议工作，三次积极参与人权理事会对中国的普遍性定期审议的工作。

世界关于人权的讨论充满热点和焦点，人权领域的国际治理出现了明显的不确定性。在此背景下，2017年2月27日，联合国新任秘书长古特雷斯出席人权理事会第三十四次会议开幕式并第一次以秘书长身份在人权理事会中发表演讲。他强调，人权的概念是一个相互依存和不可分割的整体，国际社会应给予经济、社会和文化权利以同等的重视。他还说，各国亟须采取有效措施予以落实的联合国2030年可持续发展议程，为所有国家提供了一个极好的促进人权的平台，其核心就是发展权。①

可是，发展权的人权话语在西方国家往往受到冷落。他们推崇符合自己政治模式的人权概念和人权实施路径，对亚洲、非洲和拉丁美洲国家提出的人权价值、人权观念予以排斥，包括不愿意重视发展中国家提出的生存权和发展权的概念。一个最为典型的实例是，美国不承认发展权是一项人权，人权理事会通过有关"发展权"的决议时，美国一再成为投反对票的国家；在具体领域，比如在人权理事会讨论通过"外债对人权影响"的决议时，美国同样一再投出反对票。

---

① António Guterres, Remarks to the UN Human Rights Council, 27 February 2017, available at: //www. un. org/sg/en/content/sg/speeches/2017 – 02 – 27/secretary – generals – human – rights – council – remarks, last visited on March 28, 2017.

世界大多数的国家和人民的命运与福祉如何保障？这是国际社会和时代的叩问。中国和广大发展中国家对此进行了回应。发展中国家人口占80%以上，全球人权事业的发展离不开广大发展中国家的共同努力。2017年12月7日至8日，中国国务院新闻办和外交部在北京举办首届"南南人权论坛"。中国国家主席习近平致贺信，来自世界近60个国家、地区及国际组织的200余位代表出席论坛并积极参与讨论，共商发展中国家和世界人权发展大计。习主席的贺信，发出了新时代加强全球人权治理的中国声音——以人民为中心，坚持人权的普遍性与特殊性相统一，强调以合作促发展、以发展促人权，共同构建人类命运共同体。这对广大发展中国家乃至世界人权事业发展具有重要的启发和引领作用。

自身能力的提高，有效的国际合作，可以真正促进各国人权事业的发展。在旧的政治经济秩序下，西方资本主义强国是国际政治经济舞台上的赢家。在20世纪80年代中期，西方七国集团的经济总量一度占到世界经济总量的80%。近年来，国际格局和力量对比发生改变，由于发展中国家的努力，特别是中国等新兴经济体的崛起，发展中国家在世界经济中的占比达到60%。西方发达国家一统天下的局面不复存在，世界更加丰富多彩，开始展现它本来就应有的面貌。中国是世界上最大的发展中国家，近年来的发展速度最快，推动发展中国家交流与合作的决心也最大。中国在联合国、二十国集团（G20）峰会、"一带一路"国际合作高峰论坛等多种场合，积极推动南南合作。

中国共产党第十九次代表大会战略性地提出了两个"构建"的目标——构建新型国际关系和构建人类命运共同体。中国从国情出发，以生存权和发展权为首要人权，坚持依法、全面、渐进发展人权，不断取得突破和历史性成就,本身是对世界人权事业的贡献,同时为包括发展中国家在内的其他国家提高人权保障水平提供了经验和借鉴。中国在国内外积极落实联合国 2030 年可持续发展议程,全面推动人权领域以平等和相互尊重为基础的国际交流与合作,可以说为国际人权治理提供了新的方向、路径和动力。

可见,在正确的中国特色社会主义人权观的指引下,中国不仅在国内有计划、有步骤地推进人权事业的发展,也正在积极引领国际人权治理,为国际人权事业的健康发展贡献智慧和力量。

总之,中国改革开放 40 年来,在中国共产党的正确领导下,中国不仅取得了经济上的快速发展,而且在政治、文化、社会和生态文明建设诸领域也不断取得令人瞩目的成就,使得中国人权事业不断取得进步和发展。在道路自信、理论自信、制度自信和文化自信的基础上,中国也形成了新的人权自信。

正如中国国家主席习近平在 2015 年 9 月 16 日致"2015·北京人权论坛"的贺信中所说:"长期以来,中国坚持把人权的普遍性原则同中国实际相结合,不断推动经济社会发展,增进人民福祉,促进社会公平正义,加强人权法治保障,努力促进经济、社会、文化权利和公民、政治权利全面协调发展,显著提高了人民生存权、发展权的保障水平,走出了一条适合中国国情的人权发展道路。"[①]

如何正确看待一国的人权发展呢?2012 年 2 月 14 日,时任国家副主席习近平在美国国务院出席当时的美国副总统约瑟夫·拜登和国务卿希拉里·克林顿共同举行的欢迎午宴并致辞时,就人权等问题开诚布公地交换了意见。他说:"中国人口多,区域差异大,发展不平

---

① 习近平:《致"2015·北京人权论坛"的贺信》,《人民日报》2015 年 9 月 17 日。

衡，在进一步改善民生和人权状况方面，还面临不少的挑战，中国政府将继续从本国国情出发，坚持以人为本，始终把人民愿望和要求放在心上，采取切实有效的政策措施，大力促进社会公平、正义与和谐，推动中国人权事业不断取得新的进展。"他特别强调："改革开放30多年来，中国人权事业取得了有目共睹的巨大成就，但在人权问题上没有最好，只有更好。"①

人权保障和法治建设不是一蹴而就，一劳永逸的事情，而是需要长期不懈的努力。在这方面，中国政府和人民的智慧、力量乃至创新精神都是巨大的。正在扎实推进社会主义民主和法治建设的中国，必将迎来人权事业全面快速发展的崭新一页。

---

① 焦莹、沈静文：《习近平：人权问题没有最好，只有更好》，中国日报网，http://www.chinadaily.com.cn/hqgj/jryw/2012-02-16/content_5163467.html，2016年7月1日。

第二章

经济、社会和文化权利

中国是世界上最大的发展中国家,在中国共产党的领导下,中国政府历来把人民福祉作为施政的目标。发展经济、实现社会进步,将发展、法治与人权结合在一起实现人权,这是中国人权发展道路的基本特点。

中国是一个社会主义国家。在国际层面,社会主义国家向来重视经济、社会和文化权利,相应地,西方资本主义国家则长期关注和强调公民和政治权利。近年来,广大发展中国家积极推动经济、社会和文化权利进入国际议程,西欧、北欧等部分西方国家也更加重视经济、社会和文化权利,只是美国仍然"我行我素",既不批准联合国《经济、社会和文化权利国际公约》,也在实践中坚持单一、不全面的人权观,片面强调作为人权的公民和政治权利。

中国经济发展非常迅速,而中国对于发展的认识更加全面,形成了中国特色社会主义发展的新时代下的新的发展观。以此为基础,中国经济、社会和文化权利保障内容丰富,成效显著。

一 作为"第二代人权"的经济、社会和文化权利

关于人权的分类,学者们从历史发展的角度将人权分为三代。[①]他们把 18 世纪欧洲人权运动所主张的人权,即公民和政治权利称为第一代人权;把 19 世纪末 20 世纪初反抗剥削和压迫的社会主义运动提出的经济、社会和文化权利称为第二代人权;第三代人权则是指第二次世界大战以后与非殖民化运动联系在一起的集体人权。

在联合国《世界人权宣言》中,既包括公民和政治权利,也包括经济、社会和文化权利。按照联合国人权委员会 1947 年的决议,该委员会在制定和通过《世界人权宣言》的同时,即着手酝酿和起草关于一个包括这两类人权的国际公约。公民和政治权利与经济、社会和文化权利常常被对应讨论。而历史表明,这在相当程度上是东西和南北对抗形成的政治分歧。[②] 在起草公约之前,处于冷战状态下的西方国家认为前一种权利更重要,甚至不承认后一种权利是真正的人权,即使同意后者是人权,也不同意将二者写进同一个公约。当时,经济、社会和文化权利被认为是"社会主义的",因此对于某些政府来

[①] See Stephen P. "Marks, Emerging Human Rights: A New Generation for the 1980s?" in *International Law: A Contemporary Perspective*, edited by Richard Falk and others, 1985, pp. 501 – 503.

[②] See Jerome J. Shestack "The Jurisprudence of Human Rights", in *Human Rights in International Law: Legal and Policy Issues*, edited by Theodor Meron, 1984, p. 73.

说这种权利是不可接受的。① 在此背景下，1952 年，第六届联大重新加以考虑，结果以 29 票赞成、25 票反对和 4 票弃权的微弱多数推翻了以前的决定，决定起草两个公约，同时要求应尽可能地包括类似的规定以保证公约目的的统一性，并使两个公约可以在联大同时通过并开放签署。

最终，《经济、社会和文化权利国际公约》于 1966 年 12 月 16 日由第二十一届联大通过，并开放给各国签署、批准和加入。《经济、社会和文化权利国际公约》于 1976 年 1 月 3 日生效。

人权领域以公民权利和政治权利为中心的主张（简称为自由权中心主义）开始受到发展中国家的严厉批判。许多非欧美国家在 20 世纪前期都处于殖民统治之下，或者即使保持了独立也因为不平等条约而受到西方强国的剥削和干涉。这些国家在取得独立或者从不平等条约下解放之后，首要的目标就是着手经济的发展和财富的积累。这个阶段，如果存在对人权的关心，也往往是只限于与脱离贫困和经济发展相关的人权事项。② 比如，对于许多亚非拉国家来说，饥饿和绝对贫困的状态是亟待解决的首要问题。而这绝不是发达国家所面临的议事日程。这种社会状态产生出来的人权诉求自然与经济发展密切相关。同时，为了摆脱发达国家长期以来在国际法律秩序中的"一言堂"及其给发展中国家带来的压力，发展中国家同样不会满足于参加既定的法律框架并用西方的标准来约束自己，而宁愿提出有利于自己的诉求。

---

① W. 弗莱明教授认为《经济、社会和文化权利国际公约》"只不过是纯粹的福利国家和十足的社会主义的完整化身"。*American Bar Association Journal*, October, 1951, p. 739 et seq.

② ［日］大沼保昭：《人权、国家与文明》，王志安译，生活・读书・新知三联书店 2003 年版，第 205 页。

显然，发展中国家的主张是一种以人权的历史实践为基础的思想。它强调人权发展的阶段性，个人利益与集体利益的一致性。"生存权是最大的人权"，它设想一个人在食不果腹的状态下可能不会关心表达自由等公民权利和政治权利。这种思想的出现有其深刻的时代背景和现实意义。在客观上，发展中国家成为经济、社会和文化权利的支持者。不过，在与公民权利和政治权利对立意义上产生的对第二代人权的支持，随着时代的发展，自然要逐渐地调整到对于人权的客观和全面的态度上。也就是说，两类人权本身是相互统一和相互依存的关系，两者不应该是顾此失彼。①

不仅发展中国家对经济、社会和文化权利有着积极的主张。以西欧和北欧的社会国家和福利国家理论为基础，发达国家也开始认识到这些权利的重要性。

日本学者大沼保昭认为，从法制史的角度来看，人权概念诞生于欧洲，是"从国家权力的侵害下保护个人"的制度。但是，这一概念在欧美、日本等发达国家里逐渐发展和定型的过程中，在自由权之外又包括了社会权（经济、社会和文化权利的简称）。北欧、西欧和日本等发达国家，在20世纪开展耕地改革、社会改革和租税政策等，并通过改善劳动关系和发展社会保障，开始实施对经济和社会权利的保障。这是人权这种全球化了的欧美思想或者说制度在内容上发生的不可避免的一种变化。②

---

① 联合国大会1977年12月16日通过的第32/130号决议一方面宣布两类人权的不可分割性，另一方面认为如果不享有经济、社会和文化权利，就不可能充分享有公民权利和政治权利。这典型地反映了发展中国家的观点。

② [日]大沼保昭：《人权、国家与文明》，王志安译，生活·读书·新知三联书店2003年版，第197、207、208页。

与经济、社会和文化权利的高涨相伴随的是对人权完整性和不可分割性的认识和对人权"二分法"相对化的认识,以及对国家在人权下的义务进行的新的层化和分类。这种新的发展趋势在理论上有比较明显的体现,并得到了西方人权学者的大力推动。

1987年,在联合国经济、社会和文化权利委员会成立时,委员会委员、人权学者和社会活动家等一道召开会议,在比利时的林堡通过了《关于实施经济、社会和文化权利国际公约的林堡原则》(以下简称《林堡原则》),强调:"无论其经济发展水平如何,缔约国都有义务确保尊重所有人最低限度的生存。"《林堡原则》对以后的学说有重要的影响。[1] 1997年1月,在《林堡原则》通过十周年之际,30多位来自各国的专家在国际法学家委员会等的邀请下在荷兰的马斯特里赫特开会,通过了《关于违反经济、社会和文化权利的马斯特里赫特指引》,这是对经济、社会和文化权利在认识上的进一步细化和发展。[2]

总的来看,对经济、社会和文化权利本身的认识分歧,甚至是偏见仍然存在。突出的一个例子是,美国至今未批准《经济、社会和文化权利国际公约》。人权整体性和不可分割的原则已经确立,但是该原则深入人心并在实践中得到切实的体现,还尚需时日。

中国历来重视经济、社会和文化权利作为人权的重要性。鉴于《经济、社会和文化权利国际公约》的重要性,中国政府按照重要国

---

[1] E/CN/.4/1987/17, The Limburg Principles on the Implementation of the International Covenant on Economic, Social and Cultural Rights.

[2] Masstricht Guidelines on Violations of Economic, Social and Cultural Rights (Jan. 26, 1997), in *Economic, Social and Cultural Rights: A Compilation of Essential Documents*, International Committee of Jurists, 1997, pp. 79, 82–86. See also, Victor Dankwa, Cees Flinterman, and Scott Leckie, "Commentary to the Maastricht Guidelines on Violations of Economic, Social and Cultural Rights", in *Human Rights Quarterly*, Vol. 20, No. 3, 1998, pp. 705–730.

际条约的程序完成对该公约的批准工作。1997年10月27日,中国政府签署该公约,1998年5月6日由国务院向全国人民代表大会常务委员会提交了关于提请审议批准该公约的议案。本着认真和负责的态度,1998年6月、2000年10月和2001年2月,全国人大常委会先后对国务院的议案进行了三次审议,其间还组织各部门和有关学术机构进行了深入细致的研究。

2001年2月28日,第九届全国人大常委会第二十次会议正式批准了《经济、社会和文化权利国际公约》。中国政府向联合国交存批准书的日期是2001年3月27日。根据《经济、社会和文化权利国际公约》第27条的规定,公约自批准国交存其批准书或加入书之日起三个月后生效。

中国从签署到批准该公约,只用了三年多一点的时间,而大多数发达国家批准公约所用时间都比中国长。比如,比利时用了15年时间,意大利用了11年,英国用了8年,荷兰、卢森堡用了9年,德国、奥地利用了5年,挪威、瑞典用了4年。美国在1977年签署了该公约,但是至今尚未批准。2001年2月28日,第九届全国人大常委会第二十次会议批准了《经济、社会和文化权利国际公约》。中国政府向联合国交存批准书的日期是2001年3月27日。根据公约第27条的规定,公约自批准国交存其批准书或加入书之日起三个月后生效。

中国政府还积极推举专家参加有关竞选并担任经济、社会及文化权利委员会的委员。外交部前大使詹道德先生、中国国际经济交流中心的副秘书长丛军女士先后担任过该委员会的委员,中国外交部前条法司司长、前大使陈士述先生是该委员会的现任委员。

2003年6月,中国政府通过联合国秘书长如期向联合国经济、社会和文化权利委员会提交《经济、社会和文化权利国际公约》首次履约报告，并在 2006 年 9 月接受了委员会的审议。中国代表团团长、中国常驻日内瓦代表团代表沙祖康大使在审议中首先做了陈述发言。他说，中国政府高度重视报告撰写和审议工作，成立了由外交部、劳动和社会保障部、教育部、卫生部、建设部等 15 个部门组成的报告撰写工作组，在搜集和综合各政府部门、学术机构、新闻媒体和民间团体提供的材料基础上形成初稿，经广泛征求社会各界意见后反复修改、审核，用长达一年时间完成起草工作。报告详细介绍了中国政府为促进该公约各项权利所采取的各项措施，包括取得的成绩以及存在的困难和不足。报告还用大量数据，力求全面反映中国履约情况。此外，中国政府还提交了约 10 万字的补充答复材料。

2010 年 6 月中国政府提交了第二次履约报告。报告全面介绍了近年来中国在促进和保护公民经济、社会和文化权利方面取得的成就，并回答了联合国有关机构在审议中国首次履约报告时提出的问题。提交履约报告和接受条约机构的履约审议是中国在人权领域的一项重要举措，体现了中国政府一贯重视促进和保护人权，并倡导国际人权合作的积极态度。2009 年，中国政府代表团在日内瓦参加了第二次履约报告的审议。

二　保障经济、社会和文化权利的举措

中国是社会主义的发展中国家，重视经济、社会和文化权利具有"天然"的合理性。在中国的政府话语中有一个词可以概括中国的核心发展理念，这就是"民生"。以民生为本，即是以所有人民的生存权和发展权为首要考虑，努力提高人民的生活水平和生活质量，追求

提高每一位公民的幸福感、获得感。因此，中国发展，不仅仅是经济本身的发展，国民生产总值数字上的提高，更重要的是社会所有成员、百姓的生活保障与改善。

在笔者看来，改革开放40年来，中国逐渐走向一条科学发展的道路。中国正在坚定不移地贯彻创新、协调、绿色、开放、共享的发展理念。中国的发展道路有两个特点，一个是以经济建设为中心，实现经济快速发展和腾飞；另一个是以人民为中心，伴随经济发展，发展的内涵和外延不断充实，逐渐而且迅速地转向全面发展，走向全面、平衡与可持续的发展道路。在这个过程中，人权逐渐主流化，成为发展的应有之义，颇能体现的"民生"保障水平的经济、社会和文化权利自然成为中国人权事业发展的一个亮点。

中国正在实施的《国家人权行动计划（2016—2020年）》将"经济、社会和文化权利"放在导言之后的第一部分，说明了中国对经济、社会和文化权利的重视。而在这个专门规定经济、社会和文化权利的章节的开篇，计划就将减贫问题放在首位，鲜明地表明了中国对减贫工作的信心和决心。计划提出了中国促进经济、社会和文化权利的总的目标："推进精准扶贫脱贫，健全公共服务体系，稳步提高基本公共服务均等化水平，保障公民的经济、社会和文化权利。"

（一）减贫行动

改革开放40年来，中国政府不断加大扶贫力度，成立专门扶贫工作机构，确定重点扶持地区和群体，安排专项资金，制定适合现实国情的贫困标准和专门的优惠政策，确定了开发式扶贫方针。中国政府在全国范围内开展了有计划有组织的大规模开发式扶贫，先后实施了《国家八七扶贫攻坚计划（1994—2000年）》《中国农村扶贫开发纲要（2001—2010年）》和《中国农村扶贫开发纲要（2011—2020年）》等中长期扶贫规划。减贫是中国国家战略的重要组成部分。

2012年党的十八大以来，在中国全面建成小康社会、实现中华民族伟大复兴中国梦的伟大进程中，以习近平同志为总书记的党中央，坚持以人民为中心的发展思想，实施精准扶贫、精准脱贫基本方略。党的十八届五中全会提出了2020年中国现行标准下农村贫困人口全部脱贫、贫困县全部摘帽的目标任务。中央召开扶贫开发工作会议，中共中央、国务院印发关于打赢脱贫攻坚战的决定，对"十三五"脱贫攻坚做出全面部署。"十三五"规划将中央脱贫攻坚决策部署变为国家意志，变为可操作的规划，第一次把脱贫攻坚作为五年规划纲要的重要内容，第一次把贫困人口脱贫作为五年规划的约束性指标，第一次由省区市党政一把手向中央签署《脱贫攻坚责任书》，并层层立下军令状。

（二）工作权利

具体来说，就业是民生的根本，中国政府将工作权利的保障作为核心工作。在这方面，当前中国政府的重点工作是，实施更加积极的就业政策，推行劳动者终身职业技能培训制度，进一步完善工资福利制度和安全生产长效机制，并加强职业病防治。

以实现比较充分和高质量就业为目标，中国政府的举措是：实施高校毕业生就业促进和创业引领计划；促进农村富余劳动力转移就业和外出务工人员返乡创业；对就业困难人员实行实名制动态管理和分类帮扶，做好"零就业"家庭帮扶工作；支持贫困地区建设县乡基层劳动就业和社会保障服务平台。2016年至2020年，计划实现城镇新增就业5000万人以上。

中国重视推行劳动者终身职业技能培训制度。具体举措是：开展贫困家庭子女、未升学初高中毕业生、农民工、失业人员和转岗职工、退役军人和残疾人免费接受职业培训行动。到2020年，计划累计培训农民工4000万人次，基本消除劳动者无技能从业现象。

在完善工资福利制度方面的举措是：健全工资水平决定机制、正常增长机制和支付保障机制，健全最低工资标准调整机制；继续推行企业工资集体协商制度；健全高技能人才薪酬体系，提高技术工人待遇，落实带薪年休假制度。

在保障劳动权利方面，中国政府重视完善劳动保障监察执法体制和劳动人事争议处理机制。具体举措包括：严禁各种形式的就业歧视，全面治理拖欠农民工工资问题，规范企业裁员行为，保障非正规就业劳动者权益，严格规范企业实行特殊工时制度的适用管理，依法加强对劳务派遣的监管。

在加强安全生产防控方面，计划到2020年，各类生产安全事故死亡人数累计降幅10%，亿元国内生产总值生产安全事故死亡率累计降幅30%。

在加强职业病防治方面。中国政府计划截至2020年，职业病危害严重的行业领域劳动者在岗期间的职业健康检查率达90%以上，用人单位主要负责人和职业卫生管理人员的职业卫生培训率分别达95%以上。

（三）基本生活水准权利

基本生活水准权利是《经济、社会和文化权利国际公约》规定的基本人权。在这方面，中国政府全力实施脱贫攻坚，保障居民基本住房、用水、食品安全和出行便利。

中国政府在第三个国家人权行动计划中明确提出，确保城乡居民收入增长与经济增长同步，到2020年国内生产总值和城乡居民人均收入比2010年翻一番，特别是努力增加低收入劳动者收入，扩大中等收入者比重。

为此，中国政府按照《中共中央、国务院关于打赢脱贫攻坚战的决定》，实施精准扶贫精准脱贫方略。计划到2020年，实现特色产业脱贫3000万人，转移就业脱贫1000万人，实施易地扶贫搬迁1000万人，对其余完全或部分丧失劳动能力的贫困人口实行社保政策兜底脱贫2000万人。实现现行标准下的农村贫困人口全部脱贫，贫困县全部摘帽。

基本生活水准权利的一个重要方面是住房权，中国政府关注保障住房安全，计划改造各类城镇棚户区住房2000万套；加强对贫困地区的支持；推动居住证持有人享有与当地户籍人口同等的住房保障权利；推进农村危房改造，统筹开展农房抗震改造，基本完成存量危房改造任务。

用水权利在《经济、社会和文化权利国际公约》当中并没有规定，但是它可以合理地由基本生活水准权利推论出来。在用水安全方面。中国政府计划全国新增供水能力270亿立方米，城镇供水水源地水质全面达标；实施农村饮水安全巩固提升工程，农村自来水普及率达80%以上，农村集中供水率达85%以上。

食物权同样是基本人权。中国政府努力确保食品安全。具体举措包括，深入贯彻实施《中华人民共和国食品安全法》（以下简称《食品安全法》），全面落实食品安全属地监管责任；加强进口食品安全监管；实施科学监管，建立职业化检查员队伍；健全食品安全信用体系，完善消费者权益保护机制。

在改善城乡居民出行条件方面，中国政府近年来大工程、大项目呈现了多、快、好的态势。中国政府在 2020 年前的基本目标是，国家高速公路主线基本贯通；具备条件的县城通二级及以上公路，乡镇和建制村通硬化路、通客车。

（四）社会保障权利

在社会保障权利方面，中国政府 2016 年至 2020 年的发展目标是，完善社会保险体系，推进城乡社会救助体系建设，支持社会福利和慈善事业发展。具体的举措包括以下几个方面。

实施全民参保计划，稳步提高社会保障统筹层次和水平。建立更加便捷的社会保险转移接续机制。实施社会保障卡工程，持卡人口覆盖率达到 90%。

完善统账结合的城镇职工基本养老保险制度，实现职工基础养老金全国统筹，推出税收递延型养老保险。到 2020 年，符合参保条件的城乡居民参保率达到 95%。

健全医疗保险制度。城乡医保参保率稳定在 95% 以上。全面实施城乡居民大病保险制度。健全医疗保险稳定可持续筹资和报销比例调整机制。加快推进基本医保全国联网和异地就医结算，实现符合转诊规定的异地就医住院费用直接结算。将生育保险和基本医疗保险合并实施。

继续扩大失业保险覆盖面，确保为符合条件的失业人员按时足额发放失业保险金并提供相关的再就业服务。

全面实施工伤保险省级统筹，强化工伤保险待遇支付保障，制定工伤预防费使用管理办法，完善工伤康复服务体系。到2020年，基本实现工伤保险法定人群全覆盖。

统筹推进城乡社会救助体系建设。将所有符合低保条件的贫困家庭纳入低保范围。进一步健全特困人员救助供养制度，提升特困人员救助供养水平。全面实施临时救助制度，全面推开"救急难"工作。加强基层未成年人保护服务设施和流浪乞讨救助管理机构建设。

健全自然灾害救助体系，调整完善自然灾害生活救助政策，实施全国自然灾害救助物资储备体系建设等重大项目。

健全以扶老、助残、爱幼、济困为重点的社会福利制度，加强福利设施建设。实施慈善法，支持慈善事业发展。

落实国务院户籍制度改革方案，取消农业户口与非农业户口性质区分，建立城乡统一的户籍登记制度。全面实施居住证暂行条例，推进居住证制度覆盖全部未落户城镇常住人口。促进公民平等发展、共享成果，享受均等化的社会保障。

（五）财产权利

财产权利的人权属性比较复杂，是属于经社文权利的一部分还是公民、政治权利的一部分还有争议。但是无论如何定性，财产权是现代自然人的重要法律权利，财产权的不同方面和内容与人权有着直接或者间接的联系。在保障财产权方面，中国努力健全归属清晰、权责明确、保护严格、流转顺畅的现代产权制度，推进产权保护法治化。

中国正在开展的民法典制定工作与此有重要的关联。中国有序推进民法典编纂工作，完善财产保障制度。同时，积极推动土地管理法修改及其配套法规立法工作。对农村集体所有土地征收、集体经营性建设用地入市、宅基地管理、不动产权属调处等制度进行积极探索，适时开展立法研究工作。完成农村承包经营地、宅基地、农房、集体建设用地确权登记颁证。继续落实征地制度改革工作。稳定农村土地承包关系，完善土地所有权、承包权、经营权分置办法，依法推进土地经营权有序流转。完善集体经济组织成员认定办法和集体经济资产所有权实现形式，将经营性资产折股量化到本集体经济组织成员。

中国正在全面落实不动产统一登记制度，加快构建自然资源资产产权制度，确定产权主体，创新产权实现形式。保护自然资源资产所有者权益，公平分享自然资源资产收益。深化矿业权制度改革。建立健全生态环境性权益交易制度和平台。

中国也正在实施严格的知识产权保护制度，包括完善有利于激励创新的知识产权归属制度，建设知识产权运营交易和服务平台。

（六）健康权利

健康权是人的基本权利。中国正在建立健全覆盖城乡居民的基本医疗卫生制度，力争到2020年，实现人均预期寿命增加1岁。中国政府的努力目标和具体举措包括：

促进基本公共卫生服务均等化。完善国家基本公共卫生服务项目和重大公共卫生服务项目，提高服务质量效率和均等化水平，适时调整基本公共卫生服务项目经费标准，项目经费继续向基层倾斜。鼓励社会力量兴办健康服务业，推进非营利性民营医院和公立医院同等待遇。

提升基层医疗卫生服务能力。以中西部地区为重点，每县重点办好1—2所县级公立医院（含县中医院），基层医疗卫生机构标准化建设达标率达95%以上。打造30分钟基层医疗服务圈。加强并规范化培养住院医师，每万人口全科医生数达到2名，每千人口执业（助理）医师数达到2.5名。

加强重大疾病防控。加快推进国家和省级慢性病综合防控示范区建设，重大慢性病过早死亡率降低10%。肺结核发病率降至58/10万。降低全人群乙肝病毒感染率，控制艾滋病疫情在低流行水平，基本消除血吸虫病危害，消除疟疾、麻风病危害。加强严重精神障碍诊断报告、随访管理服务，严重精神障碍患者管理率达到85%。做好重点地方病防控工作，强化突发公共卫生事件应急和突发急性传染病防治能力建设。加强口岸卫生检疫能力建设，严防外来重大传染病传入。增加艾滋病防治等特殊药物免费供给。全面开展重特大疾病医疗救助。

保障用药安全。完善基本药物制度，健全药品供应保障机制。健全药品检查、检验检测体系，加强药品不良反应监测。

落实《全民健身计划（2016—2020年）》。推动城市社区15分钟健身圈建设，实现基本公共体育服务乡镇常住人口全覆盖和行政村农民体育健身工程全覆盖。到2020年，每周参加1次及以上体育锻炼的人数达到7亿，经常参加体育锻炼的人数达到4.35亿，全国人均体育场地面积达到1.8平方米以上。

（七）受教育权

教育是世界各国特别是发展中国家实现经济发展和社会进步的基础性保障。受教育权是一项基本人权，也是倡导、享有和实现其他人权的一把"钥匙"。中国政府正在实施《国家教育事业发展第十三个五年规划》，致力于全面提升教育质量，促进教育公平。中国的目标是，到 2020 年，劳动年龄人口平均受教育年限达到 10.8 年。具体的促进受教育权的举措包括：

普及学前三年教育。扩大普惠性学前教育资源，学前三年毛入园率提高到 85%。继续加大对中西部地区和薄弱环节的支持力度，基本建成覆盖城乡、布局合理的学前教育公共服务体系。促进义务教育均衡优质发展，包括加快推进城乡义务教育一体化进程，加快义务教育公办学校标准化建设；全面改善贫困地区义务教育薄弱学校基本办学条件；着力保障随迁子女在流入地平等接受义务教育。完善留守儿童教育服务体系。普及高中阶段教育，促进普通高中多样化发展，继续加大对中西部贫困地区高中阶段教育的扶持力度，对建档立卡的家庭经济困难学生实施普通高中免除学杂费，争取到 2020 年，全国高中阶段教育毛入学率达到 90%。促进高等教育发展，实施高等学校创新能力提升计划，深入实施中西部高等教育振兴计划，扩大重点高校对中西部和农村地区招生规模。

完善职业教育体系和制度建设，修改职业教育法，推动产教融合发展，完善校企合作制度；完善职业教育人才多样化成长渠道；支持欠发达地区职业教育发展。逐步分类推进中等职业教育免除学杂费；实施国家基本职业培训包制度。

大力发展继续教育，建立个人学习账号和学分累计制度，畅通继续教育、终身学习通道。支持各类高校、企事业单位和各类教育培训机构开展继续教育。

加强农村教师队伍建设。推动有关地方在连片特困地区实现乡村教师生活补助全覆盖，依据学校艰苦边远程度实行差别化的补助标准。推动各地逐步实行城乡统一的中小学教职工编制标准。推进城乡教师交流。加大对中西部乡村教师的培训。中国努力健全国家资助政策体系，实现家庭经济困难学生资助全覆盖。

值得一提的是，人权教育在中国也正在受到越来越多的重视。《国家人权行动计划（2016—2020年）》专门设立"人权教育与研究"一章进行了规划，提出加大人权教育与培训力度，提高全社会人权意识；搭建人权研究平台，为人权事业发展提供智力支持。它特别规定落实《关于完善国家工作人员学法用法制度的意见》，把人权教育作为加强国家工作人员学法用法工作重要内容。将人权知识纳入党委（党组）的学习内容，列入各级党校、干部学院、行政学院的课程体系，列为法官、检察官、警察等公职人员入职、培训必修课。

计划要求把人权知识纳入国民教育内容。以灵活多样的形式将人权知识融入中小学教育教学活动中。面向幼儿教师、中小学教师开展人权知识培训；继续支持高校开展人权通识教育，进一步加强人权方面的学科和方向研究生的招生和培养；提升高校、科研院所开展人权重大理论与实践问题研究的能力，设立人权理论研究国家科研专项。

计划特别提出支持和鼓励企事业单位加强人权教育、培训，培育人权文化，在境内外投资中将尊重和保障人权作为决策的重要考虑因素；支持新闻和网络媒体设立人权专题频道或栏目，普及人权知识，传播人权理念。

（八）文化权利

中国政府正在实施《国家"十三五"时期文化改革发展规划纲要》，努力完善公共文化服务体系、文化产业体系、文化市场体系，提升公民基本文化权利的保障水平。

在立法层面，中国加快推进公共图书馆法、文化产业促进法、公共文化服务保障法、电影产业促进法立法。修订文物保护法、著作权法及其配套行政法规。

在实践层面,中国努力推进基本公共文化服务标准化、均等化。完善公共文化设施网络,加强基层文化服务能力建设。加大对老少边穷地区文化建设帮扶力度。加快公共数字文化建设。加强文化产品、惠民服务与群众文化需求对接。鼓励社会力量参与公共文化服务。继续推进公共文化设施免费开放。促进新兴文化产业发展,推进文化业态创新,大力发展创意文化产业。完善文化市场准入和退出机制,促进文化资源在全国范围内流动。

中国是一个文明古国,在走向现代化的同时,重视传承和发扬中华优秀文化。中国政府努力构建中华优秀传统文化传承体系,加强对国家重大文化和自然遗产地、大遗址、重点文物保护单位、历史文化名城名镇名村的保护建设,加大对非国有博物馆的政策扶持力度。中国推进国家非物质文化遗产保护利用设施建设工程和代表性传承人抢救性记录工程,实施国家非物质文化遗产传承人群研修研习培训计划;振兴传统工艺;实施中华典籍整理工程。

为倡导终身学习,提高公民文化素质和社会文明水平,中国也正在全面实施全民阅读工程。

在信息化时代的背景下,中国也致力于加强互联网与网络文化建设。中国政府在2020年之前的目标是,城镇地区实现光网覆盖,提供1000兆比特每秒以上接入服务能力,大中城市家庭用户带宽实现100兆比特每秒以上灵活选择;98%的行政村实现光纤通达,有条件的地区提供100兆比特每秒以上接入服务能力,半数以上农村家庭用户带宽实现50兆比特每秒以上灵活选择。实施网络内容建设工程,支持传统出版资源加快数字化转化,提高知识服务能力,鼓励推出优秀网络原创作品。

(九) 环境权利

作为一个经济快速发展的人口大国，中国比以往任何时候都更加关心环境影响和环境改善。中国政府在正在实施的国家人权行动计划中提出："实行最严格的环境保护制度，形成政府、企业、公众共治的环境治理体系，着力解决大气、水、土壤等突出环境问题，实现环境质量总体改善。"具体的举措是：

第一，在立法和法律的实施方面，有序推进水污染防治法、土壤污染防治法、核安全法等立法规划项目进程，切实落实环境保护法和大气污染防治法，完善环境公益诉讼等配套制度。

第二，坚持不懈治理大气污染。目标是，到2020年，地级以上城市空气质量优良天数比率超过80%，细颗粒物（$PM_{2.5}$）未达标地级以上城市浓度下降18%，二氧化硫、氮氧化物排放总量减少15%。

第三，强化水污染防治。加大水源地污染治理和流域水污染防治，筛选七大流域优控污染物清单。到2020年，达到或好于Ⅲ类水体比例超过70%，劣Ⅴ类水体比例小于5%，地级以上城市建成区黑臭水体控制在10%以内。化学需氧量、氨氮排放总量减少10%。地下水超采得到严格控制。

第四，制订实施土壤污染防治行动计划。到2020年，完成200个土壤污染治理与修复技术应用试点项目。建设6个土壤污染综合防治先行区，受污染耕地治理与修复面积达到1000万亩，轻度和中度污染耕地实现安全利用的面积达到4000万亩。

第五，加强危险废物污染防治。开展危险废物专项整治。加大重点区域、有色等重点行业重金属污染防治力度。加强有毒有害化学物质环境和健康风险评估能力建设。推进核设施安全改进和放射性污染防治，强化核与辐射安全监管体系和监管能力建设。

第六，加强海洋资源环境保护。严格控制围填海规模，加强海岸带保护与修复，自然岸线保有率不低于35%。实施陆源污染物达标排海和排污总量控制制度，建立海洋资源环境承载力预警机制。严格控制捕捞强度。加强海洋生态珍稀物种保护。实施海洋督察制度。

第七，推动能源结构优化升级。到2020年，单位GDP能源消耗降低15%，万元GDP用水量下降23%，非化石能源占一次能源消费比重达15%，单位GDP二氧化碳排放降低18%。

第八，推进生态建设。加快生态保护红线划定，推动建立重点生态功能区产业准入负面清单制度。到2020年，森林覆盖率提高到23%以上，湿地保有量稳定在8亿亩，自然保护地占国有面积稳定在17%以上，新增沙化土地治理面积1000万公顷，新增水土流失综合治理面积27万平方公里，国家森林城市达到200个，全国80%以上的行政村居民点绿化覆盖率达25%以上。健全国门生物安全查验机制，防范动植物疫情疫病跨境传播和外来物种入侵。

第九，完善环境监察体制机制。推行全流域、跨区域联防联控和城乡协同治理模式。建立健全排污权有偿使用和交易制度。建立企业环境信用记录和违法排污黑名单制度。健全生态环境损害赔偿制度。

◇ 三 保障经济、社会和文化权利的成就与挑战

近年来，中国有效应对国际金融危机的严重冲击，国内生产总值

保持快速增长。2012年，国内生产总值达51.9万亿元，跃居世界第二位，农村和城镇居民收入同样保持高速增长，为经济、社会和文化权利保障提供了有利条件。

强调民生为重、民生为先、民生为本是中国发展道路的一个特色，也是中国人权事业与经济发展和社会进步协调发展的一个重要特点。在加强民生建设的过程中，中国经济、社会和文化权利获得进一步的保障。

中国的减贫行动极大地促进了贫困和低收入人口的人权状况，是中国经济、社会和文化权利保障的一个亮点。根据2016年6月国务院新闻办公室发布的《国家人权行动计划（2012—2015年）实施评估报告》和同年10月发布的《中国的减贫行动与人权进步》显示，中国经济、社会和文化权利的保障取得了许多阶段性的成就。

（一）减贫成效

中国的减贫行动是中国人权事业进步的最显著标志。《中国的减贫行动与人权进步》白皮书指出：改革开放以来，中国7亿多贫困人口摆脱贫困，农村贫困人口减少到2015年的5575万人，贫困发生率下降到5.7%，基础设施明显改善，基本公共服务保障水平持续提高，扶贫机制创新迈出重大步伐，有力促进了贫困人口基本权利的实现，为全面建成小康社会打下了坚实基础。联合国《2015年千年发展目标报告》显示，中国极端贫困人口比例从1990年的61%，下降到2002年的30%以下，率先实现比例减半，2014年又下降到4.2%，中国对全球减贫的贡献率超过70%。中国成为世界上减贫人口最多的国家，也是世界上率先完成联合国千年发展目标的国家,为全球减贫事业做出了重大贡献,得到了国际社会的广泛赞誉。

到2017年10月,中国共产党举行第十九次全国代表大会时,习近平总书记郑重宣告,在十八大以来的五年中,又有6000多万贫困人口稳定脱贫,贫困发生率从10.2%下降到4%以下,"脱贫攻坚战取得决定性进展"。

中国的减贫工作使得每天有3.7万人脱离贫困线,成绩骄人。到2020年,中华民族千百年来存在的绝对贫困问题,将历史性地得到解决。

中国深知减贫对于人权保障的重要意义,因此在致力于消除本国贫困的同时,积极支持和帮助广大发展中国家消除贫困。上述白皮书统计,中华人民共和国成立60多年来,中国共向166个国家和国际组织提供了近4000亿元人民币援助,派遣60多万援助人员,先后7次宣布无条件免除重债国和最不发达国家对华到期政府无息贷款债务,向69个国家提供医疗援助,为120多个发展中国家落实千年发展目标提供帮助。减贫仍然是新的联合国2030年可持续发展议程的重要目标,中国依然会在国内国外两个层面积极促进国际社会减贫任务的有效落实。

(二)工作权利

在平等就业权利方面,中国在2012年、2013年、2014年、2015年城镇新增就业人数分别为1266万人、1310万人、1322万人、1312万人,超过年均新增就业900万人的计划预期目标。城镇登记失业率保持在4.1%以内,低于计划5%的控制目标。

获得劳动报酬和休息休假的权利得到进一步保障。2012—2015年，分别有25个、27个、19个、27个地区调整了最低工资标准，平均增幅分别为20.1%、17.0%、14.1%、14.9%。2012年，全国人大常委会修改劳动合同法，继续强调同工同酬。2015年，全国各类企业劳动合同签订率90%以上。2015年11月开展的部分城市（60个城市）人力资源社会保障基本情况调查显示，已有超过50%的职工当年享受了带薪年休假。

安全生产条件不断改善。国家安全生产监督管理总局发布《关于进一步加强国家安全生产应急平台体系建设的意见》，国家和20个省（区、市）、部分市、重点县及高危行业大型企业分别建立安全生产应急平台，实现国家平台与13个省级应急平台、7支国家矿山应急救援队应急平台的互联互通。与2011年相比，2015年全国各类事故起数和死亡人数分别下降19%和12.4%，重特大事故起数和死亡人数分别下降47.2%和31%。2013年，全国人大常委会审议通过特种设备安全法。2011—2015年，在特种设备数量增长70%的情况下，特种设备死亡人数连续5年控制在300人以内，万台特种设备死亡率从2010年的0.67下降到2015年的0.36，特种设备安全状况达到中等发达国家水平。有关部门修改《职业病诊断与鉴定管理办法》《职业病危害因素分类目录》，制定《工作场所职业卫生监督管理规定》等5部规章、《职业健康检查管理办法》和新增职业病诊断标准，发布《石材加工工艺防尘技术规范》等70余项职业卫生技术标准。在金矿开采、水泥制造、石材加工、木质家具制造等职业病危害严重领域开展粉尘及毒物专项治理行动。

劳动者技能得到提升。积极开展面向城乡劳动者的职业培训，截至2015年年底，全国技能劳动者总量达1.67亿人，提前并超额完成

1.25亿人的计划预期目标，其中高技能人才4501万人，占技能劳动者的27.28%。

（三）基本生活水准权利

2012—2015年，居民人均可支配收入增长速度总体上高于同期国内生产总值增长速度，城镇居民人均可支配收入和农村居民人均纯收入年均增长率分别为7.5%和9.2%，超过7%的计划预期目标。

如前所述，中国扶贫开发成效显著。贫困人口大幅减少。2015年，国家扶贫标准按2010年价格的2300元动态调整为2855元，部分省的扶贫标准高于国家标准。

居住条件得到改善。2012年，住房和城乡建设部颁布《公共租赁住房管理办法》。2014年，公共租赁住房和廉租住房并轨运行。2012—2015年，国家安排7700多亿元支持城镇保障性安居工程，新开工2970万套，基本建成2428万套。中央安排全国农村危房改造补助资金1271亿元，支持改造农村危房1524万户，超过计划预期目标2倍以上。

（四）社会保障权利

中国社会保险制度体系进一步健全。人力资源和社会保障部发布《社会保险费申报缴纳管理规定》《工伤职工劳动能力鉴定管理办法》等规章。2014年，城镇居民社会养老保险制度与新型农村社会养老保险制度合并实施，建立起全国统一的城乡居民基本养老保险制度。截至2015年年底，全国养老保险参保人数达8.58亿人，其中城乡居民基本养老保险参保人数达 5.05 亿人，职工基本养老保险参保人数达 3.53 亿人，超额完成计划预期目标。全国 31 个省（区、市）建立了职工基本养老保险省级统筹制度。企业退休人员基本养老金连续 5 年按 10% 左右的比例上调，月人均基本养老金水平自 2010 年的 1362 元提高到 2015 年的 2240 多元。

基本医疗保险制度覆盖全民，参保率 95% 以上。截至 2014 年年底，新型农村合作医疗参合人数达到 7.36 亿人，参合率保持在 99%，提前并超额完成计划预期目标。截至 2014 年年底，职工基本医疗保险、城镇居民基本医疗保险和新型农村合作医疗参保人数超过 13.3 亿人，比 2010 年新增 6000 多万人，提前完成计划预期目标。居民医疗保险筹资水平由 2010 年的人均 164 元提高到 2015 年的 515 元，各级财政补助标准由 2010 年的人均 120 元提高到 2015 年的 380 元，超额完成计划预期目标。职工基本医疗保险、城镇居民基本医疗保险、新型农村合作医疗政策范围内报销比例分别达到 80%、70%、75%。新型农村合作医疗普遍建立门诊统筹制度，支付比例 50% 以上。

失业保险、工伤保险和生育保险的覆盖面不断扩大。截至 2015 年年底，失业保险参保人数达到 1.73 亿人，超额完成计划预期目标。7 个省实现失业保险省级统筹，21 个省和新疆生产建设兵团的全部或部分地市实现市级统筹。工伤保险参保人数达到 2.14 亿人。工伤保险市级统筹基本实现，10 个省（区、市）出台省级统筹办法。生育保险参保人数达到 1.78 亿人，超额完成计划预期目标。

社会救助水平逐步提高。截至 2015 年年底，城乡最低生活保障标准分别达到每月人均 451 元和 264.8 元，年均增幅达到 10%。农村"五保"集中和分散供养年人均标准分别达到 6026 元和 4490 元，比 2012 年同期分别增长 48.4% 和 49.3%。全国共实施医疗救助 8406 万人次，支出资金274亿元。全国92%的地区实现医疗救助"一站式"结算。

（五）健康权利

医疗卫生保障条件进一步改善。截至2015年年底，通过转岗培训、在岗培训和规范化培训等方式培养17.3万名全科医生，超额完成计划预期目标。人均期望寿命达到76.34岁，高于计划预期标准。

公共卫生服务得到更全面保障。通过并实施精神卫生法。组织实施《全国精神卫生工作体系发展指导纲要（2008—2015年）》，全面加强精神卫生服务体系建设。在全国开展严重精神障碍患者筛查诊断、登记管理和随访服务等工作。截至2015年年底，全国在册患者492.2万例，患者管理率达到85.5%。人均公共卫生服务经费由2011年的25元提高到2015年的40元。城乡居民免费获得建立健康档案、健康教育、预防接种等多项服务。已建成全球规模最大的传染病疫情和突发公共卫生事件网络直报系统。建成慢性病综合防控示范区265个，管理高血压患者8600多万人、糖尿病患者2400多万人。构建风险评估、现场检疫查验、实验室检测、信息通报、联防联控为一体的口岸传染病防控体系。截至2014年6月，全国259个运营中的口岸全部验收达标，口岸疾病防控和应急处置能力大幅提升。

地方病防治力度加大。实现消除碘缺乏病的目标。燃煤污染型地方性氟中毒病区改炉改灶率达到99.4%。基本完成饮水型地方性氟中毒、砷中毒病区饮水安全工程建设，完成地方性砷中毒病区分布调查，基本落实病区改炉改灶或改水降砷措施。针对大骨节病和克山病，实施移民搬迁、食用非病区粮食等综合防控措施，截至2014年年底，全国90%以上的病区村控制了大骨节病，96.4%的病区县控制了克山病，提前完成计划预期目标。

饮用水安全得到进一步保障。截至2015年年底，饮用水卫生监测覆盖范围扩大至所有城区和60%的乡镇。2011—2015年，全面解决2.98亿农村居民和4133万农村学校师生饮水安全问题，同步解决青海、四川、甘肃、云南四省藏区等特殊困难地区566万农村人口的饮水安全问题，农村集中式供水人口比例由2010年的58%提高到2015年的82%，农村自来水普及率达到76%，均超额完成计划预期目标。

食品药品安全的保障措施得到加强。2013年组建国家食品药品监督管理总局。2015年，全国人大常委会修改《食品安全法》，有关部门配套制定《食品经营许可管理办法》《食用农产品市场销售质量安全监督管理办法》《食品召回管理办法》等多项部门规章。最高人民法院、最高人民检察院发布《关于办理危害食品安全刑事案件适用法律若干问题的解释》《关于审理食品药品纠纷案件适用法律若干问题的规定》。清理近5000项各类食品标准，发布683项食品安全国家标准。

全国人大常委会授权国务院在部分地方开展药品上市许可持有人制度试点。国务院修改《医疗器械监督管理条例》，国家食品药品监督管理总局审核发布《医疗器械生产监督管理办法》《医疗器械经营监督管理办法》《药品经营质量管理规范》《药品医疗器械飞行检查管理办法》等一系列规章。实施国家药品医疗器械标准提高行动计划，共完成药品标准4368个、医疗器械标准562项。2011—2015年，共查处药品违法案件72万余件，侦破药品犯罪案件3.6万起。

全民健身公共体育设施得到改善。《全民健身计划（2011—2015

年）》全面推进落实，全国各类体育场地达到169万余个，人均体育场地面积达到1.57平方米，均超额完成计划预期目标。截至2014年年底，50%以上的市（地）、县（区）有全民健身活动中心，50%以上的街道（乡镇）、城市社区、农村行政村有体育健身设施，均提前完成计划预期目标。

（六）受教育权利

教育是发展的基础，发展为教育创造条件，这是在中国出现的一种良性的发展循环机制。从人权的角度来看，保障受教育权这一基本人权，同时也对其他人权的倡导和促进有着不可低估的意义。

《国家中长期教育改革和发展规划纲要（2010—2020年）》稳步落实。2015年，全国人大常委会修改并发布教育法和高等教育法。2015年，小学学龄儿童净入学率为99.88%，初中毛入学率为104%，九年义务教育巩固率为93%。

学前教育进一步发展。实施第一期、第二期学前教育三年行动计划。2012—2015年，中央财政共安排学前教育发展专项资金621亿元，重点支持中西部农村地区加快构建县、乡、村学前教育服务网络，并对各地资助家庭经济困难幼儿、孤儿和残疾儿童入园进行奖补。2015年，全国共有幼儿园22.37万所，在园幼儿4264.83万人，学前三年毛入园率达75%，提前实现65%的计划预期目标。

进城务工人员随迁子女平等受教育权得到保障。2012—2015年，中央财政累计投入资金346亿元，近90%的进城务工人员随迁子女得到政府财政保障。对符合当地政府规定接收条件的进城务工人员随迁子女，在公办学校就读的，免除学杂费，不收借读费。2015年，全国义务教育阶段在校生中进城务工人员随迁子女为1367.10万人，80%在公办学校就读，各地还通过政府购买服务等形式积极安排进城务工人员随迁子女在普惠性民办学校就读。截至2015年年底，已有29个省（区、市）开始解决随迁子女在当地高考问题，共有近8万名符合条件的进城务工人员随迁子女在当地参加高考。

贫困地区的办学条件得到改善。2012—2015年，中央财政累计投入资金1020亿元改造义务教育薄弱学校。2014年11月，有关部门联合印发《关于统一城乡中小学教职工编制标准的通知》，将县镇、农村中小学教职工编制标准统一到城市标准，并向农村边远贫困地区倾斜。2012—2015年，中央投资140.4亿元，建设边远艰苦地区农村学校教师周转宿舍24.4万套，可入住教师30万人。2013—2015年，中央财政累计投入资金43.92亿元（包括新疆生产建设兵团），支持连片特困地区对乡村教师发放生活补助，受益教师100多万人。

中西部地区教育快速发展。中央安排100亿元支持24个中西部省区（包括新疆生产建设兵团）100所左右地方高校基础能力建设。安排56亿元支持没有教育部所属高校的13个省（区）和新疆生产建设兵团各建设1所地方高水平大学。实施"对口支援中西部地区招生协作计划"，教育资源充裕的地区将部分招生指标投向中西部录取率较低地区和人口大省；2012—2015年，协作计划共落实招生指标75.5万人，高考录取率的省际差距逐年缩小。

高中和职业教育条件不断改善。2012—2015年，中央财政共安排中西部地区普通高中改善办学条件补助资金120亿元，支持中西部集中连片特困地区1542所学校改善办学条件，共惠及600多万名在校学生。中央与地方共同安排资金设立普通高中国家助学金，年生均1500元，自2015年春季学期起提高到2000元。

2012年和2013年，中央财政每年安排专项资金14亿元，支持建设1500个职业教育实训基地。2012—2015年，国家发展改革委共安排专项资金170多亿元，支持1814所中职学校基础能力建设。国家投入23亿元，深入实施"职业院校教师素质提高计划"。截至2015年年底，共组织34万多名职业院校教师参加系统化培训，推动580家大中型企业参与教师培训，完成300个职业教育师资培养培训优势特色专业点建设。2012—2015年，中央财政共下达中职免学费补助资金417亿元，免除中等职业学校全日制在校生中所有农村学生和城市涉农专业、家庭经济困难学生学费。对全日制一、二年级在校涉农专业学生和非涉农专业家庭经济困难学生发放国家助学金，2013年标准为每生每年1500元，2015年起提高到每生每年2000元，覆盖近40%的学生。

普通高校家庭经济困难学生资助政策体系进一步健全。自2014年7月起，国家助学贷款标准调整为全日制本专科学生每人每年最高8000元，全日制研究生每人每年最高12000元。自2015年7月起，学生在读期间贷款利息全部由财政补贴，最长期限延长至20年。自2014年秋季学期开始执行新的全日制研究生国家助学金政策，资助标准为博士生不低于每生每年10000元，硕士生不低于每生每年6000元。

在人权教育领域，国家大力传播人权理念，普及人权知识，开展人权教育，努力提升全社会尊重和保障人权意识。2012年至2015年，国务院新闻办公室与8家国家人权教育和培训基地共举办了144期人权知识培训班，对各级党政干部、司法系统干警和媒体从业人员进行人权知识培训；各级行政学院普遍把人权纳入教学内容，对各级领导干部进行人权知识教育。

2012年开始，各中小学结合学生年龄特点，在课程教材中融入人身权利、受教育权利、经济权利等学习内容，让学生了解公民依法享有的基本权利和应承担的义务，增强学生的权利意识。高等院校根据国家人权行动计划要求，加强人权相关专业建设，在法学等专业本科人才培养方案中增加人权相关课程，编写人权教材，加快人权方面的特色人才培养。自主开设《人权概论》通识课，《人权法学》《国际人权法学》《人权法专题》等公选课程。招收培养人权法学、人权政治学、人权哲学等研究方向的硕士、博士研究生。设置人权研究方向博士后科研流动站。中国政法大学、西南政法大学自主设置了人权法学二级学科。

继2011年10月南开大学人权研究中心、中国政法大学人权研究院、广州大学人权教育与研究中心（现为人权研究院）被教育部和中国人权研究会确立为首批国家人权教育和培训基地后，2014年4月，中国人民大学人权研究中心、复旦大学人权研究中心、山东大学人权研究中心、武汉大学人权研究院和西南政法大学人权教育与研究中心新增为国家人权教育和培训基地，使得国家人权教育和培训基地增至8家。

中国人权研究会、中国人权发展基金会、国家人权教育与培训基地开展人权理论研究。编辑出版《中国人权在行动》《中国人权事业发展报告》等人权书籍。搭建人权学术交流平台，编辑出版《人权》《人权研究》《中国人权评论》《残障权利研究》等学术刊物。编写《人权知识读本丛书》等人权培训教材，面向社会大众举办或参与国际学术会议，大力开展与国内外同行的学术交流。

（七）文化权利

中国共产党第十八次全国代表大会报告所倡导社会主义核心价值

观——富强、民主、文明、和谐，自由、平等、公正、法治，爱国、敬业、诚信、友善，为繁荣中国新时代的社会文化确立了目标，指明了方向。在文化领域，中国政府的投入越来越大，取得了许多成效。

公共文化设施进一步改善。截至 2015 年年底，全国共建成公共图书馆 3139 个、文化馆 3315 个、文化站 40976 个、博物馆 4692 家、科技馆 409 个。2012—2015 年，中央财政累计投入 203 亿元支持公共文化设施免费开放。截至 2015 年年底，免费开放的博物馆已达 4013 家。中央投资 92.23 亿元，基本完成对 20 户以下已通电自然村广播电视覆盖。文化共享工程已建成 3.55 万个分中心、支中心和乡镇（街道）基层服务点，以及 70 万个村（社区）基层服务点，资源总量达到 532TB，超额完成计划预期目标。全国建成农家书屋 60.0449 万家，累计向农村配送图书超过 10 亿册，卫星数字农家书屋 2.4 万家。全国已建成农村数字电影院线 252 条，放映队 5 万余支，卫星电影基本覆盖全国 64 万个行政村，全年完成影片订购 900 余万场。

互联网建设为公民享受文化权利提供了更便捷的条件。截至 2015 年年底，互联网网民达到 6.88 亿户，互联网人口普及率达到 50.3%，超额完成 45% 的计划预期目标。固定宽带用户达到 2.1 亿户，互联网宽带接入端口达到 4.7 亿个，超额完成 3.7 亿个的计划预期目标，光纤到户覆盖家庭达到 4.46 亿户，超过计划预期目标一倍以上。可以看到，科技进步，特别是互联网技术的发展与应用，是发展中国家促进教育和文化发展的重要因素，中国在这个方面可以说是一个实例。

（八）环境权利

中国环境保护和污染整治的力度前所未有。中国政府不断推出新的举措,美国彭博社评论说:"新推出的各种绿色政策力度大、范围广,改变了从电动汽车需求到大宗商品市场的一切,全世界都感受到(中国)这种影响。"[①] 2018年3月召开的全国人民代表大会上,中国领导人表示,该年年底继续增加治理污染的投入,比上一年增加19%,达405亿元;目标是在未来5年的时间里,让中国主要城市的空气重污染天数减少50%。

国家修改环境保护法,专章规定"信息公开和公众参与",加强对公民环境保护的知情权、参与权、监督权的保障,完善公益诉讼制度,赋予相关社会组织提起环境公益诉讼的权利,强化责任追究制度。

在人们普遍关心的空气污染问题上,治理力度不断加大。2015年8月修改大气污染防治法,以改善大气环境质量为目标,强化政府责任,完善治理大气污染的针对性措施。2011—2015年,化学需氧量、氨氮、二氧化硫、氮氧化物四项污染物排放量,分别下降12.9%、13.0%、18.0%和18.6%。2013年9月,国务院印发《大气污染防治行动计划》,明确了10条35项综合治理措施,重点治理细颗粒物($PM_{2.5}$)和可吸入颗粒物(PM_{10})。2015年,全国所有地级及以上城市已全部实施新环境空气质量标准。建成发展中国家最大的空气质量监测网,全国338个地级及以上城市全部具备$PM_{2.5}$等六项指标监测能力。加强节能低碳标准化工作。2011—2015年,实施百项能效标准推进工程,批准发布205项节能国家标准。2015年,国务院办公厅印发《关于加强节能标准化工作的意见》。批准发布钢铁、

[①] 彭博社:《中国对污染的战争将改变世界》,2018年3月9日。参见彭博网,https://www.bloomberg.com/graphics/2018 – china – pollution/? cmpid% 3D = socialflow – twitter – economics,2018年3月20日。

水泥等10个行业温室气体排放标准，发布第五阶段车用油品国家标准。5年多以前，北京的雾霾天气引起人们的不满；2017年，这个中国首都城市的 $PM_{2.5}$ 浓度降低近1/3，其他一些大城市也下降约1/10。[①]

重金属污染得到有效治理。2010—2015年，中央财政拨付172亿元资金支持重金属污染治理。2014年，全国铅、汞、镉、铬和类金属砷五种重点重金属污染物排放总量比2007年下降20%，重金属污染事件自2010—2011年的平均每年10余起下降到2012—2015年的平均每年不到3起。

水污染治理能力得到提升。2015年4月，国务院发布《水污染防治行动计划》。全国地表水劣Ⅴ类水质比例自2001年的35.7%下降到2015年的8.8%。2011—2015年，新增城镇污水处理能力4800万吨/日。2015年，338个地级及以上城市集中式饮用水水源取水量达标率为97.1%。

生态建设深入推进。成立生物多样性保护国家委员会，环境保护部发布《中国生物多样性保护战略与行动计划（2011—2030年）》，启动"联合国生物多样性十年中国行动"。2011—2015年，天然林资源保护工程投资达898亿元，约108万平方公里的天然林得到有效保护。持续推进"三北"等重点防护林体系建设、京津风沙源治理、岩溶地区石漠化综合治理、退牧还草等重点生态工程，启动新一轮退耕还林还草。2011—2015年，已建成以自然保护区为骨干的生物多样性就地保护网络体系。建成自然保护区面积达147万平方公里，约占陆地国土面积的14.84%。全国超过90%的陆地生态系统类型、89%的

[①] 彭博社：《中国对污染的战争将改变世界》，彭博网，https://www.bloomberg.com/graphics/2018-china-pollution，2018年3月9日。

国家重点保护野生动物种类和86%的国家重点保护野生植物种类在自然保护区内得到保护。截至2015年年底，中国森林覆盖率为21.66%。新增水土流失综合治理面积26万余平方公里，超额完成计划预期目标。截至2014年年底，全国城市绿化覆盖率为40.22%，提前完成计划预期目标。

环境执法和责任追究力度不断加强。贯彻落实新修改的环境保护法和国务院办公厅关于加强环境监管执法的通知，全国环保系统积极创新监管执法方式模式，相继开展环保专项行动和环保大检查，严惩环境违法和环境污染犯罪，有效维护了人民群众的环境权益。进一步健全了生态环境损害赔偿制度。

可以看到，中国的环境保护之路，是以民生为重，有强烈的政治意愿，有巨大的经费投入，同时也以经济发展转型、提高发展质量和科技进步为保障。一方面，这意味着对公民环境权利的切实保护；另一方面其目标的实现，也需要全社会、所有人的参与和贡献。

虽然在保障经济、社会和文化权利方面，中国已经取得了巨大的成就，但是作为一个发展中人口大国，中国促进经济、社会和文化权利方面仍然面临重大挑战，需要深化改革，加大力度，坚持不懈地努力。

《国家人权行动计划（2012—2015年）实施评估报告》清醒地指出："经济发展方式粗放、不平衡、不协调、不可持续的问题仍然突出，城乡区域发展差距仍然较大，与人民群众切身利益相关的医疗、教育、养老、食品药品安全、收入分配、环境等方面还有一些困难要解决，一些领域的不正之风和腐败形势不容忽视。在中国，实现更高水平的人权保障任重道远，依然要付出艰巨努力。"

在2017年10月中国共产党第十九次全国代表大会上，习近平总书记指出，经过长期努力，中国特色社会主义进入了新时代，中国社会主要矛盾已经转化为人民日益增长的美好生活需要和不平衡不充分的发展之间的矛盾。这是一个事关中国全局性、战略性政策判断的重要论断。

习近平总书记说，中国稳定解决了十几亿人的温饱问题，总体上实现小康，不久将全面建成小康社会。人民美好生活需要日益广泛，不仅对物质文化生活提出了更高要求，而且在民主、法治、公平、正义、安全、环境等方面的要求日益增长。因此，随着中国社会生产力水平总体上显著提高，社会生产能力在很多方面进入世界前列，更加突出的问题是发展不平衡不充分，这已经成为满足人民日益增长的美好生活需要的主要制约因素。必须认识到，中国仍处于并将长期处于社会主义初级阶段的基本国情没有变，中国是世界最大发展中国家的国际地位没有变；中国社会主要矛盾的变化是关系全局的历史性变化，要在继续推动发展的基础上，着力解决好发展不平衡不充分问题，大力提升发展质量和效益，更好满足人民在经济、政治、文化、社会、生态等方面日益增长的需要，更好推动人的全面发展、社会全面进步。

总之，中国在全面促进人权事业发展的进程中，代表民生改善和提高的经济、社会和文化权利受到高度重视，其保障水平必将持续不断地获得提升。

第三章

公民和政治权利

没有民主，就不是社会主义。社会主义的中国高度重视社会主义民主政治建设。

谈到人权，人们大多熟悉中国将生存权和发展权作为首要人权的基本立场。有人误以为，中国将生存权和发展权作为首要人权，就会忽视公民和政治权利的保障。其实，中国特色社会主义人权观是一种全面的人权观，促进人的全面发展，全面推动人权事业，这是中国一直坚持的人权立场。

在《国家人权行动计划（2012—2015年）》的导言部分，中国政府提出，"切实保障公民的经济、政治、社会和文化权利，促进社会更加公正、和谐，努力使每一个社会成员生活得更有尊严、更加幸福"；它还规定了中国制订和实施国家人权行动计划的一个原则，即全面推进原则——"将各项人权作为相互依存、不可分割的有机整体，促进经济、社会、文化权利与公民权利、政治权利的协调发展，促进个人人权与集体人权的协调发展"。正在实施《国家人权行动计划（2016—2020年）》的导言中，再次将"协调推进，使各项权利全面协调发展"作为制订实施该计划的基本原则。

中国改革开放40年来，特别是中国共产党第十八次全国代表大会以来，中国将人权与法治密切结合，在公民和政治权利领域取得了诸多历史性的进步，表现出中国共产党和中国政府在政治文明建设和有效实现中国人权方面的积极努力和突出成就。

◇ 一 作为"第一代人权"的公民和政治权利

《公民权利和政治权利国际公约》是联合国"国际人权宪章"的重要组成部分，与《经济、社会和文化权利国际公约》一起构成国际法上人们耳熟能详的联合国"人权两公约"之一。

1966年12月16日，第二十一届联合国大会第2200A号决议通过该公约，并开放给各国签字、批准和加入。按照第四十九条的规定，公约于1976年3月23日生效。截至2017年10月1日，《公民权利和政治权利国际公约》的批准国为169个，签署国为6个，还有22个国家既未签署，也未批准。

联合国成立伊始，就开始了国际人权公约的起草工作。就公约具体内容来说，当时的联合国人权委员会、联合国大会及其他有关机构遇到了很多困难和问题。政治论战伴随着公约起草的过程，美苏之间、美国与新兴国家之间，乃至西方各国之间都有激烈的辩论。

人权与政治有着不可割舍的联系，但是起草过程中的政治因素并不影响公约本身在其通过以后超越起草过程中起草者的主观或者个别的初衷和意图，拥有其独立的法律意义。实际上，各国对于人权，包括公民与政治权利的认识和态度是变化和发展的，①而公约最终完成的对于人权思想发展成果的巩固则是阶段性的成果，其中关于基本人权的规定在一定程度上看有着更为长远的价值，同时，公约规定又为相关人权保护的进一步提高和发展提供了基础。

《公民权利和政治权利国际公约》与《经济、社会和文化权利国际公约》一起将《世界人权宣言》的内容法律化，使之对缔约国具有法律约束力，标志着国际人权首次在普遍意义上进入了有法可依的阶段。

公约包括序言和六个部分，共五十三条。第一部分和第二部分是一系列普遍适用于公约所载的所有权利的条款。第三部分具体规定实质性的个人权利。第四部分规定公约的实施机制。最后两个部分涉及条约技术性条款。该公约规定了公民权利和政治权利被视为基本人权，包括生命权、反对奴役、禁止酷刑等不可克减的权利和人身权利、获得公正审判的权利、知情权、表达权等一系列基本人权。

在人权法上，人们一般把西方国家强调的公民与政治权利作为"第一代人权"，这是所谓传统和经典性的人权，与之对应的是社会主义国家倡导的作为"第二代人权"的经济、社会和文化权利。

人为的关于公民权利和政治权利与经济、社会和文化权利的划分强调"两代人权"之间的区别。其实，将人权分成若干不同的"代"，这样的概念并不十分科学，而且容易误导人们。几代人权的说

---

① 富有戏剧性的是，曾经对《世界人权宣言》投弃权票，热衷于经济、社会和文化权利的苏联成为《公民权利与政治权利国际公约》的首批参加国之一，而曾经积极推动和支持宣言、热衷于公民和政治权利的美国迟至1992年6月8日，才由国会参议院通过和批准该公约。

法给人一种不同人权次第出现的错觉，或者是产生较先出现的人权优越于较后出现的人权的误会。实际上，人权在各国演化的历史不可能使不同的人权出现在截然分开的阶段里。就出现的时间来说，某些公民权利被接受为人权要比政治权利晚得多，在某些国家甚至要晚于经济、社会权利。[1]

为了澄清这种错误认识和不良导向，联合国一直在倡导人权完整性的概念。它强调各种人权之间的不可分割、互相依赖和互相补充，不能以一种人权否认另一种权利，或者在它们之间排出优先次序。

实际上，《经济、社会和文化权利国际公约》与《公民权利和政治权利国际公约》在共同的序言中都强调，只有在创造了使人人既可以享有公民和政治权利，又可以享有经济、社会和文化权利的条件的时候，"自由人类的理想"才能实现。

联合国已经通过了多个决议，一再重申所有人权是"相互依赖和不可分割的"。[2] 1948年《世界人权宣言》的起草者们在这一问题上有着清醒的头脑：只有当宣言中表述的各项权利都得到保障时，人权的普遍性才是可以设想的。因此，该宣言的最后一条规定："本宣言之任何条文，均不得解释为默许某一国家或某一个人有权进行或完成

---

[1] See, A. Rosas, "Democracy and Human Rights" in A. Rosasand J. Helgesen (eds), *Human Rights in a Changing East-West Perspective*, 1990, p. 17. 关于国际人权法分类问题的探讨，另可参见白桂梅《论新一代人权》，《法学研究》1991年第5期；John King Gamble, Teresa A. Bailey, Jared S. Hawk and Erin E. Mc Curdy, "Human Rights Treaty: A Suggested Typology, an Historical Perspective", in *Buffalo Human Rights Law Review*, 2001, p. 33, ff.

[2] 最著名的是1977年联合国大会第32/130号决议，而1986年第41届联合国大会的议程就包括"经济、社会、文化、公民和政治的不可分割性和相互依赖性"。

某种旨在破坏宣言所宣告之权利与自由的活动或行为。"1986 年 12 月 4 日联合国通过的有关发展权的宣言也体现了同样的思想，它指出，"发展是一个经济、社会和文化与政治的总体进程"，"各项人权与各种基本自由相互之间都是不可分割和相互依存的。公民和政治权利与经济、社会和文化权利的实现、保护和促进，应当受到同样的关注，应当以同等的紧急态度来加以考虑"。

1993 年召开的世界人权大会通过《维也纳宣言和行动纲领》明确提出："一切人权均为普遍、不可分割、相互依存、相互联系。国际社会必须站在同样地位上，用同样重视的眼光，以公平、平等的态度全面看待人权。固然，民族特性和地域特征的意义，以及不同的历史、文化和宗教背景都必须要考虑，但是各个国家，不论其政治、经济和文化体系如何，都有义务促进和保护一切人权和基本自由。"[①]

与许多条约不同，《公民权利和政治权利国际公约》的最后条款并没有关于允许缔约国退出条约制度的退约条款。在这种情况下，基于该公约成立的人权事务委员会认为，鉴于公约这样的人权条约的特殊性，即规定基本权利和自由扩及缔约国管辖范围内所有的人，因此这些权利和自由一旦确认就不得撤销。因此，一旦一国批准了公约，就不得用退约的办法放弃义务。同样，缔约国不得退出《第二任择议定书》，因为该议定书也没有任何关于退约的条款。相反，《第一任择议定书》则具体规定了退约程序。

一个相关的问题是，公约在一缔约国分解为若干个继承国时的继续适用性。按照类似的方针，人权事务委员会认为，继承国继承

---

① A/CONF.157/24（Part I）/Corr.1，第一节第 5 段。

被继承国在公约下的义务。例如，委员会认为哈萨克斯坦作为苏联的一个继承国应当受公约的约束，因为苏联在解体时是公约的缔约国。一般来说，继承国会采取行动确认公约在其管辖范围之内的适用性。

同样，当中国恢复对香港和澳门行使主权时，虽然中国不是公约的缔约国，但是原来在香港和澳门分别行使治权的英国和葡萄牙是公约的缔约国，根据《中英联合声明》《中葡联合声明》以及《香港特别行政区基本法》和《澳门特别行政区基本法》，中国同意在这两个地区内继续适用公约。

公约缔约国也可成为其两项《任择议定书》任意一项或同时两项的缔约国。第一项《任择议定书》旨在建立个人申诉制度。根据这项制度，人权事务委员会可以接受并审议指称其人权受到侵犯的个人提出的申诉或称来文；而第二项《任择议定书》规定废除缔约国的死刑。第一项《任择议定书》同公约同时通过并开放供各国签署和批准，也同样于1976年3月23日开始生效。第二项《任择议定书》即《旨在废除死刑的〈公民权利和政治权利国际公约〉第二项任择议定书》于1989年12月15日由联合国大会以第44/128号决议通过，最终从1991年7月11日开始生效。第一项《任择议定书》在1966年通过时名称只是《公民权利和政治权利国际公约任择议定书》，后来有了第二个任择议定书后也被称为《第一任择议定书》。名称中的"任择"一词，表明它不是强制性的，尊重缔约国的自主性和政治意愿。《第二任择议定书》与第一项《任择议定书》不同，它的最后条款没有关于允许缔约国退出的条款。因为废除死刑是尊重生命权的实质性的进步，应该遵循"人权发展不可逆"的原则。

在国际法上，对于正式的、重要的条约，是严格区分"签署""批准""参加"和"加入"这几个概念的，其中一国"批准""参加"和"加入"条约，意味着成为国际法上的缔约国，承担履行规定的法律义务；而只是"签署"并不使签署国成为缔约国，而只是表明相关国家有准备批准、参加或者加入该条约的意愿。一般而言，签署意味着确认约文已确定，相关国家也将尊重条约的基本宗旨和原则，但是，何时正式批准条约、是否做出保留等安排还是不确定的。1998年10月5日，中国常驻联合国代表秦华孙大使在联合国总部代表中国政府签署了《公民权利和政治权利国际公约》。因此，中国现在就是《公民权利和政治权利国际公约》的签署国，尚不是缔约国。不过，需要指出的是，虽然中国还不是该公约的缔约国，但是中国立法和法律实践中一贯重视和借鉴国际法资源，特别是该公约的宗旨、原则和规则。比如，中国在刑法、刑事诉讼法的制定和修正过程中，该公约的内容和标准是一个重要的考量。

在高度重视民主法治建设的背景下，中国最高领导层曾多次就中国早日批准《公民权利和政治权利国际公约》表达了积极态度。

2004年1月27日下午，时任国家主席胡锦涛在法国国民议会大厅发表演讲，表示一旦条件成熟，中国政府将向全国人大提交批准该公约的建议。

2004年5月，时任国务院总理温家宝在访欧期间表示，中国致力于尽快批准《公民权利和政治权利国际公约》。

2005年9月6日，当时的中共中央政治局常委罗干在北京召开的第22届世界法律大会上表示，中国政府正在积极研究《公民权利和政治权利国际公约》涉及的重大问题，一旦条件成熟就将履行批准公约的法律程序。

因为公约所涉及的事项的重要性和复杂性，同时也因为中国政府对待公约的严谨和认真的态度，批约准备工作虽然一直在进行，但是至今仍然尚未完成。

2011年7月14日，国务院新闻办公室公布《国家人权行动计划（2009—2010年）》评估报告，其中特别提道："中国正在进行一系列立法、司法改革，目前已完成对律师法和国家赔偿法等法律的修订，为尽早批准《公民权利和政治权利国际公约》创造条件。"

紧接着，在《国家人权行动计划（2012—2015年）》中，再次专门谈到"重视国际人权文书对促进和保护人权的重要作用"，"继续稳妥推进行政和司法改革，为批准《公民权利和政治权利国际公约》做准备"。

有学者回忆，20世纪80年代初，彭真委员长就提出加入公约的动议，并让专家研究可行性。学术界曾经讨论比较激烈，但是有关方面一直未明确表态。早在1992年，为因应当时的国际形势，中国社会科学院法学所向高层提交报告，建议及早签署联合国《经济、社会和文化权利国际公约》和《公民权利和政治权利国际公约》，随即获得高度重视。1994年后，决策层对加入两个公约已有了初步的积极态度。签署公约的1998年是《世界人权宣言》颁布50周年。签署后，中国成立了包括外交部、司法部、最高人民法院等参加的跨部门专门工作小组，一直在为批准该公约做准备。[1] 法学界也开始了对公

---

[1] 许峰：《我国将批准公民权利和政治权利国际公约》，《南方周末》2005年9月22日，转引自新浪网，http://news.sina.com.cn/c/2005-09-22/11337836499.shtml，2018年2月22日。

约的跨部门法的多学科的深入研究。①

《公民权利和政治权利国际公约》中的内容，在中国宪法中大部分已有规定。而中国自改革开放以来，特别是近些年来，中国与公约的接轨越来越多。

虽然中国保留死刑，但是坚持严格控制和慎用死刑的原则。近几年来，中国在完善死刑案件证据制度、减少死刑罪名、规范死刑适用标准和办案程序等方面采取了一系列重要举措，进一步减少死刑适用。2012年，中国修改《刑事诉讼法》，将"尊重和保障人权"明确写入法律，进一步完善死刑复核程序。

修改后的《刑事诉讼法》明确规定不得强迫任何人证实自己有罪，保障犯罪嫌疑人、被告人供述的自愿性；完善了非法证据排除制度。修改后的《刑事诉讼法》及新修订的配套司法解释进一步从具体制度上保障了被告人获得公正审判的权利。

2003年3月17日，就职于广州某服装公司的大学毕业生孙志刚逛街时因"未携带身份证件"，被广州市黄村派出所带回讯问并以"三无人员"身份被转送到市收容遣送中转站。在收容站内，孙志刚被殴打致死。事件披露后，引起社会各界的强烈反响。此事件虽然是收容所员工犯下的刑事个案，却引发了国内对收容遣送制度的大讨

---

① 中国法学界对《公民权利和政治权利国际公约》的研究非常活跃，有关专著包括：陈泽宪主编：《〈公民权利与政治权利国际公约〉的批准与实施》，中国社会科学出版社2011年版；孙世彦：《〈公民及政治权利国际公约〉缔约国的义务》，社会科学文献出版社2012年版；杨宇冠：《人权法：〈公民权利和政治权利国际公约〉研究》，中国人民公安大学2003年版；彭锡华：《〈公民权利和政治权利国际公约〉国际监督制度研究》，吉林人民出版社2001年版；朱晓青、柳华文：《〈公民权利和政治权利国际公约〉及其实施机制》，中国社会科学出版社2003年版等。代表性的译著包括：[奥]曼弗雷德·诺瓦克：《〈公民权利和政治权利国际公约〉评注》（修订第2版），孙世彦、毕小青译，生活·读书·新知三联书店2008年版等。

论。同年6月20日，国务院公布《城市生活无着落的流浪乞讨人员救助管理办法》，废除了执行多年的收容遣送制度。这与《公民权利和政治权利国际公约》所规定的人身自由密切相关。随着国情的改变，废除劳动教养制度的呼声日益高涨。

2013年11月12日，中国共产党第十八届中央委员会第三次全体会议通过《中共中央关于全面深化改革若干重大问题的决定》。决定在"推进法治中国建设"部分明确提出"完善人权司法保障制度。国家尊重和保障人权。……健全错案防止、纠正、责任追究机制，严禁刑讯逼供、体罚虐待，严格实行非法证据排除规则。逐步减少适用死刑罪名"。特别是"废止劳动教养制度，完善对违法犯罪行为的惩治和矫正法律，健全社区矫正制度"。由此，中国与《公民权利和政治权利公约》的接轨更近一步。

应该指出的是，缔约国不可能也没有必要完全把国内法律修改到同公约相一致。国际法上允许一国在批准或者加入公约时提出保留或者发表解释性声明。比如，美国加入《公民权利和政治权利国际公约》时就提出10多项保留，有的国家甚至提出100多项保留。保留是法律上的技术事项，缔约国作为主权国家，有权在不违背公约宗旨和目标的前提下，根据自己的国情、政治和法律体系等进行适当的变通。

签署、批准或者加入公约只是第一步，更重要的是实施公约。与其毫无保留地迅速批准或者加入公约，不如一方面做好必要的政治与法律上的准备，另一方面对不适宜接受的条款进行必要的保留，这同样是严肃认真的态度。

按照法定程序，像《公民权利和政治权利国际公约》这样的重要条约的批准，必须先由国务院提出报告，经全国人大批准，然后由国家主席签署发布。

可以预期，将来《公民权利和政治权利国际公约》的批准是中国法治和人权事业发展进程中的一件大事，其影响必将是积极而深远的。

◇◇ 二 保障公民和政治权利的举措

中国在公民和政治权利保障与中国的整体性的民主与法治建设密切相关。

习近平总书记在第十九次全国代表大会所做的报告中指出，中国特色社会主义政治发展道路，是近代以来中国人民长期奋斗历史逻辑、理论逻辑、实践逻辑的必然结果。世界上没有完全相同的政治制度模式，政治制度不能脱离特定社会政治条件和历史文化传统来抽象评判，不能定于一尊，不能生搬硬套外国政治制度模式；中国要长期坚持、不断发展的是中国社会主义民主政治，积极稳妥推进政治体制改革，推进社会主义民主政治制度化、规范化、程序化，保证人民依法通过各种途径和形式管理国家事务，管理经济文化事业，管理社会事务。

可以说，中国在公民和政治权利保障方面的特点正是中国特色社会主义政治发展道路和法治发展道路的体现。

概括地说，中国保障公民和政治权利的基本举措是，深入推进依法行政，加强人权司法保障，扩大公民有序政治参与，切实保障公民权利和政治权利。

改革开放以来，特别是党的十八大以来，中国坚持将尊重和保障人权的原则贯穿于立法、行政和司法各个环节之中，加强对权力的监督和制约；中国将保障人权与加强民主法治建设结合起来，积极稳妥推进政治体制改革，扩大公民有序政治参与，依法实行民主选举、民主决策、民主管理、民主监督，有力保障人民的知情权、参与权、表达权、监督权。

关于中国促进公民和政治权利的举措，中国正在实施的《国家人权行动计划（2016—2020年）》有具体的规定。2014年10月23日，中国共产党第十八届中央委员会第四次全体会议在北京闭幕。这是中国改革开放以来，中共首次以"依法治国"为主题的中央全会。会议通过《中共中央关于全面推进依法治国若干重大问题的决定》。这是中国法治发展历程中的一个重要节点，具有承前启后的意义。

决定规定的是中国法治和人权事业的重要纲领，决定中的绝大部分内容都涉及人权，有两次则是直接提及人权。一次是在"完善以宪法为核心的中国特色社会主义法律体系，加强宪法实施"的第二部分主题下，涉及"加强重点领域立法"的内容中，明确提出："依法保障公民权利，加快完善体现权利公平、机会公平、规则公平的法律制度，保障公民人身权、财产权、基本政治权利等各项权利不受侵犯，保障公民经济、文化、社会等各方面权利得到落实，实现公民权利保障法治化。增强全社会尊重和保障人权意识，健全公民权利救济渠道和方式。"

第二次直接提及人权是在"保证公正司法，提高司法公信力"的第四部分主题下，专门规定了"加强人权司法保障"工作要点。其中特别规定："强化诉讼过程中当事人和其他诉讼参与人的知情权、陈述权、辩护辩论权、申请权、申诉权的制度保障。健全落实罪刑法定、疑罪从无、非法证据排除等法律原则的法律制度。完善对限制人身自由司法措施和侦查手段的司法监督，加强对刑讯逼供和非法取证的源头预防，健全冤假错案有效防范、及时纠正机制。"

以下进一步概括和介绍中国目前加强公民和政治权利保障的举措。

（一）人身权利

公民人身权利的保障涉及最多的还是公权力部门，特别是执法机关和司法机关。中国政府强调规范涉及公民人身的执法行为和司法行为，特别是采取措施防范刑讯逼供，规范监管场所，保障各类被限制人身自由人员的权利。具体的举措包括：

完善行政组织和行政程序法律制度。行政机关不得法外设定权力，没有宪法法律依据不得做出限制公民人身自由的强制措施和处罚。完善执法程序。建立执法全过程记录制度，完善对涉及公民人身权利的行政强制措施实行司法监督的制度。

刑讯逼供是古今中外司法工作中的一个"顽疾"。为此，司法机关致力于完善对限制人身自由司法措施和侦查手段的司法监督。加强对刑讯逼供和非法取证的源头预防，健全冤假错案的有效防范、及时纠正机制。落实讯问犯罪嫌疑人全程同步录音录像制度，并逐步扩大其适用的案件范围，试行重大案件全程同步录音录像随案移送制度。

强化对公安执法办案活动的刚性约束。改革完善受立案制度、执法质量考评制度和执法过错责任追究制度。加强执法办案场所办案区使用管理，深化公安执法信息化建设。

律师对于在司法程序中保障公民权利具有重要作用。目前，中国努力的方向是，完善侦查阶段听取律师意见的相关机制，实施好《刑事诉讼法》和《律师法》。比如，根据最高人民检察院的意见，犯罪嫌疑人委托的律师提出不构成犯罪、无逮捕必要、不适宜羁押、侦查活动有违法犯罪情形等书面意见以及相关证据材料的，检察人员应当在审查逮捕意见书中说明是否采纳律师意见的情况和理由。

与人身自由保障相关，中国也在加大力度查处国家机关工作人员利用职权实施非法拘禁等侵犯公民人身权利的犯罪。

健全刑事羁押必要性审查制度。发现不需要继续羁押或患有严重疾病不适宜羁押的，应当释放犯罪嫌疑人、被告人或变更强制措施。加强刑事羁押期限监督。预防和清理久押不决案件，严格落实换押制度、超期羁押报告制度及责任追究制度。严格落实监管场所的各项规章制度。完善被羁押人投诉处理机制，畅通被羁押人权利救济渠道。加强监管场所检察信息化建设，实现对监管场所的动态监督。

死刑的适用是人权领域颇受关注的问题。中国是法律上保留适用死刑可能性的国家，但是中国严格把握死刑适用条件。一方面，强化死刑复核程序；另一方面，进一步规范死刑复核监督程序。在此基础上，坚持严格控制和慎重适用死刑，确保死刑只适用于极少数罪行极其严重的犯罪分子。

重视医疗和戒毒等敏感领域中的人权保障问题。规范强制医疗的执行、治疗、管理和监督，保障被强制医疗人员的权利。落实禁毒法和戒毒条例；依法规范强制隔离戒毒决定、提前解除强制隔离戒毒决定、延长戒毒期限决定的做出；提升戒毒医疗、康复水平，保障戒毒人员合法权利。

2013年12月28日，全国人大常委会通过关于废止有关劳动教养法律规定的决定。

（二）获得公正审判的权利

为保障获得公正审判的权利，中国致力于尊重司法运行规律，建立以审判为中心的诉讼制度，提高司法公信力。具体的举措包括：

确保法院依法独立行使审判权。完善对领导干部干预司法活动、插手具体案件处理的记录、通报和责任追究制度。明确司法机关内部各层级权限，健全内部监督制约机制，完善对司法机关内部人员过问案件的记录制度和责任追究制度。

中国是一个幅员辽阔、区域差异较大的国家，加上司法人员的法律认知水平和运用能力的不同，在同样的法律制度基础上，有可能出现"同案不同判"的情况。中国司法机关努力通过规范司法解释和案例指导，统一法律适用标准。

证据是司法诉讼的关键，对保障诉讼参与人的人权至关重要。中国司法机关致力于全面贯彻证据裁判原则，努力落实直接言词原则，严格落实证人、鉴定人出庭制度。

刑事诉讼中，贯彻疑罪从无原则是人权保障的基础，为此，司法机关致力于严格实行非法证据排除规则，进一步明确非法证据的范围和排除程序。

为发挥律师在维护公民权利中的重要作用，加强诉讼过程中律师的知情权、申请权、申诉权等各项权利的制度保障，落实相关法律赋予律师在诉讼中会见、阅卷、收集证据和发问、质证、辩论等方面的执业权利，保障律师依法行使辩护权、代理权。健全完善侦查、起诉、审判各环节重视律师辩护代理意见的工作机制，落实听取律师意见制度。禁止对律师进行歧视性安检，为律师依法履职提供便利。

加强刑事被害人救助,是中国从"公权"刑法观念向"公权"与"民权"相结合的刑法观念转变的一个标志。中国正在致力于制定刑事被害人救助立法,以期早日建立统一、规范的刑事被害人救助制度。

强化诉讼过程中当事人和其他诉讼参与人的知情权、陈述权、辩论辩护权、申请权、申诉权的制度保障,落实刑事诉讼法及相关配套法规制度关于法律援助的规定。完善刑事诉讼中认罪认罚从宽制度。明确被告人自愿认罪、自愿接受处罚、积极退赃退赔案件的诉讼程序、处罚标准和处理方式。继续推进量刑规范化,规范法官的量刑裁量权,完善量刑程序,促进量刑公开、公正。

诉讼效率既涉及司法机关的有效运作,本身也与人权保障相关。为提高诉讼效率,中国不断健全轻微刑事案件快速办理机制,有序推进刑事案件速裁程序改革。2017年以来,中国在杭州、北京、广州相继建立了互联网法院,这也是提升诉讼效章的有益创新。

为保障相关刑事诉讼参与人的人格尊严,禁止让刑事在押被告人或上诉人穿着具有监管机构标识的服装出庭受审。

(三) 宗教信仰自由

2018年4月3日国务院新闻办发表的《中国保障宗教信仰自由的政策和实践》白皮书显示:中国主要有佛教、道教、伊斯兰教、天主教和基督教等宗教,信教公民近2亿人,宗教教职人员38万余人。佛教和道教信徒众多,但普通信徒没有严格的入教程序,人数难以精确统计。佛教教职人员约22.2万人。道教教职人员4万余人。信仰伊斯兰教的少数民族总人口2000多万人,伊斯兰教教职人员5.7万余人。天主教信徒约 600 万人，宗教教职人员约 0.8 万人。基督教信徒 3800 多万人，宗教教职人员约 5.7 万人。中国还存在多种民间信仰，与当地传统文化和风俗习惯结合，参与民间信仰活动的群众较多。中国的宗教团体约 5500 个，其中全国性宗教团体 7 个，分别为中国佛教协会、中国道教协会、中国伊斯兰教协会、中国天主教爱国会、中国天主教主教团、中国基督教三自爱国运动委员会、中国基督教协会。

在宗教领域，中国坚持从本国国情和宗教实际出发，实行宗教信仰自由政策，保障公民宗教信仰自由权利，构建积极健康的宗教关系，维护宗教和睦与社会和谐。党的十八大以来，中国全面推进依法治国，把宗教工作纳入国家治理体系，落实宗教信仰自由的宪法规定，用法律调节涉及宗教的各种社会关系，宗教工作法治化水平不断提高。这是中国宗教工作的一个重要特征和显著的发展趋势。

尊重和保护宗教信仰自由是中国共产党和中国政府对待宗教的基本政策，对此应该有全面的理解。它的具体含义包括：每个公民有信仰宗教的自由，也有不信仰宗教的自由；有信仰某一种宗教的自由，也有在同一宗教中信仰某个教派的自由；有过去不信教而现在信教的自由，也有过去信教而现在不信教的自由。信教公民同不信教公民一样，享有同等政治及经济社会文化等方面的权利，不会因信仰不同造成权利上的不平等。国家尊重公民宗教信仰自由，保护正常宗教活动；公民行使宗教信仰自由权利，不得妨碍其他公民的合法权利，不得强制他人信仰宗教，不得歧视不信教或者信仰其他宗教的公民，不得利用宗教妨害公民合法权益。行使宗教信仰自由权利必须尊重公序良俗，尊重文化传统和社会伦理道德。

中国强调依法管理宗教事务。国家对待各宗教一律平等，一视同仁，不以行政力量发展或禁止某个宗教，任何宗教都不能超越其他宗教在法律上享有特殊地位。国家依法对涉及国家利益和社会公共利益的宗教事务进行管理，但不干涉宗教内部事务。国家依法保护公民宗教信仰自由权利，保护正常宗教活动和宗教界合法权益，制止非法宗教活动，禁止利用宗教宣传极端思想和从事极端活动，抵御境外势力利用宗教进行渗透，打击利用宗教进行的违法犯罪活动。信教公民应当遵守宪法、法律、法规和规章。宗教在国家法律范围内开展活动，不得干预行政、司法、教育等国家职能的实施。不得恢复已经被废除的宗教封建特权，不得利用宗教从事危害社会稳定、民族团结和国家安全的活动。

近年来，中国保障公民宗教信仰自由的重点工作包括以下几个方面：

第一，加强宗教事务立法，依法规范政府管理宗教事务的行为，保护广大信教群众合法权益。

第二，支持宗教界加强自身建设，提高自我约束、自我规范、自我管理能力。为宗教团体开展工作提供必要的支持和帮助。鼓励宗教界依法开展公益慈善活动。

第三，办好宗教院校，加强宗教人才培养，提高宗教教职人员素质。

第四，积极开展对外宗教交流活动。改进伊斯兰教朝觐组织服务工作，保障穆斯林群众顺利完成朝觐功课。

（四）知情权和参与权

现代社会，知情权和参与权的意义越来越大，内容和形式也越来越丰富。中国政府致力于多渠道多领域拓宽公民知情权的范围，扩展有序参与社会治理的途径和方式。

行政机关进一步推进权力清单和责任清单公开，方便公众获取和监督。各级政府及其工作部门依据权力清单向社会全面公开政府职能、职责权限、管理流程、监督方式。推行行政执法公示制度。加强互联网政务信息数据服务平台和便民服务平台建设，提高政务公开信息化、集中化水平。完善突发事件信息发布制度。

立法机关努力提高立法公众参与度。探索建立有关国家机关、社会团体、专家学者等对立法中涉及的重大利益调整论证咨询机制，拓宽公民有序参与立法途径，健全法律法规规章草案公开征求意见和公众意见采纳情况反馈机制。司法机关积极推进警务、狱务、审判、检务公开。依法及时公开执法司法依据、程序、流程、结果，建立生效法律文书统一上网和公开查询制度。

人民法院落实人民陪审员"倍增计划"，拓宽选任渠道和范围，明确参审案件职权。人民检察院进一步完善特约检察员机制，切实采取措施保障特约检察员依法履行职责，参与检察，谋议检务。检察机关不断完善人民监督员制度，改革选任和管理方式，充分保障人民监督员的各项权利，进一步拓宽人民群众有序参与司法渠道。此外，有关部门努力在司法调解、司法听证、涉诉信访等活动中保障人民群众参与。

在基层，一方面，修改城市居民委员会组织法，加快制定或修改村委会组织法配套法规。推进居务、村务公开建设，促进居民、村民民主参与；另一方面，健全以职工代表大会为基本形式的企事业单位民主管理制度，推进企事业单位信息公开制度化、规范化建设，保障职工的知情权，有效参与民主管理。

近年来，配合国家和地方法律，社会性"软法"受到重视。中国正在重视发挥市民公约、乡规民约、行业规章、团体章程等社会规范在社会治理中的积极作用，推进社会自治。

非政府组织的作用在中国日益受到重视。在中国，大多数非政府组织被称为"社会组织"。中国支持社会组织参与社会服务。发展社会工作服务机构和志愿服务组织，推进行业协会与行政机关脱钩，支持慈善组织有序发展，完善社会组织登记管理制度及政府向社会组织购买服务制度。

中共中央总书记习近平2017年10月在中国共产党第十九次全国代表大会报告中强调，要打造共建共治共享的社会治理格局。报告提出，加强社会治理制度建设，完善党委领导、政府负责、社会协同、公众参与、法治保障的社会治理体制，提高社会治理社会化、法治化、智能化、专业化水平；加强预防和化解社会矛盾机制建设，正确处理人民内部矛盾；加强社会心理服务体系建设，培育自尊自信、理性平和、积极向上的社会心态；加强社区治理体系建设，推动社会治理重心向基层下移，发挥社会组织作用，实现政府治理和社会调节、居民自治良性互动。这对中国社会组织的发展和社会组织管理机制改革具有重要的指导意义。

2017年1月1日起施行的《中华人民共和国境外非政府组织境内活动管理法》备受瞩目。它只适用于中国境内，主要针对的是境外基金会、社会团体、智库机构等组织，而学校、医院、自然科学和工程技术等学术研究机构不在此列。中国国内社会组织起步晚、经验不足、能力不强是一个普遍的现象；而境外非政府组织资金足、历史长、专业性强、经验丰富，它们进入中国有较强的影响力。

在发挥诸多积极作用的同时，境外非政府组织在政治诉求等方面在中国国内的不适应和矛盾自然也会显现出来，其在本国或者他国的运作方式同样不一定适合中国国内的环境。奥地利著名人权法学者曼弗雷德·诺瓦克曾经列举了世界上 22 个著名的国际人权非政府组织，其中只有 3 个总部位于发展中国家。[①] 它们中的许多组织是以对抗性和羞辱性的工作方法开展工作的。许多做法对包括中国在内的许多国家来说，是不受欢迎的。如果面对境外非政府组织的强势进入，中国立法致力于权利保障和法律制约的平衡。不但不是拒之门外，还要给予服务和便利，从而发挥它们的建设性作用。同时，对于它们的境内活动，要求符合中国法律的要求，而不是可以简单地复制其在他国的做法，或者在中国按照它们的价值观和社会主张为所欲为。立法只是第一步，接下来的执法更为关键。中国努力实现平衡的立法目标，实现针对境外非政府组织境内活动领域的良法善治。[②]

（五）表达权和监督权

表达权和监督权同为基本的公民权利和政治权利，两者存在密切的联系。一方面，中国政府致力于扩展表达空间，丰富表达手段和渠道，保障公民表达权；另一方面，通过加强表达权保障，健全权力运行制约和监督体系，依法保障公民的表达自由和民主监督权利。

互联网时代，表达权涉及公民互联网的表达自由。中国依法保障公民互联网言论自由；继续完善为网民发表言论的服务，重视互联网

---

① Manfred Nowak, *Introduction to the International Human Rights Regime*, Hague: Martinus Nijhoff Publishers, 2003, p. 261.
② Liu Huawen, "Law encourages NGOs to play useful role", *China Daily*, May 5, 2016, p. 9.

反映的社情民意。

近年来，中国重拳反腐，在相当程度上也有利于社会参与。中国建立对各级国家机关违法行为投诉举报登记制度，不断采取措施畅通举报箱、电子信箱、热线电话等监督渠道，发挥社会监督的作用。

信访制度也是中国的一个独具特色的制度，是对政府进行社会监督的重要形式和渠道。近年来，信访制度的实践面临依法信访、规范办案等诸多挑战。这方面的政府举措是，完善信访工作制度，推进信访法治化。健全诉访分离工作机制和涉诉信访终结机制。推进集控告、举报、申诉、投诉、咨询、查询于一体的综合性受理平台建设，实行网上信访，依法分类处理信访诉求，保障公民合理、合法诉求依照法律规定和程序就能得到合理合法的结果。

中国立法机关还将修改行政复议法，保障公民和社会组织通过申请行政复议对行政机关依法行政进行监督的权利。加大对公务员违法违纪行为的监察力度。

媒体的作用也颇受重视。中国政府努力发挥报刊、广播、电视等传统媒体监督作用，加强传统媒体与互联网等新兴媒体的互动，重视运用和规范网络监督。依法保障新闻机构和从业人员的知情权、采访权、发表权、批评权、监督权。

人民代表大会制度是中国的基本政治制度。保障人民代表依法履职意义重大。中国正在完善全国人大及其常委会宪法监督制度，健全宪法解释程序机制，加强备案审查制度和能力建设，把所有规范性文件纳入备案审查范围，依法撤销和纠正违宪违法的规范性文件。政治协商会议制度同样独具中国特色，各级政治协商机关努力搭建政治协商平台，丰富协商内容和形式，以事关经济社会发展全局和涉及群众切身利益的实际问题为内容，开展广泛协商，完善民主监督的组织领导、权益保障、知情反馈、沟通协调机制。实施好人大和政协制度也是对公民表达权和监督权的重要保障。

（六）反腐败

反腐败与人权的密切关系正在成为国际共识。2013年3月，联合国人权理事会专门召集了腐败对享受人权不利影响问题小组讨论。联合国人权事务高级专员办公室提出了人权与反腐工作三个要点：（1）腐败是实现所有人权——公民、政治、经济、社会及文化权利以及发展权——的巨大障碍。（2）坚持并落实透明性、问责制、非歧视和有意义的参与这些核心人权原则是对抗腐败的最有效方式。（3）当前迫切需要增强政府间努力的协同性以落实联合国《反腐败公约》和各国际人权公约。①

在反腐败的具体举措上，中国共产党和中国政府坚持无禁区、全覆盖、零容忍，坚持重遏制、强高压、长震慑。不断推进反腐败国家立法；建设覆盖纪检监察系统的检举举报平台；高度重视境外追逃缉赃，不管腐败分子逃到哪里，都要缉拿归案、绳之以法。中国深化国家监察体制改革，正在将试点工作在全国推开，组建国家、省、市、县监察委员会，实现对所有行使公权力的公职人员监察全覆盖。中国加强国家监察立法，依法赋予监察委员会职责权限和调查手段，用留置取代"两规"措施。改革审计管理体制，完善统计体制。构建党统一指挥、全面覆盖、权威高效的监督体系，把党内监督同国家机关监督、民主监督、司法监督、群众监督、舆论监督贯通起来，增强监督

---

① 《人权与反腐》，联合国人权高专办网站，http://www.ohchr.org/ch/Issues/Development/GoodGovernance/Pages/AntiCorruption.aspx，2018年1月30日。

合力。由此，中国政治体制改革有了历史性的突破，从中国人权保障机制角度看，也是一个里程碑式的发展步骤。

总之，中国公民和政治权利的保障在制度上、机制上获得了有效加强，这是中国共产党和中国政府强烈的发展社会主义民主的政治意愿和坚定的全面推动依法治国的决心的体现，也是中国全面深化改革、推进国家治理体系和治理能力现代化、促进中国人权事业的应有之义。

◇ 三 保障公民和政治权利的成就与挑战

中国保障公民和政治权利的特点是，随着经济发展和社会进步，社会主义民主政治与法治建设全面推进，使公民权利和政治权利得到切实保障。

（一）人身权利

2012年3月修改后的刑事诉讼法明确规定"尊重和保障人权"，完善了证据制度、强制措施、辩护制度、侦查措施、审判程序、执行程序等。

犯罪嫌疑人人身权利得到保障。最高人民法院、最高人民检察院、公安部发布相关规定，细化了逮捕、取保候审、监视居住等强制措施的适用条件、审批程序和告知程序。2012—2015年，全国检察机关不批准逮捕总数为816379人。其中，以无社会危险性不批捕340491人，以不构成犯罪不批捕63809人，以事实不清、证据不足不批捕 379290 人。公安机关严格执行拘留、逮捕后 24 小时以内通知被拘留、被逮捕人家属的规定；在第一次讯问犯罪嫌疑人或对犯罪嫌疑人采取强制措施时，及时向犯罪嫌疑人告知其委托辩护律师、申请法律援助的权利。建立网上预约平台，公布预约电话，为律师会见提供便利。大力推进法律援助中心驻看守所工作站建设，确保在押人员及家属及时得到法律援助。辩护律师在侦查期间可以向侦查机关了解犯罪嫌疑人涉嫌的罪名及当时已查明的主要涉罪事实，以及采取强制措施的情况。

中国对刑讯逼供等违法违规行为的监督和检查力度加强。2012—2015 年，检察机关对滥用强制措施、非法取证、刑讯逼供等侦查活动违法情形，提出纠正意见共 869775 次。2015 年共处理检察人员违法违纪 208 件 243 人。自 2012 年以来，检察机关继续大力查处国家机关工作人员利用职权实施的侵犯公民人身权利的犯罪案件。

依法全面取证和审查判断证据的规定得到严格执行。公安机关将收集的证明有罪或无罪、罪重或罪轻的所有证据归入案卷全部移送，并严格审查证据的真实性、合法性以及证明力。人民检察院对辩护律师提出的犯罪嫌疑人不构成犯罪、无社会危险性或者排除非法证据等意见都记录在案。案件侦查终结前，辩护律师提出要求的，公安机关应当听取辩护律师的意见，根据情况进行核实，并记录在案；辩护律师提出书面意见的，应当附卷。公安机关规范办案区的使用和管理，办案区与其他功能区物理隔离，保证犯罪嫌疑人在办案区内的饮食和必要的休息时间；犯罪嫌疑人被带到公安机关后，一律直接带入办案区，一律要有视频监控并记录。截至 2015 年年底，各地已普遍完成执法办案场所规范化改造。

2013 年 12 月 28 日，全国人大常委会通过决定，废止劳动教养制度，对正在被依法执行劳动教养的人员，解除劳动教养，剩余期限不再执行。这样，缺少坚实的法律基础、不能满足依法由司法机关在保障公民获得充分、公正审判权前提下剥夺公民人身自由这一人权标准的劳动制度就被废止了。这是中国法制史上标志性的事件，是中国重视公民权利保障、人权保障法治化的重要体现。

社区矫正制度进一步完善。2012年新修改的刑事诉讼法明确规定，对被判处管制、宣告缓刑、假释或者暂予监外执行的罪犯，依法实行社区矫正，由社区矫正机构负责执行。根据刑法和刑事诉讼法的有关规定，司法部会同有关部门共同制定《社区矫正实施办法》，对社区矫正的交付、执行和法律监督等做出了全面规定。加强教育管理，切实提高社区矫正质量，加强社会适应性帮扶工作，制定完善并认真落实帮扶政策，协调解决社区服刑人员就业、就学、最低生活保障、临时救助、社会保险等问题，为社区服刑人员安心接受教育矫正并融入社会创造条件。截至2015年年底，全国已建立县（区）社区矫正中心1339个，累计接收社区服刑人员270.2万人，累计解除社区服刑人员200.4万人，在册社区服刑人员69.8万人，社区服刑人员在矫正期间重新犯罪率一直处在0.2%的较低水平。

最高人民法院认真贯彻落实2015年8月习近平主席签署的主席特赦令和全国人大常委会《关于特赦部分服刑罪犯的决定》。特赦是国家依法对特定罪犯免除或者减轻刑罚的制度，是一项国际通行的人道主义刑罚执行制度。此次特赦是中国现行宪法颁布实施以来的第一次。最高人民法院要求，凡符合特赦条件的一个都不能漏，一个不能少，凡不符合特赦条件的坚决不予特赦，一个不能多。要严格遵循特赦案件的办理程序，规范案件受理和审理，规范法律文书制作和送达，务必做到严谨规范。所有特赦裁判文书都要公开发布，接受全社会的监督。2015年8月,全国人大常委会做出决定,对四类服刑罪犯予以特赦。此次特赦工作顺利进行,2015年年底,依法特赦服刑罪犯31527人。

人权问题常常成为中国对外追逃遣返或者引渡工作的障碍。中国福建公民黄海勇案就是一个典型。2014年9月美洲人权法院的司法过程中,包括笔者在内的三名中国专家首次以专家证人身份支持国际人权法庭的人权诉讼,协助被告方秘鲁政府应诉,并且成功反驳了原告黄海勇提出的引渡其回中国将面临酷刑或者死刑待遇的主张。2015年6月,法院判决由于不存在死刑和酷刑风险可以将其引渡回中国。[①]这是美洲人权法院对于中国人权与法治状况的肯定。作为美洲人权法院关于引渡框架下国家义务的首个案例,其法律推理和结论,对于该法院和美洲国家组织成员国乃至区域外的国家以及欧洲人权法院等国际人权司法机构都具有启示作用。[②]

(二) 被羁押人的权利

2013年,公安部组织修订《看守所建设标准》,新建、改建和扩建的看守所全面推行床位制。公安部会同国家卫生计生委开展公安监管场所医疗专业化、社会化建设,为在押人员建立医疗档案,由专业医疗机构负责日常医疗卫生工作。被羁押人入所体检、定期体表检

[①] 判决官方文本为西班牙语。Caso Wong Ho Wing vs. Peru, Sentencia de 30 de Junio de 2015, Serie C No. 297, Corte Interamericana de De Derechos Humanos. 美洲人权法院网站, http://www.corteidh.or.cr/docs/casos/articulos/seriec_297_esp.pdf, 2017年12月20日。

[②] 参见柳华文《美洲人权法院引渡第一案的意义及其启示》,《东南大学学报》(哲学社会科学版) 2016年第6期。

查、收押权利义务告知、紧急报警等制度得到严格落实，犯罪嫌疑人的提讯和还押制度得到严格执行，对被羁押人的安全风险评估、心理干预、投诉调查处理以及特邀监督员巡查看守所等制度和工作机制不断完善，制定多项涉及公安监管场所被监管人员人身权利、财产权利、诉讼权利的制度。截至2017年6月，全国看守所普遍建立被羁押人心理咨询室，有2501个看守所实现留所服刑罪犯互联网双向视频会见；全国2400多个看守所建立了法律援助工作站，为在押人员提供法律援助。截至2016年，全国看守所均建立了在押人员投诉处理机制，有2489个看守所聘请了特邀监督员。

人民检察院通过派驻看守所、监狱的检察机构建立检察官信箱、被监管人约见检察官、检察官与被监管人谈话等工作机制和制度，了解是否存在被监管人受到体罚、虐待、侮辱或者打击报复等违法情形，依法提出纠正意见并监督监狱、看守所予以纠正。2012年至2016年，全国检察机关对不需要继续羁押的12552名犯罪嫌疑人建议释放或者变更强制措施。2016年，各级检察机关对侦查机关不应当立案而立案的，督促撤案10661件；监督纠正违法取证、违法适用强制措施等侦查活动违法情形34230件；对不构成犯罪或证据不足的，不批准逮捕132081人，不起诉26670人；对认为确有错误的刑事裁判提出抗诉7185件。

完善刑罚执行制度，健全社区矫正制度，减少监所羁押人数。截至2017年6月，各地累计接收社区矫正对象343.6万人，累计解除社区矫正273.6万人，现有社区矫正对象70万人。全国共建立县（区）社区矫正中心2075个。现有社区服务基地25278个，教育基地9373个，就业基地8272个，社区矫正小组68.7万个。社区矫正对象在矫正期间的重新违法犯罪率为0.2%。

(三)获得公正审判的权利

为确保审判权、检察权依法独立公正行使,中国全面落实司法责任制改革,健全司法人员分类管理制度,全面推开员额制改革,中国法官人数从19.88万人精简到12万人,检察官人数从15.8万人精简到8.6万人。司法人员正规化、专业化、职业化水平进一步提升。让审理者裁判,由裁判者负责,法官和检察官在职责范围内对案件质量终身负责。在严格落实司法责任制基础上,建立起符合司法人员职业特点的职业保障制度。健全司法人员依法履职保护机制,明确法官、检察官依法办理案件不受行政机关、社会团体和个人的干涉。推动省以下地方法院、检察院人财物省级统管,设立最高人民法院巡回法庭和跨行政区划法院、检察院,推进行政案件跨行政区划集中管辖。权责明晰、监管有效、保障有力的司法权运行机制不断完善。

通过发布《人民陪审员制度改革试点方案》和《深化人民监督员制度改革方案》完善人民法院人民陪审员和人民检察院人民监督员制度。2016年,全国人民陪审员共参审案件306.6万件。截至2017年6月,共选任人民监督员2.1万余人。2014年9月到2017年7月,各级检察机关接受人民监督员监督评议的案件共7491件,监督评议后人民监督员不同意检察机关拟处理意见的247件,检察机关采纳76件,采纳率30.8%。

人民群众诉讼权益的保障加强。人民法院改立案审查制为立案登记制,切实做到有案必立、有诉必理,充分保障当事人的诉权。各级法院自2015年5月实施立案登记制以来,当场登记立案率保持在95%以上,截至2017年9月,登记立案数量超过3900万件。公安部发布《关于改革完善受案立案制度的意见》，规定对于群众报案、控告、举报、扭送，违法犯罪嫌疑人投案，以及上级机关交办或者其他机关移送的案件，属于公安机关管辖的，公安机关必须接受，不得推诿。截至 2017 年 6 月，全国省级公安机关都已出台受案、立案改革实施意见，18 个省级公安机关增设了案管机构，使受案立案工作更加规范、高效、便民、公开。

中国大力推进司法公开，是近年来中国人权法治化保障的一大亮点。人民法院建设审判流程公开、庭审活动公开、裁判文书公开、执行信息公开四大平台。这是中国作为发展中国家，利用互联网应用技术，有力推动司法公开的巨大成就，四大平台的建设，使得中国司法公开的水平超过许多西方发达国家。截至 2017 年 10 月 16 日，中国审判流程信息公开网累计公开案件信息项 83.3 万项，访问量达 253 万人次；截至 2017 年 11 月 3 日，各级法院通过中国庭审公开网直播庭审 40.4 万件，观看量达到 30.1 亿人次，全国共有 3187 家法院接入中国庭审公开网，覆盖率达 90.43%；2013 年 7 月，中国裁判文书网上线，截至 2018 年 2 月底，中国裁判文书网公开裁判文书超过 2680 万份，访问量突破 62 亿人次，覆盖 210 多个国家和地区，成为全球最有影响的裁判文书网；截至 2017 年 9 月 30 日，中国执行信息公开网累计公布失信被执行人 861 万人次，被执行人信息 4509 万条。检察机关建成案件信息公开系统，运行案件程序性信息查询、法律文书公开、重要案件信息发布和辩护与代理预约申请四大平台，全面落实行贿犯罪档案公开查询，推行刑事诉讼案件公开听证。发布《关于进一步深化狱务公开的意见》，创新公开方式，深化公开内容，依法公开罪犯减刑、假释提请建议和暂予监外执行决定。

中国法院运用现代科技促进公正审判。作为司法创新，为适应互联网业态发展，中国在杭州等地建立专门的互联网法院。整个法院系统全面推进"智慧法院"建设，运用大数据、云计算等信息网络技术对各类审判信息资源进行规范化管理和统计分析，统一裁判尺度特别是刑事证据标准，促进类案同判和量刑规范化，防范冤假错案发生，保障当事人获得公正审判。推进"互联网+诉讼服务"建设，开展网上立案、在线调解、远程庭审、电子送达、网上公开等司法便民服务措施。中国法院还开通了"法信——中国法律应用数字网络服务平台"，为法官、律师提供法律文件检索、专业知识解决方案、类案剖析等服务，提升审判质量和效率，并向社会大众提供法律规范和裁判规则参考。

非法证据排除制度进一步完善。2013年，最高人民检察院发布《关于侦查监督部门调查核实侦查违法行为的意见（试行）》，进一步完善了对侦查违法活动进行监督的工作机制。最高人民法院关于适用刑事诉讼法的解释对证人出庭范围、鉴定人出庭范围、证人保护和做证补助等问题做了具体规定；设"非法证据排除"专节，明确规定申请排除非法证据的程序，以及取证合法性的审查、调查程序等。2013年，最高人民法院发布的《关于建立健全防范刑事冤假错案工作机制的意见》规定：定罪证据不足的案件，应当宣告被告人无罪；采取刑讯逼供等非法方法收集的供述、未在规定的办案场所讯问取得的供述、未依法对讯问进行全程录音录像取得的供述以及不能排除以非法方法取得的供述，都应当予以排除。2012—2015年，各级人民法院依法宣判3369名被告人无罪。

犯罪嫌疑人、被告人的辩护权得到保障。2013年，最高人民法院、最高人民检察院、公安部、司法部联合发布《关于刑事诉讼法律援助工作的规定》，犯罪嫌疑人、被告人因经济困难没有委托辩护人的，可以申请法律援助；特定案件犯罪嫌疑人、被告人没有委托辩护人的，公安机关、人民检察院、人民法院应当通知法律援助机构指派律师为其提供辩护。

律师执业权利得到保障。2015年，最高人民法院、最高人民检察院、公安部、国家安全部、司法部联合发布了《关于依法保障律师执业权利的规定》，进一步明确细化了律师的知情权、申请权、申诉权，以及会见、阅卷、收集证据和发问、质证、辩论辩护等方面的权利，提出了便利律师参与诉讼的措施，完善了律师执业权利保障的救济机制和责任追究机制，明确提出律师因依法执业受到侮辱、诽谤、报复人身伤害的，有关机关应当及时制止并依法处理，必要时对律师采取保护措施。截至2017年3月，中国31个省级律师协会维权中心全部建成，大部分设区的市建立了维权中心，基本实现全覆盖。截至2017年8月，律师人数已达33万多人，律师事务所发展到2.6万多家。全国律师每年办理诉讼案件330多万件，办理非诉讼法律事务100多万件，年均承办法律援助案件50多万件，提供公益法律服务230多万件次，担任法律顾问50多万家。

实行全程同步录音录像制度。2012—2015年，全国已实现3512个人民法院网络全连通、数据全覆盖、业务全开通；建成1.8万多个科技法庭，实现重要案件"每庭必录"；建成2160套远程讯问系统，实现上下级法院间或法院和看守所间的远程讯问。检察机关明确职务犯罪案件办案人员实施选择性录音录像、为规避监督而故意关闭录音录像系统等行为应承担相应责任。各地公安机关办案区讯问室和看守所讯问室普遍安装了录音录像设施，依法开展讯问犯罪嫌疑人录音录像工作。

死刑适用更加严格。2015年8月，刑法修正案（九）取消了9

个罪名的死刑，适用死刑的罪名由原有的 55 个减少至 46 个。2012 年，最高人民检察院成立了死刑复核检察厅，严格死刑复核法律监督程序。自 2012 年以来，最高人民法院共发布 56 个指导性案例，其中 3 个案例涉及适用死刑的犯罪情节。死刑二审案件已实现全部开庭审理。办理死刑复核案件更加注重听取辩护律师意见。高级人民法院复核死刑案件，被告人没有委托辩护人的，应当通知法律援助机构指派律师为其提供辩护。

修改行政诉讼法，规定被诉行政机关负责人出庭应诉制度。行政诉讼案件的审理程序和证据规则进一步完善，受到违法行政行为侵害的个人和组织获得司法救济权利的保障得到加强。

国家赔偿制度和司法救助制度得到有效落实。2015 年，最高人民法院、最高人民检察院联合发布《关于办理刑事赔偿案件适用法律若干问题的解释》，规范了终止追究刑事责任的情形，进一步解决了实践中因刑事案件久拖不决公民无法申请国家赔偿的问题。2013 年至 2017 年 6 月，各级法院受理国家赔偿案件 20027 件。最高人民法院设立司法救助委员会，各级法院也相继成立司法救助委员会。2014 年、2015 年、2016 年，中央与地方安排的救助资金总额分别为 24.7 亿元、29.4 亿元、26.6 亿元，共有 26.8 万余名当事人得到司法救助。

（四）宗教信仰自由

国务院新闻办公室 2018 年 4 月 3 日发表的《中国保障宗教信仰自由的政策和实践》白皮书显示，根据宪法法律保护公民的宗教信仰自由，保障信教公民正常宗教需求，尊重信教公民的习俗。宗教工作

的相关成就包括:

宗教活动场所条件明显改善。据白皮书统计,依法登记的宗教活动场所达14.4万处。佛教寺院约3.35万座,其中汉传佛教2.8万余座,藏传佛教3800余座,南传佛教1700余座。道教宫观9000余座。伊斯兰教清真寺3.5万余处。天主教教区98个,教堂和活动堂点6000余处。基督教教堂和聚会点约6万处。宗教团体、宗教活动场所执行国家统一的税收制度,按照国家有关规定缴纳税收和享受税收优惠;水、电、气、暖、道路、通信,以及广播电视、医疗卫生等公共服务延伸和覆盖到宗教活动场所。

宗教典籍文献依法出版。整理出版《大藏经》《中华道藏》《老子集成》等大型宗教古籍文献。西藏寺庙的传统印经院得到保留和发展,现有布达拉宫印经院等传统印经院60家,年印经卷6.3万种。已翻译出版发行汉、维吾尔、哈萨克、柯尔克孜等多种文字版的《古兰经》等伊斯兰教经典,编辑发行《新编卧尔兹演讲集》等系列读物和杂志,总量达176万余册。中国已为100多个国家和地区累计印刷超过100个语种、1.6亿多册《圣经》,其中为中国教会印刷约8000万册,包括汉语和11种少数民族文字以及盲文版。许多宗教团体和活动场所开设了网站,中国伊斯兰教协会开通中文版和维吾尔文版网站。

宗教教育体系更加完善。截至2017年9月,经国家宗教事务局批准设立的宗教院校共91所,其中佛教41所,道教10所,伊斯兰教10所,天主教9所,基督教21所。全国性宗教院校6所,分别为中国佛学院、中国藏语系高级佛学院、中国道教学院、中国伊斯兰教经学院、中国天主教神哲学院、金陵协和神学院。宗教院校在校学生1万多人,历届毕业生累计4.7万余人。

宗教教职人员社会保障更加有力。2010年有关部门联合发布《关于妥善解决宗教教职人员社会保障问题的意见》，2011年又联合发布《关于进一步解决宗教教职人员社会保障问题的通知》，将宗教教职人员纳入社会保障体系。截至2013年年底，宗教教职人员医疗保险参保率达到96.5%，养老保险参保率达到89.6%，符合条件的全部纳入低保，基本实现了社保体系全覆盖。

中国宗教界已与80多个国家的宗教组织建立友好关系，开展交流活动。中国伊斯兰教协会每年组织穆斯林赴沙特参加朝觐活动，从2007年起，每年人数均在1万人以上。

（五）知情权

政府信息公开进一步推进。国务院实施《政府信息公开条例》。重点推进行政审批、财政预决算、保障性住房、食品药品安全、征地拆迁等领域的信息公开。2013年启动"美丽中国——中国政务信息无障碍公益行动"，126个政府单位政务网站完成了无障碍改造。全面推进政府办事公开制度，依法公开服务范围及工作人员岗位职责，告知办事项目有关信息。

修改完善《审计署政府信息公开工作规定》。2015年，审计署政务微信上线运行，中国审计报数字App、中国审计数字出版网上线。2012—2015年，审计署发布124期审计结果公告，召开新闻发布会50次，接受媒体专访220余次，通过网络直播发布活动或组织在线访谈30余次。

2012—2015年，国务院新闻办公室围绕党和国家重要会议、重大决策和重点工作，组织新闻发布会322场；党中央、国务院以及地方党委、政府共组织新闻发布会、吹风会9300余场。

司法公开继续深化。最高人民法院建立审判流程公开、裁判文书公开、执行信息公开三大平台。截至2015年年底，共发布裁判文书1448万份，被执行人信息3434.7万条。中国法院庭审直播网2015年共视频直播庭审3795次。截至2015年，人民检察院案件信息公开系统共发布案件程序性信息254万余件、重要案件信息102万余条、生效法律文书76万余份。公安部出台规定，要求依法向社会公众和特定对象公开执法的依据、流程进展、结果等信息。各地公安机关通过建立网上公安局、网上警务室、微博等方式，方便群众办事、查询和监督。

厂务、村务公开制度进一步落实。截至2015年9月，全国已建立工会的企事业单位中有493.1万家单独建立厂务公开制度，有410.6万家非公有制企业单独建立厂务公开制度，建制率达93%，远远超过80%的计划预期目标。全国90%以上的县（市、区）编制了统一的村务公开目录，91%的村建立了村务公开机制，92%的村建立了村务监督委员会或其他形式的村务监督机构。

（六）参与权

根据2010年修改的选举法的有关规定，在2011—2013年进行的各级人大代表选举中，城乡按相同人口比例选举的原则首次正式全面实行，体现了人人平等、地区平等和民族平等。

拓宽公众参与立法的渠道。2015年修改立法法，拓宽公民有序参与立法途径，开展立法协商，完善立法论证、听证、法律草案公开征求意见等制度。2013年3月至2015年12月，共有140753人次对相关法律草案提出34万余条意见。每次草案公布征求意见结束之后，全国人大常委会均整理汇总对法律草案的意见并及时将重要法律草案的意见向社会做出反馈。2012—2015年，通过"中国政府法制信息网"公开征求意见的法律、行政法规64部，提出意见28.3万余条；公开征求意见的部门规章465部，提出意见8.9万余条。在广泛征求各方面意见基础上，2016年3月，全国人大常委会审议通过慈善法，保护慈善活动参与者的合法权益。

民主党派和无党派人士在政协各种会议上发表意见、提出提案、反映社情民意信息的权利得到尊重和保障。2012—2015年，各民主党派和全国工商联共提出提案1461件，提交社情民意信息11998条。

人民团体和社会组织积极参与公共治理。工会参与《劳动保障监察条例》修改研究工作。自2012年以来，各级工会履行劳动法律监督职责，推动各级工会组织开展重大劳动违法典型案件公开曝光工作。2015年，全国共有工会劳动法律监督组织近96万个，监督员总人数接近213万。共青团、妇联等人民团体通过多种渠道反映诉求。

工会组织和职工代表大会制度不断完善。中华全国总工会发布《关于新形势下加强基层工会建设的意见》《基层组织建设工作规划（2014—2018年）》，扩大工会组织有效覆盖。截至2015年9月底，全国新发展进城务工人员会员约1300万人。有关部门制定《国有文化企事业单位职工代表大会实施办法（暂行）》。截至2015年9月底，全国已建工会的企事业单位有505.9万家单独建立职工代表大会制度，区域（行业）职工代表大会覆盖企业187.3万家，420.7万家非公有制企业单独建立职工代表大会制度，建制率为94.6%，超过80%的计划预期目标。

基层群众自治制度更加健全。民政部制定《村民委员会选举规程》,98%以上的村委会依法实行直接选举。落实村(居)民会议、村(居)民代表会议、村(居)民议事会等制度,保障群众参与基层公共事务管理和决策。有关部门制定《关于加强城乡社区协商的意见》,健全基层民主协商机制。

社会组织成为人民群众参与社会治理和公共服务的重要渠道。社会组织结构不断优化、质量稳步提高。截至2015年年底,全国依法登记社会组织约66万个,比2012年同期增长了32.3%,全国各类社会组织收入约2600亿元,吸纳社会各类人员就业约850万人,各类社会组织接受捐款约900亿元。探索开展行业协会商会类、科技类、公益慈善类、城乡社区服务类社会组织直接登记。启动行业协会商会与行政机关的脱钩。充分发挥慈善类社会组织在扶贫济困救灾和应对各种突发事件中的优势和作用。积极培育发展非营利性民办学校、民办医院、民办养老机构等社会服务机构,满足人民群众日益增长的多样化公共服务需求。推动政府向社会组织转移职能和购买服务。探索社会组织特别是城乡基层社会组织开展协商。

(七)表达权

推进协商民主建设。自2013年以来,全国政协创建"双周协商座谈会",以专题为内容、以界别为纽带、以专门委员会为依托、以座谈为方法,每年召开20次左右。开展专题协商、界别协商、对口协商、提案办理协商。

互联网信息平台丰富公民表达渠道。截至2015年年底,中国网民规模达到6.88亿人,互联网普及率为50.3%。网民通过网络新闻评论、论坛、博客、微博、微信等互联网平台发表言论,对各级政府的工作提出批评和建议，对公务人员的行为进行监督。

信访渠道不断拓宽。优化公民来信来访等诉求表达传统渠道。畅通领导信箱、短信投诉、视频接访，建立人民建议征集制度。国家信访信息系统运行机制完善，受理办理过程全公开，接受公民评价和社会监督。全国所有省份和30个部委已经实现互联互通，网上信访逐步成为公民表达诉求的主渠道。

企事业单位职工表达权得到保障。有关部门联合制定《企业民主管理规定》，企业劳动规章制度的制定修改、企业经营管理活动的重大决策和涉及职工切身利益的重要事项必须提交职工代表大会讨论审议。在职工代表大会闭会期间，通过职工代表团组长联席会议、职工民主管理委员会、劳资恳谈会等形式及时反映职工诉求。

原国家新闻出版广电总局贯彻落实《新闻证管理办法》《报刊站管理办法》，保障新闻媒体及分支机构、新闻的合法采访权、舆论监督权。

（八）监督权

全国人大及其常委会监督力度不断加强。2015年修改《立法法》，加强对法规、规章和规范性文件的备案审查制度，明确规定主动审查、向审查申请人反馈及向社会公开制度。2012—2015年，全国人大常委会开展12次专题询问和15项专题调研，检查了17项法律实施情况。2014年全国人大常委会办公厅制定《关于改进完善专题询问工作的若干意见》，将涉及改革难度大、存在问题多、社会关注度高、关系群众切身利益的报告议案确定为专题询问的选题，执法检查、听取报告、专题询问三种监督形式有机结合。2015年全国人大常委会《检查职业教育法》《消费者权益保护法》《水污染防治法》等6部法律的实施情况。

人民政协积极探索和完善民主监督机制。2015年，专门围绕腾格里沙漠污染治理、投资审批制度改革等重大问题开展多项监督性调研议政，就决策执行中的问题提出批评和建议。

对法规、规章和规范性文件的监督力度加大。截至2015年年底，相关部门已明令废止35部，全面修改24部，部分条款修改的182部法规规章。2012年6月至2014年6月，处理了存在违法设定和实施行政许可、行政强制、行政处罚等问题的81部法规规章。特别对国务院取消和下放行政审批项目涉及的部门规章进行了集中审查和督促修改。

行政问责、行政复议、行政诉讼制度进一步完善。2012—2014年，各级行政复议机关共受理行政复议申请约34万件，审结32万余件，占受理案件总数的94%。最高人民法院下发《关于人民法院跨行政区域集中管辖行政案件的指导意见》，推进相关机制改革。截至2015年年底，已设立北京市第四中级人民法院、上海市第三中级人民法院等跨行政区划人民法院。

社会监督不断加强。最高人民检察院、司法部印发《深化人民监督员制度改革方案》。截至2015年年底，全国共有人民监督员1.5万多人，聘任特约检察员3786人。人民监督员监督检察机关查办职务犯罪案件中"拟撤销案件"和"拟不起诉案件"共7974件，其中，对212件案件提出不同意检察机关拟处理决定的意见，对检察机关查办职务犯罪工作中一些情形提出监督纠正意见992件，对检察工作和队伍建设提出建议156条。充分发挥互联网监督作用，近年来，中央纪检监察机构和最高人民法院、最高人民检察院等开设了举报网站，一大批通过互联网反映出来的问题得到了解决，为预防和惩治贪污腐败发挥了重要作用。

（九）反腐败

近年来，中国反腐败工作力度和成效前所未有。中国共产党和中国政府坚持反腐败无禁区、全覆盖、零容忍，坚定不移"打虎"（腐败的高级领导）、"拍蝇"（基层腐败人员）、"猎狐"（逃往境外的腐败分子），不敢腐的目标初步实现，不能腐的笼子越扎越牢，不想腐的堤坝正在构筑，反腐败斗争压倒性态势已经形成并巩固发展。

腐败行为破坏民主和法制，严重影响国家和社会的健康与可持续发展，直接威胁着公民几乎所有人权的实现。党的十八大以来，中国反腐工作力度前所未有。从人权的视角看反腐，反腐首先是消除对于人权的侵犯，并从反面推动"风清气正"、有助于促进和保障人权的社会环境的建立。其次，反腐应该在法治的轨道上进行，依法反腐，依法办案。党纪严于国法，国法必须严格实施。对于腐败分子和相关的违法犯罪嫌疑人乃至罪犯，也要尊重其依法享有的各项人权，保证他们获得公正的审判，在司法的各个环节依法享有应有的待遇。

2018年3月20日十三届全国人大一次会议表决通过了《中华人民共和国监察法》，由此，全面依法治国、重拳反腐掀开新的篇章。作为反腐败国家立法，监察法的制定出台，对于构建集中统一、权威高效的中国特色国家监察体制，具有重大而深远的影响，必将为反腐败工作开创新局面、取得新成效提供有力的法治保障。

这是一部监察工作的基本法，规定了监察工作的指导思想和领导体制，强调"坚持中国共产党对国家监察工作的领导"；明确监察工作的原则和方针，强调"国家监察工作严格遵照宪法和法律，以事实为根据，以法律为准绳"；明确监察机关的性质、产生和职责，"各级监察委员会是行使国家监察职能的专责机关""国家监察委员会由全国人民代表大会产生""地方各级监察委员会由本级人民代表大会产生""监察委员会依照本法和有关法律规定履行监督、调查、处置职责"。该法明确将所有行使公权力的公职人员纳入监察范围，覆盖"公办的教育、科研、文化、医疗卫生、体育等单位中从事管理的人员""基层群众性自治组织中从事管理的人员"等人群，实现从监督"狭义政府"到"广义政府"的转变，将公权力关进制度的笼子。为保证有效履行监察职能，赋予监察机关在调查职务违法和职务犯罪时可以采取谈话、讯问、询问、查询、冻结、搜查、调取、查封、扣押、勘验检查、鉴定、留置等措施，并对监督、调查、处置工作程序做出严格规定，包括：报案或者举报的处理；问题线索的管理和处置；决定立案调查；搜查、查封、扣押等程序；要求对讯问和重要取证工作全程录音录像；严格涉案财物处理等；特别是对采取留置措施的情形、程序、被调查人的合法权益保障等做出明确规定。监察法还专列两章，对接受人大监督，强化自我监督，明确监察机关与审判机关、检察机关、执法部门互相配合、互相制约的机制，监察机关及其工作人员的法律责任等方面，做出一系列细化规定。

中国共产党通过党的建设，特别是制定修订廉洁自律准则和纪律处分、问责、党内监督、巡视工作等条例，建立了系统性预防和惩治腐败的制度体系。国务院新闻办公室2017年12月15日发表《中国人权法治化保障的新进展》显示，党的十八大以来，中共中央纪委共立案审查省军级以上党员干部及其他中管干部440余人，全国纪检监察机关处分 153.7 万人，其中厅局级干部 8900 余人，县处级干部 6.3 万人，涉嫌犯罪被移送司法机关处理 5.8 万人。在强有力的执纪震慑下，2016 年有 5.7 万名党员干部主动交代违纪问题。自 2014 年年初至 2017 年 8 月，全国共有 6100 余个单位党委（党组）、党总支、党支部，300 余个纪委（纪检组）和 6 万余名党员领导干部被问责。组织开展 12 轮中央巡视，对 277 个地方、部门和单位的党组织进行巡视，对 16 个省区市开展"回头看"，对 4 个单位进行"机动式"巡视，实现党的历史上首次一届任期内中央巡视全覆盖。中央纪委向 47 家派驻纪检组，实现对 139 家中央一级党和国家机关派驻监督全覆盖。2016 年国家统计局问卷调查结果显示，人民群众对党风廉政建设和反腐败工作的满意度从 2013 年的 81% 增长到 2016 年的 92.9%。反腐败为人权保障营造了良好的社会环境，为人权事业的发展提供了坚实的基础。

当然，整体上看，中国仍然是一个处于社会主义初级阶段的发展中国家，在努力抓住历史性发展机遇的同时，也要正视和面对各种严峻的挑战。习近平总书记在中国共产党第十九次全国代表大会上的报告中指出："必须清醒看到，我们的工作还存在许多不足，也面临不少困难和挑战。"他提到"发展不平衡不充分的一些突出问题尚未解决"，"社会文明水平尚需提高；社会矛盾和问题交织叠加，全面依法治国任务依然繁重，国家治理体系和治理能力有待加强"，"一些改革部署和重大政策措施需要进一步落实"。中国在公民和政治权利保障方面遇到挑战和困难与这些全局性的问题有密切的联系。中国需要在克服困难和解决挑战的过程中，进一步改善公民和政治权利保障的条件，提升公民和政治权利保障的水平。

总之，中国特色社会主义制度更加完善，国家治理体系和治理能力现代化水平明显提高,全社会发展活力和创新活力明显增强。中国积极发展社会主义民主政治,推进全面依法治国,党的领导、人民当家做主、依法治国有机统一的制度建设全面加强。科学立法、严格执法、公正司法、全民守法深入推进,法治国家、法治政府、法治社会建设相互促进,中国特色社会主义法治体系日益完善,全社会法治观念明显增强。国家监察体制改革、行政体制改革、司法体制改革顺利开展,中国权力运行制约和监督体系建设取得突破性进展。在此背景下,中国公民权利和政治权利的保障得到有效的加强。

第四章

妇女权利

说到人权,就不能不提妇女权利。性别意识的提高在现代社会是不争的事实。但是,这并不是由来已久的事情,而且也依然任重道远。

根据中国国家统计局2018年1月18日发布的数据,2017年中国男性人口71137万人,女性人口67871万人,总人口性别比为104.81(以女性为100计算)。[①] 中国女性人口绝对数字很大,约占世界女性人口的1/5。

2000年至2016年,中国女性总人口数量由6.13亿上升至6.75亿,复合增长率为0.6%;根据联合国贸易和发展会议统计的数据,中国女性劳动力人口数量也持续攀升,从1980年的2.18亿人增加到2016年的3.64亿人,复合增长率为1.43%;以2016年中国统计年鉴的数据观察,接受大学本科教育的女性在人口中的占比从2000年的0.88%提高到2015年的5.76%,增长幅度接近6倍;从学历来看,2015年女性和男性在大学专科、大学本科和研究生高等教育中的人口占比相差不大。社会经济发展和男女平等思想的普及,

---

① 《国家统计局:2017年全国男性比女性多3266万人》,新浪网,http://news.sina.com.cn/c/2018-01-18/doc-ifyquixe3840054.shtml,2018年1月20日。

使得女性受教育水平提高,进而推动职场中女性职业地位整体提升。①从这些数字中我们可以概括地看出中国女性人口在近年来的一些情况。

中国政府历来重视妇女权利。1950年5月1日,中央人民政府就正式颁布了中华人民共和国成立后的第一部法律——《婚姻法》。前全国妇联副主席宋秀岩高度评价这部法律:它从根本上否定了我国几千年的封建婚姻制度,把妇女从专制的父权、夫权中解放出来,在中国历史上第一次赋予妇女和男性平等的作为人的资格;随着这部法律颁布实施,妇女从此有了基本的人权和自由,也翻开了中国民主法治建设第一页。②

"妇女能顶半边天",是中华人民共和国成立以来一句家喻户晓的口号。中国共产党和中国政府历来重视妇女解放,保障妇女权利。

◇ 一 妇女权利是人权

"妇女权利是人权",从字面意思来理解没有什么困难。但是,如果历史地看,这一判断却是得来不易的。

国际妇女运动的发展是20世纪值得大书特书的事件,因为它启动了对妇女的解放,开始了性别平等的社会进程。而国际人权法的兴

---

① 2017年中国女性人口总数及占总人口比重、女性各年龄段人数占比、女性劳动力人口数量及接受各阶段教育的女性在人口中的占比,参见中国产业信息网,http://www.chyxx.com/industry/201710/576980.html,2018年1月20日。

② 《宋秀岩:婚姻法的颁布翻开中国民主法治建设第一页》,人民网,http://acwf.people.com.cn/GB/99061/188863/index.html,2013年12月28日。

起对国际法和国际妇女运动的影响是同样深刻和深远的。历史地看，妇女权利运动与国际人权运动的产生和兴起并不同步，有一个渐进融合的过程。

从国际法的角度看，联合国首任人权司司长约翰·汉弗莱认为，由于国际人权法的发展，国际法"不仅在内容上正在更新，而且它的特点和构成也在发生变化。就其特点而言，它曾是水平式的，因为它只是规定国家间的关系；现在它是垂直式的，因为它延伸到了作为个人的男男女女。从现在算起100年以后，当历史学家就20世纪的国际法著书立说的时候，他们就会说，这个体系的这些历史发展是最重要和最彻底的"[1]。性别主流化是国际妇女运动在20世纪80年代以后逐渐形成的新目标、新境界，人权主流化是国际社会冷战结束后在人权的国际保护方面提出的新口号，两者之间出现相互融合、相互推动、相辅相成的关系。

联合国人权事务高级专员办公室在谈到针对妇女的歧视问题时说："每个期望实现社会正义和人权的民主社会，都以平等为社会基石。在几乎所有社会和所有活动领域，妇女常常在法律上和事实上受到不平等待遇。家庭、社区和工作场所的歧视既造成了此种情况，又使此种情况加重。虽然国与国相比，原因和后果可能皆有不同，但妇女受到歧视是普遍的现象。传统观念以及对妇女有害的传统文化和宗教习俗绵延不绝，是这种歧视现象长期存在的原因。"[2] 这就是当前我们谈论妇女权利的背景。

---

[1] John Humphrey, *No Distant Millennium: The International Law of Human Rights*, UNESCO, 1989, p. 203.

[2] 联合国人权概况介绍第22号《对妇女的歧视问题：公约和委员会》，1999年，第1页。

正因为如此，1993年世界人权会议通过的《维也纳宣言和行动纲领》明确指出："妇女和女童的人权是普遍性人权当中不可剥夺和不可分割的一个组成部分。使妇女能在国家、区域和国际各级充分、平等地参与政治、公民、经济和文化生活，消除基于性别的一切形式歧视，这是国际社会的首要目标。"[①]

男女平等问题进入国际法，是国际人权法早期萌芽的重要内容。在资本主义发展初期，由于资本家无限制的剥削和压迫，工人阶级的劳动条件和生活条件日益恶化，产生了严重的社会问题，国际劳工保护被提上了日程。1889年，"第二国际"巴黎代表大会通过了关于保护国际劳工立法的决议，提出了八小时工作制、禁止童工、保护女工、结社自由等国际劳工立法的基本原则。在1900年成立的半官方性质的国际劳工立法协会的推动下，1906年在瑞士伯尔尼，一些主要资本主义国家之间缔结了《禁止在火柴工业使用白磷的公约》和《禁止妇女在夜间劳动的公约》。这是关于保护劳工方面最早的国际多边公约。1919年成立的国际劳工组织，它在章程中规定该组织的一般原则，其中包括废止童工、男女同工同酬等；还提出，为确保适用保护劳动者的法律和章程，每国妇女得以参加。这些原则在1944年的《费拉德尔菲亚宣言》中得到了重申，并被1946年的《国际劳工组织章程》吸收。这个阶段的男女平等问题，主要还局限在劳工权利的某些方面，也比较零散。

第二次世界大战结束后，人类不忍再遭惨不堪言之战祸，为联合保障和平与安全，联合国应运而生，而人权亦被纳入国际视野，也被称为人权保护的国际化。

---

① 1993年6月25日维也纳世界人权会议通过，A/CONF.157/24。

1945年的《联合国宪章》(以下简称《宪章》)在序言中指出,成员国"重申基本人权、人格尊严与价值,以及男女与大小各国平等权利之信念",其目标为"促成大自由中之社会进步及较善之民生"。《宪章》第1条规定联合国的宗旨之一是:"促成国际合作,以解决国际间属于经济、社会、文化及人类福利性质之国际问题,且不分种族、性别、语言或宗教,增进并激励对于全体人类之人权及基本自由之尊重。"《宪章》第55条规定,联合国促进"全体人类之人权与基本自由之普遍尊重与遵守,不分种族、性别、语言或宗教";为达成这一宗旨,第56条又要求各成员国"担允采取共同及个别行动与本组织合作"。

妇女问题一直是联合国在社会和发展领域关注的重点。联合国成立后的第二年,联合国经济及社会理事会就设立了一个妇女地位委员会,专门就有关妇女权利的紧迫问题进行研究,制定促进措施。1987年委员会的职权首次扩张。1995年后成为北京妇女行动纲领的主要监督执行机构。在委员会闭会期间,其日常事务由联合国提高妇女地位司负责。2010年7月2日,第64届联大一致表决赞成建立一个名为"联合国妇女署"的新实体,合并联合国系统内的四个从事促进两性平等和女性赋权工作的机构,以增强联合国在提高妇女地位方面的作用,并为会员国提供更加协调、及时和切合需求的支持。这四个机构分别是:提高妇女地位司、提高妇女地位国际研究训练所、秘书长两性平等问题和提高妇女地位问题特别顾问办公室以及联合国妇女发展基金。

联合国及其专门机构通过了一些专门公约敦促成员国在特殊领域中实现性别平等,包括:1952年通过、1954年生效的《妇女政治权利公约》,1957年通过、1958年生效的《已婚妇女国籍公约》,1962

年通过、1964年生效的《关于婚姻的同意、结婚最低年龄及婚姻登记的公约》，1951年通过、1953年生效的《国际劳工组织关于男女同工同酬的第100号公约》，1958年通过、1960年生效的《国际劳工组织有关在就业和职业方面的歧视的第111号公约》。

值得特别介绍的是，"国际人权宪章"和《消除对妇女一切形式歧视公约》的规定在国际人权法上影响很大。

联合国1948年的《世界人权宣言》和1966年的《公民权利和政治权利国际公约》与《经济、社会和文化权利国际公约》合在一起并称为"国际人权宪章"。宣言在第2条中强调，人人有资格享受宣言所载的一切权利和自由，不分性别。而1966年的"人权两公约"除了都在第2条、也就是非歧视条款中强调禁止基于性别的歧视之外，为了强调男女平等的重要性，还不惜文字上的重复，均单独加上了一个专门规定男女平等的第3条：公约缔约各国担保男子和妇女在本公约所载一切权利方面享有平等的权利。

1979年12月18日联合国大会第34/180号决议通过、1981年9月3日生效的联合国《消除对妇女一切形式歧视公约》标志着性别平等领域国际立法一个高峰的出现。它详细地规定了妇女在社会生活的各个领域内的平等权利。除了审议缔约国履行条约的国家报告之外，《消除对妇女一切形式歧视公约》的条约机构消除对妇女歧视委员会还根据新生效的《消除对妇女一切形式歧视公约任择议定书》承担了个人申诉案件审查的职能。

《消除对妇女一切形式歧视公约》的基础是联合国1967年《消除对妇女歧视宣言》。该宣言在国际法上没有法律约束力。为了增加其有效性，联合国妇女地位委员会参考宣言和相关公约，起草该公约。1974年，草案完成第一稿。经各国政府、相关国际组织、经济社会理事会和第三委员会反复讨论和修改，最终在第三委员会和联合国大会以压倒多数的优势获得通过。除了内容体系上的完整性之外，值得称道的是，从公约中，可以看出刻板的性别角色分化正在为当时的女权运动突破。人们认识到，男女平等不再仅仅限于公共领域当中，女性在个人、家庭和社会生活领域也应当获得平等对待，唯有调整女性传统角色，才能给予女性更大的空间。公约批判传统的性别分工观念，主张同时改变男女在社会及家庭中的定型任务，才能实现男女充分平等。该公约也是在国际法上第一次确认妇女生殖权利的人权条约。

在20世纪70年代，随着国际女权运动开始获得新的动力，1975年被联合国定为"国际妇女年"。1975年6月19日—7月2日在墨西哥首都墨西哥城召开了联合国成立以来第一次专门讨论妇女问题的政府间的世界大会，名为"联合国国际妇女年世界会议"。来自133个国家和地区的代表团，联合国各专门机构和有关组织的1000多名代表出席了会议。代表中的70%是妇女。当时的中国全国人大常委会副委员长李素文率中国代表团参加了这次大会。会议一个重要成就是通过了《关于妇女的平等地位和她们对发展与和平的贡献的宣言》（简称《墨西哥宣言》）和《实现妇女年目标而制定的世界行动计划》（简称《世界行动计划》）。《墨西哥宣言》特别对男女平等下了定义，即男女平等是指男女的人的尊严和价值的平等以及男女权利、机会和责任的平等。

1980年7月14—31日第二次世界妇女大会在丹麦首都哥本哈根召开，名为"联合国妇女十年中期会议"。来自145个国家及联合国系统有关组织和专门机构的代表2000多人与会。会议产生的行动纲领呼吁加强有力的国家措施，以确保妇女的所有权和财产控制权，以及改善妇女在继承、子女监护和丧失国籍方面的权利。当时的中国政协副主席、全国妇联主席康克清率中国代表团出席了这次大会。大会还举行了《消除对妇女一切形式歧视公约》的签字仪式,康克清代表中国在公约上签了字。

1985年7月13—26日第三次世界妇女大会在肯尼亚首都内罗毕召开,名为"审查和评价联合国妇女十年成就世界会议"。当时中国的国务委员陈慕华率中国代表团出席了大会。这是在性别平等运动终于获得真正的全球承认的时候召开的会议,有15000名非政府组织代表参加了并行召开的非政府组织论坛。这次活动被许多人形容为"全球女权运动的诞生"。因为认识到墨西哥城会议的目标还没有得到充分实现,与会的157国政府通过了一个到2000年的内罗毕前瞻性战略。它破天荒地宣布所有问题都是妇女问题。

1995年9月4—15日第四次世界妇女大会在中国北京召开。会议主题是"以行动谋求平等、发展与和平"。189个国家的政府代表团,联合国系统各组织和专门机构,政府间组织及非政府组织的代表15000多人出席了会议。以时任全国人大常委会副委员长、全国妇联主席陈慕华为团长的中国政府代表团出席了会议。大会制定并通过加速执行《内罗毕战略》的《北京宣言》和《行动纲领》,指出了提高全球妇女地位的主要障碍,制定了今后的战略目标和具体行动。它在内罗毕会议的基础上又向前迈进一步,北京行动纲领明确宣称"妇女权利是人权",并承诺具体行动以确保对这些权利的尊重。联合国妇女地位司在审查第四次妇女大会时准确地评论:"北京会议的根本转变在于认识到必须将重点从妇女转移到性别概念,认识到不得不重新评价整个社会结构,和所有男人女人间的关系。只有通过这样一种基本的社会结构及其机构调整,妇女才可以得到充分授权并得到其应有的在生活的各个方面与男人平等的伙伴地位。这种变化强有力地重申妇女权利是人权,两性平等是一个普遍关注的问题,惠及所有人。"①

在2000年9月千年首脑会议之后的千年宣言中,性别问题被纳入了后来许多千年发展目标中——特别是目标3规定"促进两性平等并赋予妇女权力"和目标5规定"产妇死亡率降低四分之三"。联合国的整个系统为达到这些目标而行动起来。

2015年9月25日,联合国大会通过了2030年可持续发展议程。其中专门有一个目标是实现性别平等、增强所有妇女和女孩的权能,其他目标中也有很多涉及女性权能的条款。联合国妇女署执行主任姆兰博—努卡这样解读新的议程:女性更多参与是实现2030年可持续发展议程的必要条件之一。②

2018年3月8日,联合国秘书长古特雷斯在纪念国际妇女节之际发表致辞,再次强调赋予妇女权利是2030年可持续发展议程的核心,警告性别不平等和歧视女性将对所有人造成危害。古特雷斯指出,自1976年首次纪念"国际妇女节"以来,更多的女孩获得教育,更多的妇女从事有偿工作,残割女性生殖器的有害做法已经不断减少。但是仍面临一些性别不平等带来的挑战:目前世界上有超过10亿妇女缺乏针对家庭性暴力的法律保护;在一些工作和公共场所乃至私人住宅中,性骚扰和性侵犯现象长期存在;全球因性别不同所造成的收入差距为23%,这个比例在农村地区高达40%;还有一些妇女在从事

---

① 转引自联合国官方网站妇女议题介绍网页,http://www.un.org/zh/globalissues/women/index.shtml,2018年1月20日。

② 《联合国:女性参与对实现可持续发展议程至关重要》,新华网,http://www.xinhuanet.com/world/2016-03/04/c_1118235111.htm,2018年1月20日。

无偿工作,并且她们的工作得不到认可。①

在 2030 年可持续发展议程刚刚通过之后,2015 年 9 月 27 日,中国政府和联合国一道,共同举办了世界妇女峰会。中国国家主席习近平在纽约联合国总部出席并主持了此次峰会。他在开幕式上发表题为《促进妇女全面发展共建共享美好世界》的重要讲话,就促进全球妇女事业、加强国际合作阐述中国主张。②

习近平就促进男女平等和妇女全面发展提出四点主张。第一,推动妇女和经济社会同步发展。制定科学合理发展战略,确保妇女平等分享发展成果,推动广大妇女参与经济社会发展。第二,积极保障妇女权益。把保障妇女权益系统纳入法律法规,增强妇女参与政治经济活动能力,保障妇女基本医疗卫生服务,确保所有女童上得起学和安全上学,发展面向妇女的职业教育和终身教育。第三,努力构建和谐包容的社会文化,消除一切形式针对妇女的暴力,打破有碍妇女发展的落后观念和陈规旧俗。第四,创造有利于妇女发展的国际环境。坚持和平发展和合作共赢理念,积极维护和平,开展妇女领域国际发展合作,缩小各国妇女发展差距。

习近平强调,在中国人民追求美好生活的过程中,每一位妇女都有人生出彩和梦想成真的机会。中国将更加积极贯彻男女平等基本国策,发挥妇女半边天作用,支持妇女实现人生理想和梦想。此后 5 年内,中国将帮助发展中国家实施 100 个"妇幼健康工程"和 100 个

---

① António Guterres, "Remarks on International Women's Day 2018", website of the United Nations, https://www.un.org/sg/en/content/sg/speeches/2018 - 03 - 08/remarks - international - womens - day, 2018 年 3 月 9 日。

② 习近平:《促进妇女全面发展 共建共享美好世界——在全球妇女峰会上的讲话》,新华网, http://www.xinhuanet.com/politics/2015 - 09/28/c_ 128272780.htm, 2018 年 1 月 20 日。

"快乐校园工程",邀请3万名发展中国家妇女来华参加培训,并在当地培训10万名女性职业技术人员。

妇女人权的倡导、推动和进步是一个渐进发展的过程,中国政府与国际社会一道进行了不懈的努力,并发挥了引领性和建设性的作用。

◇ 二 保护妇女权利的举措

为切实保护儿童权益,中国的立法、司法、政府各有关部门以及社会团体都建立了相应的机制,包括全国人民代表大会内务司法委员会妇女儿童专门小组、全国政治协商会议妇女青年委员会、国务院妇女儿童工作委员会等。国务院妇女儿童工作委员会,简称国务院妇儿工委,是国务院负责妇女儿童工作的议事协调机构,负责协调和推动政府有关部门执行妇女儿童的各项法律法规和政策措施,发展妇女儿童事业。[①] 国务院妇女儿童工作委员会的组成单位由国务院批准,既包括各政府部门,也包括重要的社会团体。截至2018年10月,委员会有35个部委和人民团体组成。[②]

中华全国妇女联合会,简称全国妇联,成立于1949年4月3日,

[①] 官方网站是:http://www.nwccw.gov.cn,2018年1月20日。
[②] 这35个成员单位是:中央宣传部、中央网信办、外交部、国家发展和改革委员会、教育部、科技部、工业和信息化部、国家民委、公安部、民政部、司法部、财政部、人力资源社会保障部、自然资源部、生态环境部、住房城乡建设部、交通运输部、水利部、农业农村部、商务部、文化和旅游部、国家卫生健康委、应急管理部、市场监管总局、国家广播电视总局、国家体育总局、国家统计局、国家医保局、国务院扶贫办、全国总工会、共青团中央、全国妇联、中国残联、中国科协、中国关工委。

是全国各族各界妇女为争取进一步解放与发展而联合起来的群众组织。[1] 其基本职能是代表和维护妇女权益，促进男女平等。妇联实行全国组织、地方组织、基层组织和团体会员相结合的组织制度。妇女联合会的最高领导机构是全国妇女代表大会和它所产生的中华全国妇女联合会执行委员会。全国妇女代表大会每五年举行一次。

全国人大作为最高国家权力机关，设有内务司法委员会；全国政协作为参政议政机关，设有社会法制委员会，负责就妇女权利和地位等重大问题向政府提出意见和建议。为加强现行立法和政策的监督和评估，全国人大常委会多次组织开展了《妇女权益保障法》执法检查，就劳动与社会保障、土地及相关财产权益、妇女参政等内容进行了重点监督，推动了有关规定的落实。

中国政府特别注重中华全国总工会女职工委员会、中国残疾人联合会、中国老龄协会、中国女法官协会、中国女企业家协会、中国女科技工作者协会等群团组织和非政府组织加强合作，听取他们对妇女发展、维权等问题的意见和建议。

中国以宪法为核心、以《妇女权益保障法》为主体的维护妇女权益的法律法规体系更趋完备。《宪法》第四十八条规定："中华人民共和国妇女在政治的、经济的、文化的、社会的和家庭的生活等各方面享有同男子平等的权利。国家保护妇女的权利和利益，实行男女同工同酬，培养和选拔妇女干部。"这为促进男女平等的各种法律和政策的制定和完善提供了根本法依据。2005年8月修订的《妇女权益保障法》在总则中规定："妇女在政治的、经济的、文化的、社会的和家庭的生活等各方面享有同男子平等的权利。实行男女平等是国家

---

[1] 官方网站是：http://www.women.org.cn，2018年1月20日。

的基本国策。国家采取必要措施,逐步完善保障妇女权益的各项制度,消除对妇女一切形式的歧视。"

《妇女权益保障法》是保障妇女权利的专门的基本法。它在第二十五条规定"在晋职、晋级、评定专业技术职务等方面,应当坚持男女平等的原则,不得歧视妇女";第二十七条要求"各单位在执行国家退休制度时,不得以性别为由歧视妇女";第三十四条规定:"妇女享有的与男子平等的财产继承权受法律保护。在同一顺序法定继承人中,不得歧视妇女。"法律还进一步完善了对妇女政治权利、文化教育权益、劳动和社会保障权益、财产权益、人身权利及婚姻家庭权益的保障,并强化了对被侵害妇女的救助措施。与国家立法相配套,全国31个省(区、市)也修订完善了地方立法——《妇女权益保障法》实施办法。

其他专门法律对消除针对妇女的歧视也有进一步的规定,具体体现性别平等和非歧视原则的精神。2006年9月修订的《义务教育法》第一章第四条规定:"凡具有中华人民共和国国籍的适龄儿童、少年,不分性别、民族、种族、家庭财产状况、宗教信仰等,依法享有平等接受义务教育的权利,并履行接受义务教育的义务。"2008年1月施行的《就业促进法》在总则中明确规定:"劳动者就业,不因民族、种族、性别、宗教信仰等不同而受歧视。"《农村土地承包法》规定,"承包中应当保护妇女的合法权益,任何组织和个人不得剥夺、侵害妇女应当享有的土地承包经营权"。该法在保护已婚妇女、离异妇女、丧偶妇女的土地承包权益方面做出明确规定。《治安管理处罚法》明确规定,违反治安管理行为人依法应当给予行政拘留处罚的,如果怀孕或者哺乳自己不满1周岁婴儿,不执行行政拘留处罚。《禁毒法》规定,怀孕或正在哺乳自己不满1周岁婴儿的妇女吸毒成瘾的,不适用强制隔离戒毒。《社会保险法》赋予男职工未就业的配偶享有生育医疗费用待遇的权利。

近年来，妇女的参政权和参加社会管理的权利获得进一步保障。2010年修正的《全国人民代表大会和地方各级人民代表大会选举法》规定，全国人民代表大会和地方各级人民代表大会中应有适当数量的妇女代表并逐步提高其比例。为了解决中国农村妇女参与村民委员会的代表性不足的问题，或者说其参加村委会比例与农村妇女人口比例不相适应的问题，提升妇女在村民自治中的参与度，中国在2010年10月修订的《中华人民共和国村民委员会组织法》中增加"促进男女平等""村民委员会成员中应当有妇女成员""妇女村民代表应当占村民代表会议组成人员的三分之一以上"等规定，并把农村妇女参与村民自治纳入相关地方法规、妇女发展规划以及村委会换届工作方案中。据此，有些地方采取"妇女委员专职专选"措施，即在原定村委会成员职位的基础上增加一个不占原先村委名额的女村委职位；有的地方推行"二次选举"法，即女委员若一次选举不成功将进行第二次选举，以确保在村民委员会中有女委员当选。

除了立法，在政策层面，中国通过制定实施国家和地方的妇女发展纲要的形式推动法律和政策目标的实现。《中国妇女发展纲要（2001—2010年）》是国务院发布的第二个国家妇女发展纲要，它是新时期推进妇女发展的总体规划，是进一步履行国际承诺的国家行动纲领，确定了妇女与经济、妇女参与决策与管理、妇女与教育、妇女与健康、妇女与法律、妇女与环境6个优先发展领域，主要目标和策略措施明确详备。2011年7月30日，中国政府颁布了指导新的10年的计划，即《中国妇女发展纲要（2011—2020年）》。新纲要在上一个纲要6个领域的基础上，增加了"妇女与社会保障"领域；它兼顾城乡区域差异，着力解决妇女生存发展中的新情况、新问题。

从2009年4月国务院授权国务院新闻办颁布的第一个国家人权行动计划——《国家人权行动计划（2009—2010年）》开始，每个国家人权行动计划都对妇女权利有专门章节的规定。在目前正在实施的是2016年9月29日发布的第三个国家人权行动计划，即《国家人权行动计划（2016—2020年）》。其中关于"妇女权利"一节在整体上强调，贯彻落实男女平等基本国策，全面实现《中国妇女发展纲要（2011—2020年）》的目标，消除性别歧视，改善妇女发展环境，保障妇女合法权益。计划规定的具体举措包括：

第一，继续促进妇女平等参与管理国家和社会事务。逐步提高女性在各级人大代表、政协委员中的比例，以及在各级人大、政府、政协领导成员中的比例。到2020年，村民委员会成员中女性比例达30%以上，村民委员会主任中女性比例达10%以上，居民委员会成员中女性比例保持在50%左右。作为一个发展中国家，中国女性平等参与管理国家和社会事务的情况还有很大空间和潜力，还需要努力加以推动。

第二，努力消除在就业、薪酬、职业发展方面的性别歧视。将女职工特殊劳动保护作为劳动保障监察和劳动安全监督的重要内容，实行年度考核。在中国，妇女就业非常普遍，歧视相关性别歧视任重道远。

第三，保障妇女的健康权利。完善城乡生育保障制度，向孕产妇提供生育全过程的基本医疗保健服务。到2020年，孕产妇死亡率降为18/10万，新增产床8.9万张，力争增加产科医生和助产士14万名。提高妇女常见病筛查率，扩大农村妇女宫颈癌、乳腺癌免费检查覆盖范围。加强流动妇女卫生保健服务。随着经济发展水平的提高，全国和地方保障妇女健康权利的投入越来越大，有利于提升妇女健康权利的保障水平。

第四，保障妇女的婚姻家庭权利。设立男性职工带薪陪护分娩妻子的假期制度。大力发展针对0—3岁幼儿的托幼机构，为妇女平衡工作与家庭提供支持。保障妇女在婚姻家庭中的财产权益。婚姻家庭权利是个人的基本权利，女性在家庭生活中承担了重要角色。保障女性在家庭生活中的合法权益、特别重视和保障与生育有关的权利，为家庭抚育儿童提供帮助和支持，是中国立法和法律实施关注的焦点。

第五，贯彻落实《反家庭暴力法》。完善预防和制止家庭暴力多部门合作机制，以及预防、制止和救助一体化工作机制。鼓励和扶持社会组织参与反家庭暴力工作。新的专门的反家庭暴力立法，是中国立法史上的一个重要突破。而立法制定只是反家庭暴力征途上的第一步，还需要社会意识的提高，全社会的参与和有效的工作机制的配合，才能真正实现立法的目标。

第六，落实《中国反对拐卖人口行动计划（2013—2020年）》，有效预防和依法打击拐卖妇女犯罪行为。伴随经济全球化、交通和通信技术的发展，拐卖犯罪在全球范围内出现了一些新的特点，而且有愈演愈烈之势，严重威胁个人、特别是妇女儿童的生命和人身安全。中国反拐任务同样是机遇与挑战并存。近年来，中国政府开展打拐专项行动，在国家一级加强办案协调，同时加强跨国合作，重拳打击拐卖犯罪，同时在防拐和拐卖犯罪被害人救助方面积极开展工作。

第七，预防和制止针对妇女的性骚扰。反对针对妇女的性骚扰，包括职场、学校以及其他环境中存在的性骚扰，近年来越来越引起媒体、社会的关注。反性骚扰的法律标准在中国还不是非常清晰,司法经验还不够丰富,但是法律和政策立场是比较鲜明的。

总之,无论是政府工作协调机制、全国妇联系统的运作,还是法律与政策的配套推动,性别平等和妇女人权的核心价值获得彰显,中国妇女权利保障不断加强。

◇ 三 保护妇女权利的成就和挑战

性别平等的意识和观念今非昔比。过去,人们主要是在男女两性比较的基础上观察和考虑问题,即在男女相同、相似或者差异及其影响上展开讨论。现在强调的是社会性别的概念,即不仅仅关注性别的自然和生理因素,同时也重视性别的社会因素。在考察妇女权利时,除了静态和具体地考虑妇女个人的处境和待遇之外,关注社会背景,特别是历史、文化、宗教等因素形成的社会因素产生的影响。社会性别视角的引入,强调系统考察妇女的地位,尊重和促进妇女的权利主体地位、妇女自身的主动性和创造性。

中国政府和社会关注妇女权利、强调性别平等的意识不断提高,这是立法与执法、政策制定与实施的关键。近年来,中国在保护妇女权利领域的立法成就突出,有许多里程碑式的突破,都体现了中国性别意识的提高及其积极影响。《妇女权益保障法》的修改、最高人民法院关于《婚姻法》司法解释的发展等更加关注妇女权益的保护,防止对女性的歧视。而首部专门的《反家庭暴力法》的出台本身,突破了传统上"清官难断家务事"、公权力不干预私生活等旧的认识,是对妇女基本人权保护的加强,是立法机关顺应时代和社会发展潮流、回应社会需求的结果,也是由全国妇联以及其他妇女权利的组织和大量专家、学者推动的结果。

妇女享有平等参与国家和社会事务管理的机会。根据2016年6月14日国务院授权国务院新闻办发布的《国家人权行动计划(2012—2015年)实施评估报告》,十二届全国人大女性代表比例比上届提高2.07个百分点,达到23.4%;十二届全国人大常委会现有女性委员25人,占委员总数的15.5%。十二届全国政协有女性委员399人,占委员总数的17.84%。2011—2013年换届的新一届省级人大代表女性比例达到24.76%;新一届省级政协委员中女性比例达到22.22%。2015年省级政府领导班子配备女性干部比例比2012年有明显提升。2014年,在企业董事会、监事会中,女职工董事、监事占职工董事和监事的比例分别为40.1%和41.5%。

2017年12月中旬至2018年1月,通过中国31个省、自治区、直辖市的人民代表大会会议,香港特别行政区的选举会议,澳门特别行政区的选举会议,由各省、自治区、直辖市和中央国家机关、中国人民解放军中的台湾省籍同胞组成的协商选举会议,中国人民解放军的军人代表大会会议,共选举产生新的、现在的第十三届全国人大代表2980名。其中有女代表742名,占代表总数的24.9%,比十二届女代表总数增加了43名,女代表比例也较上一届的23.4%提高了1.5个百分点,继上届实现历史性突破后,再创新高。与十二届全国人大各选举单位女代表比例相比,十三届全国人大35个选举单位中有23个选举单位女代表比例有所上升,5个选举单位女代表与上届持平,呈现出普遍上升的良好态势。其中,上升幅度最大的是辽宁,提高了13.73个百分点。其次为台湾、福建和西藏,分别提高了7.69个、5.41个和5个百分点。海南、广西、陕西、河北、贵州5省份紧随其后，上升幅度在 3 个百分点以上。①

《国家人权行动计划（2012—2015 年）实施评估报告》还显示，妇女享有平等的就业权利。在保障男女平等就业权、男女同工同酬等方面，中国一直走在国际社会的前列。中国实施机关事业单位处级干部和高级职称专业技术人员男女同龄退休。2014 年，全国女性就业人员占全社会就业人员的比重为 44.8%。实施鼓励妇女就业创业的小额担保贷款财政贴息政策，2009 年以来，向妇女发放创业担保贷款 2607.04 亿元，扶持和带动近千万妇女创业就业。

农村妇女依法享有土地权益基本得到落实。面向基层村委会开展法制宣传培训，加大村规民约备案审查纠正力度。在土地承包经营权确权登记颁证过程中，妇女的土地权益在登记簿和不动产权属证书上得到体现。

妇女健康服务水平持续提高。2012 年 4 月，国务院颁布实施《女职工劳动保护特别规定》，修改完善适用范围、禁忌劳动范围等内容，将法定产假时间延长到 98 天。2015 年，全国女性参加生育保险的人数达到 7712 万人，人均生育待遇支出 16456 元，比 2014 年增加 2000 元。2015 年，1205 万名计划怀孕夫妇获得免费检查，目标人群覆盖率平均达 96.5%。2011—2015 年，农村孕产妇住院分娩项目累计补助近 5000 万人，农村孕产妇住院分娩率从 2010 年的 97.8% 提高到 2015 年的 99.5%。孕产妇死亡率自 2010 年的 30/10 万下降到 2015 年的 20.1/10 万。截至 2015 年年底，有 5195 万名农村妇女接受了宫颈癌免费检查，747 万名农村妇女接受了乳腺癌免费检查。

在反对针对妇女的歧视，保障妇女人身权利和其他合法权益方

---

① 《全国人大代表女性比例再创新高》，《中国妇女报》2018 年 2 月 26 日 A4 版。

面，中国立法有突破性的成就。2015年12月27日，全国人大常委会通过的《反家庭暴力法》，专门设立了公安告诫、人身安全保护令和强制报告等制度。最高人民法院、最高人民检察院、公安部、司法部联合发布《关于依法办理家庭暴力犯罪案件的意见》，加强司法对家庭暴力的及时干预。2014—2015年，最高人民法院先后公布15起涉家庭暴力典型案例。一些地方公安机关和人民法院积极探索运用公安告诫和人身安全保护令等手段，有效防范和及时制止家庭暴力。在2016年3月1日《反家庭暴力法》正式施行当天，湖南省长沙市妇联到岳麓区人民法院，代家庭暴力受害人周某递交人身安全保护令申请书，得到了法院支持，这是湖南省首份单独立案的人身安全保护令，也是中国第一份由妇联组织代为申请的人身安全保护令。

中国坚决反对拐卖人口犯罪，国务院办公厅印发的《中国反对拐卖人口行动计划（2013—2020年）》是中国第二个专门的反拐行动计划，加大了对拐卖人口犯罪的打击力度，同时也努力建立包括预防犯罪、惩治犯罪和救助被害人在内完整的反拐工作机制。2014—2015年，公安机关共破获拐卖妇女案件2412起。在国际层面，中国开展了跨国打击拐卖妇女儿童犯罪行为，尤其是积极参与和促进湄公河次区域六国反拐合作。

中国在保障妇女权利方面取得了很大的成就，与此同时，问题和挑战也是客观存在的。

第一，性别意识的提高是一个长期的过程，还有很长的路要走。在中国，传统文化中歧视妇女的思想，一些不利于妇女权利保护的陈规陋习在当今的社会生活中还会有一些残余并产生一定的影响，特别是在农村或者偏远的地区。立法或者政策规则的改变可以比较迅速、比较超前，但是社会意识的提高，重视妇女权利、强调性别平等的新的人权文化的建立与发展还是需要假以时日的。对歧视妇女的社会现象或者社会问题的认识，也并不总是能够迅速地获得广泛的共识，需要在发展、法治、人权的视角下，进行客观的分析，让更多的人获得正确的、深入的认识。中国在这方面进步很快，倡导性别平等的法律和政策起到了推动的作用。在这个意义上，立法、司法和行政机关的公职人员在性别平等方面更有不断提高和具备性别意识的必要。近年来，中国社会科学院法学研究所性别与法律研究中心等中国关注妇女权利的研究机构提出的开展社会性别视角下的法律检审工作是很有价值的。换句话说，学者和相关研究机构要用社会性别的视角和方法对既有的立法和新的立法进行专门的考察和评估，并相应提出立法建议。这是性别主流化在中国的一种有益的实践。

第二，在政治和社会参与方面，还有进一步提升的潜力。如前所述，妇女代表在人民代表大会中的比例近年来呈现提高的趋势。当然，这同妇女在政治生活中发挥作用的潜力相比，同其他一些国家的议会机构在保障女性参与程度的制度和实践相比，中国妇女在国家和地方人民代表大会中的占比还不能令人乐观，还需要有进一步的提高。除了在人民代表大会中的代表性问题，农村妇女在村民自治机构中的代表性，女性在教育和科研机构中的代表性，女性在企业管理等领域的代表性和"玻璃天花板"问题（女性难以获得高级职位的任命）等在不同地方、不同领域也不同程度地存在着，需要引起关注，并以建设性的态度推动对女性地位、女性发展潜力的认知和对女性获得平等和公正待遇的推动。

第三，在不断完善立法的同时，法律实施的关键意义更加突出。中国法律明确反对性骚扰、家庭暴力、虐待妇女儿童等行为，反对招工等领域对女性的歧视，这些行为或者社会现象是各国或者说不同社会都面对的保障妇女权利方面的社会问题。法律的完善不等于问题的解决。在社会中，总有一些人有"家丑不可外扬"的心理，一些人有对某些歧视妇女的现象视而不见或者不以为然的态度，法律的实施也面临一些争议和不解。为了制止性骚扰、家庭暴力、就业中的歧视等侵犯妇女权益的行为，一方面法律亮明了底线，另一方面要有预防、应对和救济的机制。中国建立了妇女维权热线等机制，也有许多地方依法建立了家庭暴力受害者临时庇护场所。但是因为新的法律刚刚通过，相关实践缺乏经验，这些机制的建立和完善还有很长的路要走。

第四，在一些具体问题上，还需要凝聚共识，推动更大范围的针对性的改革和发展。比如，男女同龄退休就是一个有争议的问题。中国现行企业职工实行的是男60周岁、女干部55周岁、女工人50周岁的退休年龄。这个标准最早是由20世纪50年代的《劳动保险条例》规定的，1978年全国人大常委会再一次予以确认。这一政策充分考虑了中国当时的劳动条件、人均寿命、男女生理特点等因素，出发点是为了保护职工、特别是女职工的劳动权益及身心健康，也的确在这方面发挥了积极的作用。此后，随着国民经济和社会发展，国家陆续出台了一些延长女职工退休年龄的政策规定，如女性高级专家凡身体能坚持正常工作，本人自愿，可到60周岁离退休；对年满60周岁的少数女性高级专家，确因工作需要，经批准后，副教授级可以最长延长退休年龄至65周岁，教授级可以最长延长退休年龄至70周岁。中共十八届三中全会决定指出，研究制定渐进式延迟退休年龄政策。是否需要分领域、针对具体行业和对象有更加精准，更尊重妇女权利主体地位和需求的政策性改革，换句话说，是否可以、如何尊重妇女在退休年龄上的选择权、男女同龄退休上的选择权，相关问题值得深入研究。

总之,中国妇女权利保护是中国人权事业的重要方面。近年来,随着经济发展、社会进步、法律与政策的完善与推动,已经取得了显著的成就。同时,不论是性别意识的提高,性别平等制度建设的完善及其实施,都不是一蹴而就的,都需要长期的努力。

第 五 章

儿童权利

古今中外，儿童都是民族与社会的希望。在现代人权制度中，关于儿童权利保护的议题上，国家间争议似乎要少一些，而共识更多。不过，儿童权利在国际人权体系中确立起来并加以倡导却并不是由来已久的事情。直到1989年，联合国大会才通过了第一个专门的关于儿童权利的国际公约——《儿童权利公约》。现在它获得196个国家批准，是目前世界上缔约国最多的国际条约，可以说是"后来者居上"——较晚确立的国际标准，却拥有较多的共识和普遍的支持。

1979年联合国《儿童权利公约》起草工作小组开始工作，中国自1980年起派代表参加了该小组的工作。在公约起草的过程中，中国代表提出过数项提案，多数被与会各方接受，对许多条款的最终成文做出了重要贡献。在1989年第44届联合国大会审议之时，中国还是通过《儿童权利公约》决议草案的共同提案国之一。

1991年12月29日，第七届全国人民代表大会常务委员会第二十三次会议决定，批准联合国《儿童权利公约》。1992年3月2日，中国常驻联合国大使向联合国递交了批准书，从而使中国成为《儿童权利公约》的第110个批准国。中国是最早批准公约的国家之一。公约于1992年4月2日对中国生效。

2002年8月29日，第九届全国人民代表大会常务委员会第二十九次会议决定，批准于2000年9月6日中国政府签署的《〈儿童权利公约〉关于买卖儿童、儿童卖淫和儿童色情制品问题的任择议定书》。2007年12月29日，第十届全国人大常委会第三十一次会议决定，批准于2001年3月15日中国政府签署的《儿童权利公约关于儿童卷入武装冲突问题的任择议定书》。

《儿童权利公约》第一条将儿童界定为："儿童系指18岁以下的任何人，除非对其适用之法律规定成年年龄低于18岁。"《中华人民共和国未成年人保护法》第二条指明未成年人是指未满18周岁的公民，这与公约对儿童的定义是一致的。

根据中国第六次人口普查数据，中国18岁以下的儿童共299668269人，占全国总人数的22.48%，其中男童160619971人，占儿童总人数的53.60%，女童139048298人，占儿童总人数的46.40%。

儿童权利保护工作是中国人权事业的重中之重，也是一个亮点。中国儿童权利保护意识的提高，特别是新的儿童观、儿童权利视角的建立方面，进步很快。中国的法律、政策和社会组织框架都在不断完善，儿童权利保护的成效显著提升，同时仍然不乏挑战。

◇ 一 儿童权利是人权

"儿童权利是人权"，从字面意思来理解没有什么困难。但是，如果历史地看，这一判断却是来之不易的。在古罗马时期，法律上的完整的人、法律上的公民概念指的是成年男子，不包括奴隶、妇女和儿童。一般地说，在人权法上，所有人都享有人之为人的所有人权，同时，我们还必须具体地看到，儿童权利保护有其独特性和特殊要求。

了解和实现儿童权利，有必要理解新的儿童观，即对于儿童及其童年以及相伴随的儿童权利的基本认识。它体现的是《儿童权利公约》的思想基础，也指引着公约的实践。新的儿童观为中国修订《未成年人保护法》提供了新的借鉴和指导。

概括地说，《儿童权利公约》所体现的新儿童观包括以下三个方面：首先，儿童是人。无论她或他多么弱小、稚嫩，儿童都具有与成年人一样的独立的人格，享有法律赋予的各项权利。她或他不是成年人或者家庭以及其他机构或者组织的附属品。而且，儿童是权利主体。社会中的所有成年人，都必须尊重儿童，并负有保护儿童权利的责任。其次，儿童是儿童。她或他作为儿童享有属于自己的法律保护，他们所处的童年是人生的一个独立阶段，有自在的价值，而不能将儿童视为不完整的人，更不能将童年仅仅视为成年的准备。最后，应当为儿童提供与其年龄和身心发展状况相适应的待遇，促进其健康成长和发展。童年是一个包括不同阶段的时间跨度很大的人生阶段，对不同阶段和身心发展状态的儿童要提供相适应的权利保障。

在中国以及其他一些国家的传统文化中，有尊老爱幼、重视教育等优秀传统。但是，古代以来由来已久的旧的不利于儿童保护的观念和习俗等也客观存在。对中国来说，古代文化中孝顺是主导性的观念，强调的是儿童对父母的报恩；祖先崇拜强调男孩作为传宗接代的代表的作用；父系主导的观念则疏远女性后代；社会等级观念压抑着女孩和非长子的男孩的地位，使人认为为了家族的更大利益，牺牲一个儿童是可以接受的。等级观念带来的社会秩序决定父母—儿童关系中的独裁性，一方面，它限制个人的自主；另一方面，它使儿童学会适应社会整体的等级结构。其中，主导观念是将童年视为成人发展的一个阶段，不具有它自身的价值。①

现代社会关于儿童、童年、儿童抚育和发展的认识可以说有了巨大的变化。儿童的独立人格受到了越来越多的肯定和重视，儿童的健康和全面发展在主客观条件上都有了更好的保障。

中国《宪法》第四十九条第一款规定："婚姻、家庭、母亲和儿童受国家的保护。"第四款规定："禁止虐待老人、妇女和儿童。"第四十六条第二款规定："国家培养青年、少年、儿童在品德、智力、体质等方面全面发展。"中国《未成年人保护法》第一条在规定立法宗旨时，提出"保护未成年人的身心健康，保障未成年人的合法权益，促进未成年人在品德、智力、体质等方面全面发展"的目标。

人权纳入国际人权法和国内立法与政策制定的主流，儿童权利纳入人权，这在儿童保护方面是一个历史性的突破。这种突破首先体现在观念上，体现在对新的儿童观的倡导上。具体而言，在国际人权法上体现在《儿童权利公约》核心原则——儿童利益最大化原则的制定和实施当中。

《儿童权利公约》第三条第一款规定了儿童最大利益原则："关于儿童的一切行动，不论是由公私社会福利机构、法院、行政当局或立法机构执行，均应以儿童的最大利益为一种首要考虑。"

中国政府对儿童利益最大化原则的重视在 2006 年修订《未成年人保护法》的过程中有典型的体现。

2006 年 10 月 29 日下午，十届全国人大常委会第二十四次会议分

---

① Anne Behnke Kinney, Introduction, in *Chinese Views of Childhood*, edited by Anne Behnke Kinney, University of Hawaii Press, 1995, pp. 11–12.

组审议《未成年人保护法(草案)》时,时任全国人大常委会副委员长的顾秀莲即建议写入未成年人最大化原则。她高瞻远瞩地指出,联合国非常重视这个问题,在千年指标中很多问题都是孩子的问题,全世界都在研究孩子的成长、智力、身体怎样适应现代化的发展,美国很早就研究这个问题,我们中国也在研究。[1]

讨论中,全国人大常委会的沈春耀委员也专门建议在法律中明确规定儿童利益最大化的原则。他说,有一些专家和部门提到过这个问题。就中国参加的《儿童权利公约》而言,儿童利益最大化不是一个一般性的条款,是《儿童权利公约》的核心条款、重要原则。公约中提到儿童利益最大化这样一类的表述一共有十多处,应该说,这是儿童权利保护方面的核心原则和重要价值。他指出,有的人认为"最大化"说不清楚。其实作为一个原则,它首先体现的是一个非常重要的理念、方向。中国是世界人口最多的国家,儿童也应该是最多的。在儿童、未成年人权利的保护,权利的促进和权利的发展方面,应该是比较充分和完整地体现国际人权公约的重要原则。[2]

正是在国家领导和有识之士的广泛建议之下,《未成年人保护法》对儿童最大利益原则进行了规定。它在第三条第一款中规定:"未成年人享有生存权、发展权、受保护权、参与权等权利,国家根据未成年人身心发展特点给予特殊、优先保护,保障未成年人的合法权益不受侵犯。"这里的"特殊、优先保护"就是儿童利益最大化原则在中国立法中的体现。

---

[1] 柳华文:《儿童最大利益原则的国内实施》,载柳华文主编《儿童权利与法律保护》,上海人民出版社2009年版,第17页。

[2] 同上。

此次《未成年人保护法》修订有很多重要的创新。例如，第七条第二款规定："国务院和地方各级人民政府领导有关部门做好未成年人保护工作；将未成年人保护工作纳入国民经济和社会发展规划以及年度计划，相关经费纳入本级政府预算。"这是儿童权利主流化的一个重大突破和典型体现。它使得政府决策和国民经济与社会发展规划以及年度计划必须考虑儿童保护，并且有了明确的法律上的预算保障。它对落实儿童利益最大化原则有关键意义。

其实，早在修订《未成年人保护法》之前，儿童利益最大化原则就已经影响了中国的立法。2001年修订的《婚姻法》在规定离婚时夫妻的共同财产分配时，将原来当在协议不成法院应根据"照顾女方和子女权益的原则判决"的规定，改为将"子女"放在了"女方"的前面，即应根据"照顾子女和女方权益的原则判决"。离婚时的财产分割以子女权益为先，无疑体现了父母离异应以不降低儿童福利为前提的儿童利益最大化的原则。

全国性立法中对儿童利益最大化原则的体现在地方立法和部门立法以及相关的法律解释，包括司法解释，为进一步落实和细化该原则奠定了基础，并为司法和执法提供了法律规范和操作指导。立法是对重要的政策成果的巩固和发展，中国政府首先在政策文件中确认了该原则，并在始终将儿童优先作为儿童工作的基本原则，这符合《儿童权利公约》的要求，也是未来儿童工作的方向和趋势。

◇ 二 保护儿童权利的举措

为切实保护儿童权益，中国的立法、司法、政府各有关部门以及社会团体都建立了相应的机制。中央和地方政府的教育、卫生、文化、公安、体育、民政等部门，都设有负责儿童工作的职能机构。

1990年2月22日国务院妇女儿童工作委员会①的前身——国务院妇女儿童工作协调委员会正式成立，取代了原由全国妇联牵头的全国儿童少年工作协调委员会，成为国务院负责妇女儿童工作的议事协调机构。

1993年8月4日，国务院妇女儿童工作协调委员会更名为国务院妇女儿童工作委员会，简称国务院妇儿工委，是国务院负责妇女儿童工作的议事协调机构，负责协调和推动政府有关部门执行妇女儿童的各项法律法规和政策措施，发展妇女儿童事业。它的基本职能是：(1) 协调和推动政府有关部门做好维护妇女儿童权益工作；(2) 协调和推动政府有关部门制定和实施妇女和儿童发展纲要；(3) 协调和推动政府有关部门为开展妇女儿童工作和发展妇女儿童事业提供必要的人力、财力、物力；(4) 指导、督促和检查各省、自治区、直辖市人民政府妇女儿童工作委员会的工作。

国务院妇女儿童工作委员会的组成单位由国务院批准，既包括各政府部门，也包括重要的社会团体。其趋势是，成员单位的数量越来越多，越来越广泛。前文述及，委员会有35个部委和人民团体组成。

中国国务院早在1992年2月16日，就响应1990年世界儿童问题首脑会议通过的《儿童生存、保护和发展世界宣言》和《执行九十年代儿童生存、保护和发展世界宣言行动计划》，参照关

---

① 中国国务院妇女儿童工作委员会的官网地址是：http://www.nwccw.gov.cn，2018年1月20日。

于儿童发展的全球24项指标，颁布实施了第一个中国儿童发展纲要，即《九十年代中国儿童发展规划纲要》。它提出了10项主要目标，39项支持性目标。其中特别规定，"切实执行全国人大常委会批准的《儿童权利公约》"①。这是中国第一部以儿童为主体的国家行动计划，国家相关部门和全国所有的省、自治区、直辖市以及地市和几乎所有的县市都相继制定了本地区的儿童发展规划和实施方案。

在已有成就的基础上，中国清醒地意识到儿童发展依然面临的困难和问题，按照《国民经济和社会发展第十个五年计划纲要》，根据中国儿童发展的状况，中国政府制定并公布了《中国儿童发展纲要（2001—2010年）》，作为21世纪中国儿童工作的国家级行动纲领，从儿童与健康、儿童与教育、儿童与法律保护、儿童与环境四个领域提出了21世纪第一个10年中国儿童发展的目标和具体措施。它的制定和实施必将进一步推动中国儿童的健康成长和儿童事业的持续发展。它明确规定了儿童优先的原则。在"总目标"中规定："坚持'儿童优先'原则，保障儿童生存、发展、受保护和参与的权利，提高儿童整体素质，促进儿童身心健康发展。儿童健康的主要指标达到发展中国家的先进水平；儿童教育在基本普及九年义务教育的基础上，大中城市和经济发达地区有步骤地普及高中阶段教育；逐步完善保护儿童的法律法规体系，依法保障儿童权益；优化儿童成长环境，使困境儿童受到特殊保护。"

2011年7月30日中国国务院发布的《中国儿童发展纲要（2011—2020年）》（简称新儿纲）是中国政府发布的第三个针对儿童

---

① 《九十年代中国儿童发展规划纲要》，第三部分策略与措施（七）儿童权益保护，第1段。

权利保护的国家计划。新儿纲从儿童的健康、教育、福利、社会环境和法律保护五个领域提出了到2020年儿童发展应达到的目标,即:完善覆盖城乡儿童的基本医疗卫生制度,提高儿童身心健康水平;促进基本公共教育服务均等化,保障儿童享有更高质量的教育;扩大儿童福利范围,建立和完善适度普惠的儿童福利体系;提高儿童工作社会化服务水平,创建儿童友好型社会环境;完善保护儿童的法律体系和保护机制,依法保护儿童合法权益。针对上述五个领域,新儿纲共设置了52项主要目标,67项策略措施。特别是纲要提出的儿童福利制度由补缺型向适度普惠型福利制度的转变,是一个重要的进步,是中国儿童制度伴随国家经济发展后做出的一个重要的政策性调整。民政部正在组织专家等论证起草《儿童福利条例》,中国有望通过第一部关于儿童福利的正式立法,在相当程度上改变社会保障或者福利制度都以政策性文件出现、具有明显碎片化特征的情况。

2009年4月13日,经国务院授权,国务院新闻办公室发布《国家人权行动计划(2009—2010年)》。这是中国第一次制订以人权为主题的国家规划,是一个历史性的突破。2012年6月11日,中国第二个《国家人权行动计划(2012—2015年)》发布。2016年9月29日发布的《国家人权行动计划(2016—2020年)》是目前中国正在实施的国家人权行动计划。三个计划对儿童权利做出专门规定。第三个计划强调:"坚持儿童优先原则,强化政府和社会保障儿童权益的责任,全面实现《中国儿童发展纲要(2011—2020年)》目标。"具体来说,有以下举措和量化指标:

第一,在立法和政策层面,修改《未成年人保护法》,进一步加强对儿童的权利保护;完善儿童监护制度。在监护制度,特别是特殊情况下的替代监护问题上，中国努力构建未成年人关爱社会网络，逐步建立以家庭监护为主体，以社区、学校等有关单位和人员监督为保障，以国家监护为补充的监护制度；中国计划完善并落实不履行监护职责或严重侵害被监护儿童权益的父母或其他监护人资格撤销的法律制度。

第二，进一步加强儿童健康权的保护。加强出生缺陷综合防治，建立覆盖城乡居民，涵盖孕前、孕期、新生儿各阶段的出生缺陷防治服务制度。加强儿童疾病防治和预防伤害，到2020年，婴儿死亡率、5岁以下儿童死亡率分别控制在7.5‰和9.5‰以内。纳入国家免疫规划的疫苗接种率以乡（镇）为单位保持在95%以上。继续推行农村义务教育学生营养改善计划。强化学校体育工作，不断提升学生体质健康水平。加强未成年人心理健康引导。

第三，加强儿童财产权益保护。依法保障儿童的财产收益权和获赠权、知识产权、继承权、一定权限内独立的财产支配权。

第四，加强校园及周边社会治安综合治理，加强校车安全管理，预防和制止校园暴力。

第五，创造有利于儿童参与的社会环境。鼓励并支持儿童参与家庭、学校和社会事务，畅通儿童参与和表达渠道。

第六，保障儿童享有闲暇和娱乐的权利。加强社区儿童活动和服务场所建设，到2020年，"儿童之家"覆盖90%以上的城乡社区。确保街道和乡镇配备1名以上专职或者兼职儿童社会工作者。标本兼治减轻学生课业负担。

第七，关爱困境儿童。全面构建覆盖市、县、乡镇（街道）、社区四级儿童福利保障和服务体系，实施县级儿童福利机构和未成年人保护机构建设规划。健全困境儿童保障制度。进一步完善孤儿保障制度。提高受艾滋病影响儿童和服刑人员未满18周岁子女的生活、受教育、医疗等权利保障水平。加大对农村留守儿童的关爱保护力度。

第八，建立儿童暴力伤害的监测预防、发现报告、调查评估、处置、救助工作运行机制。依法打击拐卖、虐待、遗弃儿童，利用儿童进行乞讨，以及针对儿童的一切形式的性侵犯等违法犯罪行为。严厉惩处使用童工和对儿童进行经济剥削的违法行为。

第九，最大限度地降低未成年犯罪嫌疑人的批捕率、起诉率和监禁率。改革少年审判和家事审判工作制度，建立儿童司法保护和行政保护衔接机制。继续做好犯罪未成年人社区矫正工作。

从法律上说，上述这些计划或者纲要属于政府关于人权保障的阶段性政策性文件，虽然本身并不像法律条文一样具有法律约束力。但是，它们是落实尊重和保障人权的宪法原则以及相关法律法规的政策性措施，是结合政府职责和任务制定的国家规划，是宪法和法律在政府工作中的具体化。因为这一类的规划要求中央和地方各级政府部门切实予以实施和执行，既具有指导性，又具有较强的操作性和执行力，对法律的实施具有重要意义。[1]

三 保护儿童权利保障的成就和挑战

近年来，中国儿童权利保护工作取得的成就突出地表现了对新儿

---

[1] 参见柳华文《具有软法性质的人权事业新蓝图》，《法制日报》2012年6月13日第7版；柳华文《〈国家人权行动计划〉：中国人权保障的标志性文件》，载李林主编《中国法治发展报告（2010）》，社会科学文献出版社2010年版，第47—56页。

童观的倡导，儿童权利保护意识的提高上。儿童权利受到了前所未有的重视，儿童工作模式有了权利导向的变化。中国的法律和政策都明确地强调儿童最大利益原则、儿童优先保护原则。"一切为了孩子"，成为一句凝聚社会共识的口号。

中国是一个发展中人口大国，儿童权利保障是人权工作的重中之重，也是很有挑战的领域。随着经济迅速发展，儿童福利保障得到有效加强。根据2016年6月14日国务院授权国务院新闻办发布的《国家人权行动计划（2012—2015年）实施评估报告》以及2017年年底的官方统计，① 2015年全国婴儿死亡率和5岁以下儿童死亡率分别为8.1‰和10.7‰，较2010年分别下降38.2%和34.8%，提前实现纲要目标和联合国千年发展目标。2014年，儿童低体重发生率为2.6%，5岁以下儿童低体重率为1.48%，提前完成计划预期目标。儿童免疫规划疫苗接种率达到97%以上，2014年平均接种率继续保持在99%以上。农村义务教育学生营养改善计划稳步推进；截至2015年10月底，全国22个省（区、市）的699个集中连片特困县开展学生营养改善计划国家试点，2115.16万名学生受益，23个省的673个县开展地方试点，1090.78万名学生受益。

受教育权是儿童的基本权利，对儿童的健康成长和人生发展具有重要意义。中国家庭、社会和政府都高度重视儿童受教育权的实现。中国义务教育普及程度进一步巩固。2015年，小学净入学率为99.95%、初中阶段毛入学率为104%，九年义务教育巩固率为93.0%，比2010年提高1.9个百分点，普及程度超过了高收入国家

---

① 中国国务院新闻办公室：《国家人权行动计划（2012—2015年）实施评估报告》，外文出版社2016年版；《我国普惠型儿童事业正阔步前行——五年来妇女儿童事业发展成就综述》（下），《中国妇女报》2016年11月18日A1版。

平均水平。

儿童权利保障基础在基层，在社区。中国大力推进城乡社区儿童公共服务，建设社区儿童之家。截至2015年年底，全国共有儿童之家181877个。各级政府实施中央专项彩票公益金支持乡村学校少年宫项目，累计投入资金33.85亿元，建设乡村学校少年宫12000所。基层儿童工作离不开社会工作者的参与及其作用的发挥。2011—2015年全国取得社会工作者职业水平证书的人数分别为54176、84135、123084、158929、206183，呈逐年大幅增长趋势。按照民政事业发展"十三五"规划对社区社会工作人才提出的要求，纲要中"每个街道和乡（镇）至少配备1名专职或兼职儿童社会工作者"预期可实现。

对困境儿童的救助工作获得有针对性的加强。贫困未成年人生活保障水平进一步提高，2015年纳入全国城乡低保的未成年人达856.8万人，人均补助水平分别达到317元和147元。政府建立孤儿基本生活保障制度，按照集中供养不低于1000元/月、散居不低于600元/月的标准发放孤儿基本生活费。2012年起对艾滋病病毒感染儿童参照当地孤儿保障标准发放基本生活费。2016年6月16日，国务院颁布《关于加强困境儿童保障工作的意见》，将儿童福利保障范围从孤儿、弃婴拓展到因家庭经济贫困、自身残疾和家庭监护缺失或不当导致困境的儿童。儿童福利机构设施建设加强，2015年全国已有具有综合功能的儿童福利机构478个，社会福利机构儿童部800余个。

在加强困境儿童的国家和社会救助的同时，儿童整体福利制度的建立在中国已经提上日程，并在逐渐完善。为了让儿童享受更加丰富的医疗资源，国家通过城镇居民基本医疗保险、新型农村合作医疗、城乡居民大病保险、重特大疾病医疗救助在制度层面实现对儿童基本医疗保障全覆盖。包括儿童在内的新农合、城镇居民医保参保率达95%以上，政策范围内住院费用报销比例和门诊报销比例分别达75%和50%左右，城乡居民大病保险工作全面推开，大病患儿保障水平有所提高。2015年，全国包括儿童在内累计实施医疗救助9523.8万人。

中国坚决反对人口拐卖。截至2015年年底，全国打拐DNA数据库已为4000多名失踪儿童找到亲生父母。2014—2015年，全国共破获拐卖儿童案件2216起。最高人民法院还出台多个审理拐卖妇女儿童犯罪案件司法解释，加强反拐力度，比如对偷盗婴幼儿和阻碍解救的被告人依法从严惩处。

近年来，中国高度重视未成年人刑事司法保护，少年司法是中国司法体制创新的亮点。司法机关坚持对犯罪的未成年人实行教育、感化、挽救的方针，实施判处五年有期徒刑以下的未成年人犯罪记录封存制度。最高人民法院、最高人民检察院等有关部门先后下发《关于依法惩治性侵害未成年人犯罪的意见》《关于依法处理监护人侵害未成年人权益行为若干问题的意见》。人民法院推进少年法庭建设，截至2017年6月，全国共有少年法庭2200余个，少年法庭法官7000多名。最高人民检察院成立未成年人检察工作办公室，截至2016年11月，全国有24个省级检察院、192个市级检察院、1024个基层检察院成立未成年人检察专门机构。近年来，未成年人重新犯罪率基本控制在1%—3%，未成年人罪犯数和犯罪案件数整体呈下降趋势。

儿童权利的司法保护获得加强。人民检察院加强了涉未成年人民事案件的起诉工作，人民法院在民事、刑事案件中注重儿童权利保护。2015年2月4日，全国首例由民政部门申请撤销父母作为孩子监护人资格案在江苏省徐州市铜山区公开开庭审理。法庭判决剥夺犯强奸、猥亵儿童罪的儿童父亲和弃养子女的母亲的监护权，由徐州市铜山区民政局为被害儿童的监护人，具体操作上安排孩子寄养在张姓公民家庭中，并将获得民政部门的支持。2017年11月，北京市丰台区人民检察院支持起诉撤销刘某监护人资格案成功获得人民法院判决。刘某长期对其合法收养的儿童实行家庭暴力，给孩子造成了严重的身心伤害。案发后，西城区政府民政局提供了紧急庇护和临时照料。该案由西城区民政局起诉申请撤销监护人刘某的监护资格，检察院以支持起诉人身份出庭。最终，受害儿童获得西城区民政局的监护，开始新的生活。

贯彻实施《儿童权利公约》和中国法律与政策中强调的儿童最大利益原则，引起的是实实在在的变化。以下两个案例体现了司法实践的改变。

姓名权是实践中与儿童有关的重要权利。这方面曾经发生的一个典型案例是姚昆云与姚鹏程子女姓名权案。[①] 本案中，原告姚鹏程以被告姚昆云（其前妻）私自更改儿子姓氏，侵害了其探视权为由，于2001年5月诉至云南省昆明市五华区人民法院，要求恢复儿子的原姓氏。原告与被告原为夫妻，并生育一子姚悦达，1995年经法院判决离婚，儿子由被告抚养。1999年9月原告发现被告已私自将其姓氏改为姓马，故原告诉请法院责令被告恢复儿子的原姓氏。被告不同意原告的请求，理由包括孩子新的姓名已经使用了六年，孩子自己，家庭亲友，学校老师、同学及社会档案、保险都已接受、认可了孩子的姓

---

① 云南省昆明市中级人民法院（2001）昆民终字第1514号。

名,如满足原告的要求,则在孩子幼小生命中再一次面临人生重大变故。

昆明市五华区人民法院根据当时的《最高人民法院关于人民法院审理离婚案件处理子女抚养问题的若干具体意见》第19条——"父或母一方擅自将子女姓氏改为继母或继父姓氏而引起纠纷的,应责令恢复原姓氏"认为:子女可以随父姓,可以随母姓;被告将双方所生男孩姚悦达的姓氏改为不以父姓,也不以母姓,此行为违反法律的规定,因此做出判决,由姚昆云在本判决生效之日起5日内,将孩子的姓氏由"马"姓改为父姓或母姓。被告上诉至昆明市中级人民法院,未获支持。

本案中我们没有看到法院征求作为未成年人的姚悦达本人的意见。他的姓名权在本案中更像是其父母的权利。法院所适用的法律和司法解释并没有在维护作为当事人的未成年人的最大利益提供足够的支持。

不过,随着时间的推移,上述法律推理发生了改变,上面引用的司法解释不再有效。2007年北京市昌平区人民法院就判定,孩子是否改姓要听孩子的,父亲也不能"越俎代庖"。[①] 在本案中,王先生于1993年3月登记结婚,王妻1994年1月6日生有一子,2002年4月经法院判决王先生与前妻离婚,孩子判归前妻抚养。后来,王先生发现前妻将孩子的姓名改变,已非自己的姓氏。王先生认为孩子的姓名是双方在离婚前共同约定的,前妻未与自己协商就擅自变更孩子的姓名,这种行为已经侵犯了自己的监护权,请求法院判决把孩子的姓名恢复到原来的名字。王先生的前妻则认为,根据婚姻法有关规定,

---

① 柳华文:《儿童利益最大化原则的国内实施》,第25页。

子女可以随父姓，也可以随母姓。变更姓名是孩子自己的权利，不是父母任何一方的权利，孩子有权利决定自己的名字。变更孩子的姓名不会损害父母任何一方的利益。而且孩子使用这个姓名已经一年多了，孩子的学籍、档案、老师和同学都已经熟悉现在的名字，如果变更对孩子不利。法院认为，姓名权是每一位公民的身份权。公民有使用、变更自己姓名以及保护自己的姓名不受侵犯的权利。王先生的孩子有变更自己姓名的权利。王先生认为被告未经自己的同意变更孩子的姓名侵犯了其监护权，理由不足，判决驳回王先生的诉讼请求。

这两个具体案例体现了司法者认识上的变化，说明了实现儿童利益最大化原则引起的司法实践的改变。

中国在儿童权利保护方面也有一些特殊的挑战，只有面对和克服这些挑战，儿童权利保障水平才能进一步获得改善和提高。以下是笔者总结的几个重要方面。

第一，人口政策的变化带来与儿童相关的社会服务需求的增加。2015年10月29日，中国全面实施一对夫妇可生育两个孩子政策，这意味着中国在坚持计划生育基本国策的基础上，告别了已实施35年的"一孩政策"时代。"全面两孩"政策实施以来，出生人口总量明显增加。不过，预期中的生育高峰并不十分明显。据统计，2017年全年出生人口1723万人，比2016年减少了63万人，人口出生率为12.43‰，与2016的12.95‰相比也同样出现了下降。在出生总人口上，2016年和2017年，中国出生人口数量均未达到预期的1800万，这意味着中国也将进入低生育率国家的行列。但是新出生儿童绝对数量的增加还是带来了家庭和社会养育方面的挑战。"全面两孩"政策实施以来，出生人口总量的增加，给中国妇幼保健、卫生基础设施、义务教育等方面的压力，中国儿童保护将面临新的问题。主要表现在：高危高龄孕产妇数量增多，新生儿出生缺陷率发生风险增加；城市妇幼保健资源紧张，卫生健康服务机构的基础设施建设相对落后；幼儿教育资源供需矛盾紧张，北京等地幼儿园数量出现"赤字"，出现了部分儿童入园难情况。全国各地正在采取积极措施，应对更多新生儿出生带来的影响。

第二，农村留守儿童的关爱是中国面临的一个重要问题。国务院2016年2月发布的《关于加强农村留守儿童关爱保护工作的意见》将留守儿童定义为"父母双方外出务工或一方外出务工另一方无监护能力、不满16周岁"。根据民政部统计，全国农村留守儿童数量902万，江西、四川、贵州、安徽、河南等省农村留守儿童数量都在70万以上，无人监护儿童人数约为32万；从范围上看，东部省份农村留守儿童87万，占全国总数的9.65%；中部省份农村留守儿童463万，占全国总数的51.22%；西部省份352万，占全国总数的39.62%。[①]在因为户籍制度的改革并未完成，农村进城务工者的子女常常留在家乡生活，成为留守儿童。他们往往随祖父母或者其他近亲属生活。其养育和监护的质量和水平常常堪忧。近年来，中国中央财政支持实施"农村留守儿童社区关爱服务试点项目"，让大量留守儿童受益。2016年3月底至7月底，民政部、教育部、公安部联合在全国范围内开展一次农村留守儿童摸底排查工作，对于全面掌握农村留守儿童数量规模、分布区域、结构状况，及时掌握农村留守儿童的家庭组成、生活照料、教育就学等基本信息，细化完善关爱保护政策措

[①]《关于农村留守儿童摸底排查工作基本情况的通报和"合力监护、相伴成长"关爱保护专项行动的说明》，民政部网站，http://mzzt.mca.gov.cn/article/nxlsrtbjlxhy/zhbd/201611/20161100887430.shtml，2018年1月10日。

施,加强关爱服务力量调配和资源整合,建立翔实完备、动态更新的农村留守儿童信息库与健全信息报送机制提供了基础性的数据支持。全国和地方妇联、政府教育和民政部门等积极采取措施,关爱农村留守儿童,让他们能够更好地生活和接受教育,预防和避免各种安全风险。而从长远来看,最根本的解决农村留守儿童问题的钥匙,还是减少农村留守儿童数量、不让儿童成为留守儿童。与父母团聚、与父母生活在一起,是儿童的权利,也最有利于儿童成长。一方面,就当鼓励农民在家乡劳动、工作或者创业;另一方面,要通过户籍制度、社会保障和教育政策等的改革,创造条件,让在外务工的农民可以更加方便地带未成年子女一起在新的工作城市生活,并接受教育、医疗等社会服务。短时间内,留守儿童的现象还会相当程度地存在,还需要从政府到社会,采取多种措施,关心、爱护留守儿童。

第三,儿童安全问题也是备受社会瞩目的问题。儿童安全涉及家庭和社会的方方面面。从家庭来说,预防和禁止家庭暴力是社会关注的焦点。《反家庭暴力法》的制定和实施,是一个历史性的突破。而法律的实施就成为一个新的反对家庭暴力、保障儿童权利的关键。反对家庭暴力,除了政府公权力的介入以外,还需要社会意识的提高,有社区、家庭的参与和支持,以社会合力,向家庭暴力说不。食品安全、环境安全、交通安全和在公共场所的人身安全也是社会关注的热点。近年来,中国中小学校车和校园安全状况持续改善。2012年以来,国务院制定了《校车安全管理条例》,教育部制定了《义务教育学校管理标准(试行)》等一系列规范性文件。校园欺凌问题是各国学校教育中都面临的一个挑战,中国也不例外;中国教育部重视校园欺凌问题,采取法律、教育等措施努力预防和应对校园欺凌现象。值得注意的是,发生在幼儿园等儿童机构内的虐童案件常常成为媒体热点。2016年1月到2017年11月,全国检察机关共批准逮捕幼儿园工作人员侵害儿童案件69人,提起公诉77人。①

第四,儿童精神健康问题是一个不容忽视的挑战。儿童是心理障碍的易感人群,随着时代与社会的发展,中国儿童对精神健康治疗和咨询的需求不断增大。据统计,中国中小学生精神障碍患病率为21.6%—32%,已经超过了国际15%—20%的平均水平;在中国17岁以下的儿童青少年中,至少有3000万人受到各种情绪障碍和行为问题的困扰,留守儿童、单亲儿童、独生子女、网络成瘾儿童等更可能面临不同程度的心理问题;但是,由于中国儿童精神卫生专业研究起步较晚,基础相对薄弱,儿童精神科医师不足300人。② 也就是说,中国在儿童心理健康维护与突发公共事件的儿童心理危机干预等方面还远远不能满足现实的需要。

第五,女童权利需要进一步得到重视。中国传统中有重男轻女的陋习,这种陈旧观念在社会上还会产生影响。中国法律和政策明确禁止基于性别的歧视,禁止歧视女童。中国政府和社会各界一直重视和倡导关爱和保护女童,这有利于营造性别平等的社会氛围,纠正和根除歧视性的陈规陋习。国家持续开展打击和查处非医学需要的胎儿性别鉴定和选择性别人工终止妊娠行为的专项行动,也取得明显成效。2015年,全国出生人口性别比下降到113.5,实现自2009年以来的七连降。

总之,中国儿童权利保护事业在观念和意识、制度和实践等不同

---

① 《最高检:对虐童案保持零容忍去年至今共批捕69人》,人民网,http://legal.people.com.cn/n1/2017/1228/c42510-29734388.html,2018年1月10日。
② 参见《我国儿童精神患病率超国际水平》,民福康健康网,http://www.39yst.com/jibingku/article/96189.shtml,2018年1月10日。

层面都有了长足的发展,同时也面临新时代背景下新的机遇和挑战。总的来说,儿童权利受到政府和社会的普遍和高度的重视,法律和制度不断健全,并直接促进了全社会对儿童权利保护事业的参与和推动,儿童权利保护更加全面,保护水平也在获得提升。

第六章

少数民族权利

当今世界，约有3000个民族，分布在200多个国家和地区。绝大多数国家由多民族组成。中国是全国各族人民共同缔造的统一的多民族国家。

1949年中华人民共和国成立以来，通过识别并经中央政府确认，中国共有56个民族，即汉、蒙古、回、藏、维吾尔、苗、彝、壮、布依、朝鲜、满、侗、瑶、白、土家、哈尼、哈萨克、傣、黎、傈僳、佤、畲、高山、拉祜、水、东乡、纳西、景颇、柯尔克孜、土、达斡尔、仫佬、羌、布朗、撒拉、毛南、仡佬、锡伯、阿昌、普米、塔吉克、怒、乌孜别克、俄罗斯、鄂温克、德昂、保安、裕固、京、塔塔尔、独龙、鄂伦春、赫哲、门巴、珞巴和基诺族。其中，汉族人口占绝大多数，其他55个民族人口相对较少，习惯上称为"少数民族"。

1949年以来，中国的少数民族人口持续增加，占全国人口比重呈上升之势。根据已经进行的五次全国人口普查，少数民族人口1953年为3532万人，占全国总人口的6.06%；1964年为4002万人，占5.76%；1982年为6730万人，占6.68%；1990年为9120万人，占8.04%；2000年为10643万人，占8.41%。各少数民族人口数量相差较大，如壮族有1700万人，而赫哲族只有4000多人。

中华人民共和国成立60多年来特别是改革开放以来，中国的民族区域自治制度巩固了中华民族多元一体的基本格局，保证了中华民族大家庭的根本利益，促进了56个民族和睦相处、和衷共济、和谐发展，维护了中国安定团结和繁荣发展的良好局面。

少数民族权利保障是中国人权事业必不可少的重要组成部分，也是进步很快、中国特色鲜明的人权发展领域。

◇ 一 作为基本政治制度的民族区域自治制度

中国各民族"大杂居、小聚居"，形成了中华民族多元一体格局。不同于联邦制国家，中国共产党和中国政府坚持从中国国情和民族特点出发，实行的是单一制的国体，具体来说，在少数民族政策方面实行民族区域自治制度。

从1947年内蒙古自治区成立开始，中国已建立5个自治区、30个自治州、120个自治县（旗）。55个少数民族中有44个建立了自治地方，实行区域自治的少数民族人口占少数民族总人口的71%。

中国各民族的人口分布呈现大散居、小聚居、交错杂居的特点。汉族地区有少数民族聚居，民族地区也有汉族居住，可以说是"你中有我、我中有你"。许多少数民族既有一块或几块聚居区，又散居全国各地。西南和西北是少数民族分布最集中的两个区域。西部12个省、自治区、直辖市居住着全国近70%的少数民族人口，边疆9个省、自治区居住着全国近60%的少数民族人口。随着中国经济社会的发展，少数民族人口分布范围进一步扩大，全国散居地区少数民族人口不断增加。

2009年9月，国务院新闻办发布《中国的民族政策与各民族共同繁荣发展》白皮书，系统梳理了中国民族关系的历史和中国关于少数民族的政策制度。

白皮书指出，早在距今四五千年前，中华大地上就形成了华夏、东夷、南蛮、西戎、北狄五大民族集团。各民族经过不断的迁徙、杂居、通婚和交流，逐步融为一体，又不断产生新的民族，但总的方向是发展成为统一的多民族国家，汇聚成为统一稳固的中华民族。

早在先秦时期，中国人的"天下"观念和"大一统"理念便已形成。公元前221年，秦朝实现了中国历史上第一次大统一，在全国设郡县加以统治，还统一文字和度量衡。今天广西、云南等少数民族较为集中的区域都纳入秦朝管辖之下。汉朝（公元前206—公元220年）进一步发展了统一的局面，在今新疆地区设置西域都护府，管辖包括新疆地区在内的广大地区，并增设17郡统辖四周各民族，形成了包括今天新疆各族人民先民在内的疆域辽阔的国家。汉朝以后的历代中央政权发展和巩固了统一的多民族国家的格局。唐朝（618—907年）设安西和北庭两大都护府，管辖包括今天新疆在内的西域地区。蒙古族建立的元朝（1206—1368年），在南方部分少数民族聚居的府、州设土官，在中央设宣政院统辖西藏事务，在西藏分设三路宣慰司都元帅府，西藏从此处于中央政府有效行政管理之下，并设澎湖巡检司管理澎湖列岛和台湾。满族建立的清朝（1644—1911年），在西域设伊犁将军并建新疆行省，在西藏设驻藏大臣，确立由中央政府册封达赖、班禅两大活佛的历史定制，在西南一些少数民族地区实行废除土司制度、选派官员统一管理的"改土归流"（少数民族地方行政长官由中央政府委派）政治改革，最终确定了今天中国的版图。

白皮书正确地指出，中国历史上虽然出现过短暂的割据局面和局部分裂，但国家统一始终是主流和方向；无论是汉族还是少数民族，都以自己建立的中央政权为中华正统，都把实现多民族国家的统一作为最高政治目标。笔者认为，悠久灿烂的中华文化是各民族共同发展的，同时也奠定了统一的多民族国家的文化纽带和根基。

白皮书特别提到，近代史上，1840年鸦片战争之后的100多年间，中国屡遭西方列强的侵略、欺凌，为维护国家主权、领土完整和民族尊严，各族人民同仇敌忾，进行了不懈的斗争。19世纪，新疆各族人民支持清朝军队消灭了中亚浩罕国阿古柏的入侵势力，挫败了英、俄侵略者企图分裂中国的阴谋。西藏军民在1888年的隆吐山战役和1904年的江孜战役中，奋力抵抗英国侵略者。自1931年"九·一八"事变后，在反抗日本帝国主义侵略的抗日战争中，回民支队、内蒙古大青山抗日游击队等许多以少数民族为主的抗日力量，为抗战胜利做出了不可磨灭的贡献。中华民族不屈不挠，维护了国家统一和民族尊严。

历史表明，中国统一的多民族国家的长期延续，各民族之间经济、政治和文化领域的长期交流和融合，增进了各民族对中央政权的向心力和对中华文化的认同感，增强了中华民族的凝聚力，形成了中华文明的统一性和多样性。笔者认为，中国少数民族权利保障事业有着悠久的历史演进过程并以深厚的文化积淀作为基础。

中华人民共和国成立以来，中国共产党和中国政府牢牢把握各民族共同团结奋斗、共同繁荣发展的主题，坚持从本国国情出发，总结历史经验，借鉴世界其他国家的有益做法，开创了具有中国特色的解决民族问题的正确道路，确立并实施了以民族平等、民族团结、民族区域自治和各民族共同繁荣为基本内容的民族政策，形成了比较完备的民族法律与政策体系。

民族区域自治制度在中国被认为是基本宪法制度之一,既是因为它对少数民族公民权利的有效保障和国家在多民族地区地方治理的有效推行,更是中国这个多民族国家建立平等、团结、互助、和谐的民族关系、形塑中国各族人民组成的社会主义政治共同体的一种国家建构方式。①

《中华人民共和国宪法》在序言和《总纲》部分的第四条都涉及民族问题。2018年3月11日第十三届全国人民代表大会第一次会议通过的新的宪法修正案做了相关的补充:将宪法序言第十一自然段中"平等、团结、互助的社会主义民族关系已经确立,并将继续加强"修改为"平等团结互助和谐的社会主义民族关系已经确立,并将继续加强"。与此相适应,将宪法第一章总纲第四条第一款中"维护和发展各民族的平等、团结、互助关系"修改为"维护和发展各民族的平等团结互助和谐关系"。其主要考虑是:"巩固和发展平等团结互助和谐的社会主义民族关系,是党的十八大以来以习近平同志为核心的党中央反复强调的一个重要思想。做这样的修改,有利于铸牢中华民族共同体意识,加强各民族交往交流交融,促进各民族和睦相处、和衷共济、和谐发展。"② 修正后宪法第四条的规定是:

"中华人民共和国各民族一律平等。国家保障各少数民族的合法的权利和利益,维护和发展各民族的平等团结互助和谐关系。禁止对任何民族的歧视和压迫,禁止破坏民族团结和制造民族分裂的行为。

---

① 常安:《统一多民族国家的宪制变迁》,中国民主法制出版社2015年版,第234页。

② 王晨:《关于〈中华人民共和国宪法修正案(草案)〉的说明》,《人民日报》2018年3月6日。

国家根据各少数民族的特点和需要，帮助各少数民族地区加速经济和文化的发展。

各少数民族聚居的地方实行区域自治，设立自治机关，行使自治权。各民族自治地方都是中华人民共和国不可分离的部分。

各民族都有使用和发展自己的语言文字的自由，都有保持或者改革自己的风俗习惯的自由。"

这是民族区域自治的根本法基础。1984年六届全国人民代表大会第二次会议通过了《中华人民共和国民族区域自治法》（以下简称《民族区域自治法》），这是中国民族区域自治制度的基本法。它涵盖民族问题所涉及的政治、经济、文化、社会等各个领域，也是少数民族权利保障的重要法律根据。它规范了中央和民族自治地方的关系，以及民族自治地方各民族之间关系，其法律效力不只限于民族自治地方，全国各族人民和一切国家机关都必须遵守、执行该项法律。

除了《民族区域自治法》之外，国家还通过民族自治地方单行条例和自治条例、国家相关基本法律如民法、刑法、诉讼法等在民族自治地方的"立法变通"等地方立法，建立起了一个民族区域自治制度体系。少数民族公民依法享有中国宪法和法律规定的各项公民权利，同时也根据民族区域自治法律法规，享有特别规定的权利和特殊安排带来的权益。

在中国，各民族一律平等是一项宪法原则，根据2009年《中国的民族政策与各民族共同繁荣发展》白皮书的阐释，它包括三层含义：一是各民族不论人口多少，历史长短，居住地域大小，经济发展程度如何，语言文字、宗教信仰和风俗习惯是否相同，政治地位一律平等；二是各民族不仅在政治、法律上平等，而且在经济、文化、社会生活等所有领域平等；三是各民族公民在法律面前一律平等，享有相同的权利，承担相同的义务。

中国的民族自治地方分为自治区、自治州、自治县三级；划分三级行政地位的依据，是少数民族聚居区人口的多少、区域面积的大小。各民族自治地方都是中华人民共和国领土不可分割的部分。民族自治地方的自治机关必须维护国家的统一，保证宪法和法律在本地方的遵守和执行。上级国家机关和民族自治地方的自治机关都要维护和发展平等、团结、互助、和谐的民族关系。

民族自治地方的自治机关是自治区、自治州、自治县的人民代表大会和人民政府。民族自治地方的人民代表大会中，除实行区域自治的民族的代表外，其他居住在本行政区域内的民族也应当有适当名额的代表。民族自治地方的人民代表大会常务委员会中应当有实行区域自治的民族的公民担任主任或者副主任。自治区主席、自治州州长、自治县县长由实行区域自治的民族的公民担任。民族自治地方人民政府的其他组成人员，应当合理配备实行区域自治的民族和其他少数民族的人员。自治机关所属工作部门的干部中，应当合理配备实行区域自治的民族和其他少数民族的人员。

民族自治地方的自治机关行使规定的地方国家机关的职权，同时依照宪法、《民族区域自治法》和其他法律的规定行使自治权，根据本地方实际情况贯彻执行国家的法律、政策。这种自治权包括：

1. 自主管理本民族、本地区的内部事务

民族自治地方各族人民行使宪法和法律赋予的选举权和被选举权，通过选出人民代表大会代表，组成自治机关，行使管理本民族、本地区内部事务的民主权利。中国民族自治地方的人民代表大会常务委员会中都有实行区域自治的民族的公民担任主任或者副主任，自治区主席、自治州州长、自治县县长全部由实行区域自治的少数民族公民担任。

为切实保障自治机关充分行使管理本民族、本地区内部事务的政治权利,上级国家机关和民族自治地方的自治机关采取各种措施,大量培养少数民族各级干部和各种科学技术、经营管理等专业人才。

同时,各少数民族还通过选出本民族的全国人民代表大会代表,行使管理国家事务的权利。自第一届全国人民代表大会以来,历届全国人民代表大会少数民族代表的比例都高于少数民族人口的比例。每个民族都有全国人民代表大会代表,人口在百万以上的民族都有全国人民代表大会常务委员会委员。

2. 享有制定自治条例和单行条例的权力

《民族区域自治法》规定:"民族自治地方的人民代表大会除享有一般地方国家权力机关的权力外,还有权依照当地民族的政治、经济和文化的特点,制定自治条例和单行条例。"《立法法》规定:"自治条例和单行条例可以依照当地民族的特点,对法律和行政法规的规定做出变通规定","自治条例和单行条例依法对法律、行政法规、地方性法规做变通规定的,在本自治地方适用自治条例和单行条例的规定"。

3. 使用和发展本民族语言文字

民族自治地方的自治机关在执行公务的时候,依照本民族自治地方自治条例的规定,使用当地通用的一种或者几种语言文字;同时使用几种通用的语言文字执行职务的,可以以实行区域自治的民族语言文字为主。内蒙古、新疆、西藏等民族自治地方,制定和实施了使用和发展本民族语言文字的有关规定或实施细则。

在中国,无论在司法、行政、教育等领域,还是在国家政治生活和社会生活中,少数民族语言文字都得到广泛使用。

4. 尊重和保障少数民族宗教信仰自由

中国少数民族群众大多有宗教信仰,有的民族多数群众信仰某种宗教，如藏族群众信仰藏传佛教，回、维吾尔等民族信仰伊斯兰教。民族自治地方的自治机关根据宪法和法律的规定，尊重和保护少数民族的宗教信仰自由，保障少数民族公民一切合法的正常宗教活动。

5. 民族自治地方的自治机关保障各少数民族都有按照传统风俗习惯生活、进行社会活动的权利和自由

中国尊重少数民族生活习惯，尊重和照顾少数民族的节庆习俗，保障少数民族特殊食品的经营，扶持和保证少数民族特需用品的生产和供应以及尊重少数民族的婚姻、丧葬习俗等。同时，提倡少数民族在衣食住行、婚丧嫁娶各方面奉行科学、文明、健康的新习俗。

6. 自主安排、管理、发展经济建设事业

民族自治地方的自治机关根据法律规定和本地方经济发展的特点，合理调整生产关系和经济结构；在国家计划的指导下，根据本地方的财力、物力和其他具体条件，自主地安排地方基本建设项目；自主地管理隶属于本地方的企业、事业。民族自治地方依照国家规定，可以开展对外经济贸易活动，经国务院批准，可以开辟对外贸易口岸；民族自治地方在对外经济贸易活动中，享受国家的优惠政策。根据国家的国民经济和社会发展的总体规划，各民族自治地方结合实际，都制定了经济社会发展的规划、目标和措施。

民族自治地方的自治机关保护与改善生活环境和生态环境，防治污染和其他公害。

民族自治地方的自治机关有管理地方财政的自治权。凡是依照国家财政体制属于民族自治地方的财政收入，都由民族自治地方的自治机关自主地安排使用。民族自治地方的财政预算支出，按照国家规

定，设机动资金，预备费在预算中所占比例高于一般地区。民族自治地方的自治机关在执行财政预算的过程中，自行安排使用收入的超收和支出的节余资金。同时，民族自治地方的自治机关在执行国家税法的时候，除应由国家统一审批的减免税收项目以外，对属于地方财政收入某些需要从税收上加以照顾和鼓励的，可以实行减税或者免税。

7. 自主发展教育、科技、文化等社会事业

民族自治地方的自治机关根据国家的教育方针，依照法律的规定，决定本地方的教育规划，各级各类学校的设置、学制、办学形式、教学内容、教学用语和招生办法。在少数民族牧区和经济困难、居住分散的少数民族山区，设立以寄宿为主和助学金为主的公办民族小学和民族中学，保障就读学生完成义务教育阶段的学业。招收少数民族学生为主的学校（班级）和其他教育机构，有条件的应当采用少数民族文字的课本，并用少数民族语言讲课；根据不同情况从小学低年级或者高年级起开设汉语文课程，推广全国通用的普通话和规范汉字。

民族自治地方的自治机关自主地发展具有民族形式和民族特点的文学、艺术、新闻、出版、广播、电影、电视等民族文化事业。组织、支持有关单位和部门收集、整理、翻译和出版民族历史文化书籍，保护民族地区的名胜古迹、珍贵文物和其他重要历史文化遗产，继承和发展优秀的民族传统文化。

民族自治地方的自治机关自主地决定本地方的科学技术发展规划，普及科学技术知识。自主地决定本地方的医疗卫生事业的发展规划，发展现代医药和民族传统医药。自主地发展体育事业，开展民族传统体育活动。

◇◇ 二 保护少数民族权利的举措

一方面，中国强调民族区域自治地方的自治权的行使；另一方面，强调国家对民族区域自治地方的支持，也包括由国家统一组织和协调，由经济发达省份对欠发达民族地方的对口支持和支援。

中国《宪法》规定："国家尽一切努力，促进全国各民族的共同繁荣。"《民族区域自治法》进一步把上级国家机关支持、帮助民族自治地方加快发展，明确规定为一项法律义务。

国家民族事务委员会是中华人民共和国最早成立的中央部委之一。1949年10月22日，中央人民政府民族事务委员会成立，简称中央民委。1954年全国人大一次会议上，中央人民政府民族事务委员会改称中华人民共和国民族事务委员会。1970年6月22日，中华人民共和国民族事务委员会被撤销。1978年，全国人大五届一次会议决定恢复国家民族事务委员会，简称国家民委，此后一直作为国务院组成部门。[①] 其职责包括起草民族法律法规和政策规定，负责督促检查落实情况，保障少数民族的合法权益，联系民族自治地方，协调、指导《民族区域自治法》的贯彻落实；负责协调推动有关部门履行民族工作相关职责，促进民族政策在经济发展和社会事业有关领域的实施、衔接，对政府系统民族工作进行业务指导等。

为贯彻落实宪法和《民族区域自治法》的规定，中国政府采取的主要举措包括：

---

① 中华人民共和国国家民族事务委员会官方网站：http://www.seac.gov.cn，2017年1月20日。

1. 把加快民族自治地方的发展纳入发展规划

国家在制订国民经济和社会发展计划时,充分尊重和照顾民族自治地方的特点和需要,根据全国发展的整体布局和总体要求,将加快民族自治地方的发展摆到突出的战略位置。为加快西部地区和民族自治地方的发展,中国政府于2000年开始实施西部大开发战略。

2. 优先合理安排民族自治地方基础设施建设项目

国家在民族自治地方安排基础设施建设和开发资源的时候,适当提高投资比重和政策性银行贷款比重。需要民族自治地方配套资金的,根据不同情况给予减少或者免除配套资金的照顾。

3. 加大对民族自治地方财政支持力度

随着国民经济的发展和财政收入的增加,各级政府逐步加大对民族自治地方财政转移支付力度。国家通过一般性财政转移支付、专项财政转移支付、民族优惠政策财政转移支付以及国家确定的其他方式,增加对民族自治地方的资金投入,促进民族自治地方经济发展和社会进步,逐步缩小与发达地区的差距。

4. 重视民族自治地方的生态建设和环境保护

中国政府《全国生态环境建设规划》在少数民族地区确立重点地区和重点工程。国家实施的"天然林保护工程"和退耕还林、退牧还草项目主要在少数民族地区。

5. 采取特殊措施帮助民族自治地方发展教育事业

国家帮助民族自治地方普及九年义务教育和发展各类教育事业。民族自治地方是国家实施基本普及九年义务教育、基本扫除青壮年文盲的攻坚计划的重点地区。国家实施的"贫困地区义务教育工程",主要也是面向西部少数民族地区。同时,国家举办民族高等学校和民族班、民族预科,招收少数民族学生。高等学校和中等专业学校招收新生的时候，对少数民族考生适当放宽录取标准和条件，对人口特少的少数民族考生给予特殊照顾。

6. 加大对少数民族贫困地区的扶持力度

中国政府自20世纪80年代中期大规模地开展有组织有计划的扶贫工作以来，少数民族和民族地区始终是国家重点扶持对象。

7. 增加对民族自治地方社会事业的投入

国家加大对民族自治地方卫生事业的投入力度，覆盖公共卫生体系建设、农村卫生基础设施建设、专科医院建设、农村合作医疗、重大疾病控制等方面，提高少数民族地区人民群众的医疗保障水平。

8. 扶持民族自治地方扩大对外开放

国家扩大民族自治地方生产企业对外贸易经营自主权，鼓励地方优势产品出口，实行优惠的边境贸易政策。国家鼓励、支持民族自治地方发挥区位优势和人文优势，扩大对陆地周边国家的开放与合作。

9. 组织发达地区与民族自治地方开展对口支援

中国政府致力于在地区之间和民族之间先富帮后富，最终实现共同富裕。从20世纪70年代末开始，中国政府开始组织东部沿海发达地区和西部地区的对口支援，帮助少数民族地区发展经济和社会事业。

10. 照顾少数民族特殊的生产生活需要

为尊重少数民族的风俗习惯，适应和满足各少数民族生产生活特殊用品的需要，国家实行特殊的民族贸易和民族特需用品生产供应政策。

近年来，中国出台了许多国家政策，积极推进民族工作、保障少数民族权利。中国政府先后制订实施的三个国家人权行动计划中都有专门的保护少数民族权利的内容。2017年1月中共中央办公厅、国务院办公厅印发《关于依法治理民族事务促进民族团结的意见》，强调了在加强民族问题治理和推动民族区域发展的过程中，法治思维和法治举措的关键作用。

每年元旦之际，中国国家主席、中共中央总书记习近平会发表新年贺词，电视画面中他背后书架上的书籍常引起人们的关注。细心的人发现，在发表2016年新年贺词的镜头中，习近平总书记办公室新添的7张照片中，有3张记录着总书记和民族地区各族干部群众在一起的瞬间。从这一细节可以看出，他以及中国党和政府对少数民族工作的重视。

2015年，正值西藏自治区成立50周年、新疆维吾尔族自治区成立60周年。中国国家主席、中共中央总书记习近平分别在大庆贺匾上题词"加强民族团结　建设美丽西藏"和"建设美丽新疆　共圆祖国梦想"。2017年，内蒙古自治区成立70周年，习近平的题词是"建设亮丽内蒙古　共圆伟大中国梦"。2018年，宁夏回族自治区成立60周年，习近平的题词是"建设美丽新宁夏　共圆伟大中国梦"。这些话代表了中国领导人对西藏、新疆、内蒙古等地各族人民的亲切关怀和全国人民的美好祝愿。

可见中国共产党和中国政府高度重视民族问题，重视少数民族权利保护，在法律、政策及其实施过程中，全面促进经济发展和社会进步，特别是以法律为基础，尊重少数民族和民族自治地方的自治特点，在国家和少数民族地区全面发展的进程中切实保障少数民族的权利。

◇ 三　保护少数民族权利的成就和挑战

以中国宪法和《民族区域自治法》等法律为基础，中国少数民族人权事业的发展成为中国人权事业进步的重要亮点。①

2016年6月14日国务院新闻办公室公布的《国家人权行动计划（2012—2015年）实施评估报告》显示，中国少数民族权利得到有力保障，基本实现计划预期目标。

在政治权利方面，少数民族平等参与管理国家和社会事务的权利得到依法保障。55个少数民族均有本民族的全国人大代表。人口超过100万的少数民族都有本民族的全国人大常委会委员；在155个民族自治地方的人民代表大会常委会中，均有实行区域自治民族的公民担任主任或者副主任。自治区主席、自治州州长、自治县县长，均由实行区域自治民族的公民担任。少数民族公务员占全国公务员总数的比例已超过少数民族人口占全国总人口比例。

少数民族人才培养稳步推进。2012年至2015年，国家有关部门共选派西部地区和其他民族地区2100多名干部，到中央国家机关和

---

① 参见中国国务院新闻办公室发布的与少数民族权利保障相关的专题性的白皮书，包括：《西藏的主权归属和人权状况》（1992年9月30日）、《中国的宗教信仰自由状况》（1997年10月30日）、《西藏自治区人权事业的新进展》（1998年2月28日）、《中国的少数民族政策及其实践》（1999年9月30日）、《西藏文化的发展》（2000年6月30日）、《西藏的现代化发展》（2001年11月30日）、《西藏的生态建设和环境保护》（2003年3月30日）、《新疆的历史和发展》（2003年5月30日）、《西藏的民族区域自治》（2004年5月31日）、《中国的民族区域自治》（2005年2月28日）、《西藏文化的保护与发展》（2008年9月30日）、《西藏民主改革50年》（2009年3月5日）、《中国的民族政策与各民族共同繁荣发展》（2009年9月27日）、《新疆的发展与进步》（2009年9月29日）、《西藏和平解放60年》（2011年7月11日）、《西藏的发展与进步》（2013年10月23日）、《新疆生产建设兵团的历史与发展》（2014年10月8日）、《西藏发展道路的历史选择》（2015年4月15日）、《民族区域自治制度在西藏的成功实践》（2015年9月6日）、《新疆各民族平等团结发展的历史见证》（2015年9月25日）、《新疆的宗教信仰自由状况》（2016年6月2日）、《新疆人权事业的发展进步》（2017年6月5日）、《新疆的文化保护与发展》（2018年11月15日）等。

经济相对发达地区挂职锻炼。国家实施"西部之光""少数民族科技骨干特殊培养计划"等重大人才培养政策与项目，为西藏、新疆等西部地区培养专业技术人才3000多人。免费为民族地区定向培养拟从事全科医疗的本科医学生，中央财政按照每生每年（5年制本科）6000元标准予以补助。2013年以来，开展了民族地区农村卫生人员重点业务培训、县级医院骨干医师培训、全科医生转岗培训等项目。

少数民族的经济发展权利得到保障。2012—2015年，中央财政安排少数民族发展资金148.24亿元，专项支持推进兴边富民行动、扶持人口较少民族发展以及开展少数民族特色村寨和少数民族传统手工艺品的保护与发展。国家安排中央预算内投资58亿元，用于帮助边境地区和人口较少民族聚居区的基础设施、群众生产生活条件改善和社会事业发展。2015年，内蒙古、广西、西藏、宁夏、新疆5个自治区和贵州、云南、青海3个省的贫困人口从2012年的3121万下降到1813万。2012—2015年，民族八省区国内生产总值从58505亿元增加到74736亿元；民族地区城镇常住居民人均可支配收入从20542元增加到26901元。

民族教育发展加快。对人口较少民族的农村义务教育阶段寄宿生按每人每年250元的标准予以生活费补助。对西藏自治区农牧民子女实行"包吃、包住、包学习费用"政策，并稳步提高经费标准，达到每年生均3000元。每年另行安排2000万元义务教育助学金，专项用于补助西藏自治区寄宿制贫困学生生活费。开展民族地区教育基础薄弱县普通高中建设项目，2012—2015年，共安排中央预算内投资70亿元，支持民族地区318所普通高中建设。继续实行对少数民族考生予以照顾的倾斜政策，2012—2015年，国家民委直属高校共安排本科招生计划12.4万多名，其中民族八省区4.6万多名，中央部门高校和地方高校安排少数民族预科招生计划18.5万多名。2012—2015年，少数民族高层次骨干人才计划共招收培养1.6万名硕士研究生，4000名博士研究生。

双语教育稳步推进。2015年，从学前到普通高中，实施双语教育的学校有1.2万余所，双语教师22.54万人，接受双语教育的学生349.12万人。每年出版民族文字的中小学教材3500余种、1亿余册。

民族地区教育条件进一步改善。2012—2015年，中央财政投入10.25亿元，支持5个民族自治区"国培计划"中西部项目和幼师国培项目，共培训中小学幼儿园教师87万余人次。教育部直属师范大学师范生免费教育为民族地区输送教师4.2万人；"农村学校教育硕士师资培养计划"为民族地区输送农村教师4364人。2011—2015年，实施教育援疆项目528个，投入资金108亿元，培训教师13万人次，选派支教教师5300人。截至2015年，各类教育援藏项目达405个，援助资金9.38亿元，培训人员6829人次，人员援助3585人次。各类教育支援青海项目134个，援助资金6.7亿元。

少数民族文化得到保护。截至2015年年底，布达拉宫等9项分布在民族地区的自然、文化遗产被列入《世界文化遗产名录》。新疆维吾尔木卡姆艺术等14项和羌年等4项少数民族项目分别入选联合国教科文组织《人类非物质文化遗产代表作名录》《急需保护的非物质文化遗产名录》，在民族地区建成10个文化生态保护实验区。在已经公布的四批《国家级非物质文化遗产代表性项目名录》和四批《国家级非物质文化遗产代表性项目代表性传承人名单》中，全国共有479项少数民族非物质文化遗产代表性项目、524名非物质文化遗产代表性项目传承人入选。全国少数民族古籍解题书目套书《中国少数民族古籍总目提要》于2014年全部出版。

少数民族语言文字得到保护和发展。推进少数民族语言文字的规范化、标准化和信息处理。立项研制了蒙古、藏、维吾尔、哈萨克、彝等少数民族人名汉字音译转写规范。开展现代蒙古语常用词词表、藏文拉丁转写标准、现代维吾尔文学语言正字正音标准等研制工作。建设中国少数民族濒危语言数据库。设立并实施"中国语言资源保护工程"。截至2015年年底，有54个少数民族使用80余种本民族语言，21个少数民族使用29种本民族文字。全国有近200个广播电台（站），使用25种少数民族语言播音，出版民族文字图书的各类出版社有32家。全国已建成11个少数民族语言电影译制中心，可进行17个少数民族语种、37种少数民族方言的译制，2012—2015年共完成3000余部（次）电影的少数民族语言译制。

教育是发展的基础。中国在国家层面实施的是九年免费义务教育，而民族地区实行了更长时间的免费义务教育。西藏实现15年免费教育、新疆南疆实现14年免费教育、内蒙古对蒙古语授课学生实施15年免费教育。

2015年8月，国务院出台《关于加快发展民族教育的决定》。党的十八以来，民族教育迎来投入最多、建设规模最大、民族地区办学条件改善最显著的时期：中央和地方政府先后投入4000多亿元，实施学前教育三年行动计划、薄弱学校改造等系列重大工程项目；民族地区农村义务教育的财政性经费投入近年持续保持20%的增长率；教育信息化覆盖了边远民族地区乡村，优质教育资源初步实现了共建共享。学前双语教育一直是新疆教育发展的重中之重。2016年，中央投入10亿元，扶持新疆新建和改扩建双语幼儿园552所。2017年，新疆再新建和改扩建4408所农村双语幼儿园。截至2017年9月，新疆规划布局的农村幼儿园基本上"应建尽建"。新疆学前双语教育的发展，是党的十八大以来我国补齐民族教育短板、全面提升民族教育办学水平的一个缩影。①

由于历史和自然地理等因素的制约和影响，中国中西部少数民族较为集中的地区与东部沿海地区相比，在发展上还存在着较大差距，有部分少数民族地区人民还未解决温饱问题，有些地区因生产条件较差严重影响持续发展。它们是中国政府的高度重视并正在采取措施加以解决的问题。

藏族是中华民族命运共同体的一员，西藏自古是中国的一部分。历史上，藏族人民创造了辉煌的历史和文化。直到20世纪中期，西藏仍处于政教合一的封建农奴制统治之下，生产力水平极其低下，社会保守封闭，并且有许多歧视、酷刑、无视妇女儿童权益等严重侵犯人权的社会习俗和做法。1949年中华人民共和国成立后，西藏逐渐步入现代文明。历经和平解放、民主改革、自治区成立、改革开放等重要发展阶段，西藏不仅建立起全新的社会制度，而且实现了经济社会发展的历史性跨越。但是，长期流亡海外、代表封建农奴主阶级残余势力的十四世达赖集团，出于"西藏独立"的政治目的和对旧西藏政教合一的封建农奴制的眷恋，曾长期推行暴力"藏独"路线；遭受失败后，又鼓吹"中间道路"——貌似"妥协""折中""和平""非暴力"，实则否定中华人民共和国成立以来西藏走上的正确发展道路，企图在中国领土上建立由十四世达赖集团统治的"国中之国"，分步达到实现"西藏独立"的目的。

1979年至2002年，中央政府13次接待十四世达赖的私人代表，2002年至2010年1月，又10次同意他们回国。然而，十四世达赖不

---

① 张国欣：《民族教育，全面发展育英才》，《中国民族报》2017年9月5日第1、2版。

但始终坚持违反中国宪法、实质上分裂祖国的"中间道路"的主张，而且策划制造了暴力干扰北京奥运会、拉萨"3·14"事件和自焚事件等破坏活动。

中国共产党第十八次全国代表大会以来，以习近平同志为总书记的党中央再次重申，中央对十四世达赖本人的政策是一贯的、明确的，达赖只有公开声明西藏自古以来就是中国不可分割的一部分，放弃"西藏独立"的立场，停止分裂祖国的活动，才谈得上改善与中央的关系。

1949年中华人民共和国成立前，新疆各族人民遭受着外国侵略势力、封建剥削阶级和宗教特权阶层的压迫，社会地位极其低下，无法享有基本人权。1955年，中国在新疆实行民族区域自治制度。自1978年中国实行改革开放以来，新疆经济发展和社会进步进入了一个新的历史时期，各族人民的人权保障水平不断提升。特别是党的十八大以来，以习近平同志为核心的党中央，坚持以人民为中心，以创新、协调、绿色、开放、共享的新发展理念为引领，全面推进经济建设、政治建设、文化建设、社会建设、生态文明建设，十分关心新疆的发展进步，始终情系新疆、心系新疆各族人民，举全国之力发展新疆。近年来，中国政府把社会稳定和长治久安作为新疆工作总目标，坚持依法治疆、团结稳疆、长期建疆，坚持各民族共同团结奋斗、共同繁荣发展，坚持以保障和改善民生为重点，大力发展新疆各项事业，切实保障各族人民平等参与、平等发展权利，共享发展成果，使新疆的人权事业不断得到新的发展和进步。

20世纪90年代以来，境内外"三股势力"——民族分裂势力、宗教极端势力、暴力恐怖势力策划和组织主要在新疆实施了爆炸、暗杀、投毒、纵火、袭击、骚乱及暴乱等一系列暴力恐怖事件，给各族人民群众的生命财产造成了极为严重的损失，是对人权的极端漠视和严重侵犯。比如，2009年乌鲁木齐"7·5"打砸抢烧严重暴力犯罪事件，造成197人死亡，1700余人受伤，财产损失巨大。2014年喀什莎车"7·28"严重暴力恐怖事件造成无辜群众37人死亡，13人受伤，31辆车被打砸烧毁。中国中央政府和新疆维吾尔自治区政府依法严惩暴力恐怖犯罪。在政府和社会各界的努力下，新疆暴力恐怖活动的发案势头得到有效遏制，为新疆经济发展和社会进步以及人权保障创造了有利环境和条件。

习近平总书记2017年10月在中国共产党第十九次全国代表大会上所做的报告中指出："国家安全是安邦定国的重要基石，维护国家安全是全国各族人民根本利益所在。"报告中强调："健全国家安全体系，加强国家安全法治保障，提高防范和抵御安全风险能力。严密防范和坚决打击各种渗透颠覆破坏活动、暴力恐怖活动、民族分裂活动、宗教极端活动。"

与少数民族权利相关，中国接受了联合国人权条约为代表的相关国际标准。中国已经加入联合国全部三个关于反对种族歧视、种族隔离和种族灭绝的专项国际公约：

——全国人民代表大会常务委员会于1981年11月26日通过决定，加入《消除一切形式种族歧视国际公约》。中国于1981年12月29日向联合国交存加入书，1982年1月28日公约对中国生效。这是中国最早批准的联合国人权公约之一。

——《禁止并惩治种族隔离罪行国际公约》。1983年4月18日，中国无保留地向联合国提交加入书，同年5月18日该公约对中国生效。

——《防止及惩治灭绝种族罪公约》。1983年4月18日，中国向联合国提交批准书，同年 7 月 17 日对中国生效。

这三个公约中，《消除针对一切形式种族歧视国际公约》是核心人权公约之一，在联合国框架下也建立有条约履约审议机制。中国高度重视相关批约和履约工作，积极履行相应的国际义务。中国已按照条约规定，多次向联合国有关机构提交执行《消除一切形式种族歧视国际公约》和《禁止并惩治种族隔离罪行国际公约》的履约报告，还通过立法、司法、行政等方面的措施履行国际公约的义务。

2009 年 8 月，我们接受联合国消除种族歧视委员会对中国履行《消除一切形式种族歧视国际公约》第十次至第十三次合并报告的审议。中国代表团团长段洁龙 8 月 7 日在委员会审议会议上做介绍性发言时说："禁止一切形式的种族歧视是中国的一项重要宪法原则。自 1981 年批准公约以来，中国不断在政治、经济、社会、文化等方面做出努力，禁止、预防和惩治各类种族歧视行为。"[1] 委员会对我国及时提交全面、翔实的报告和答复材料表示赞赏，审议结论肯定了中国在发展民族地区经济、制定扶持人口较少民族的政策措施、提高人民生活水平、促进医疗卫生和教育事业、保护少数民族文化等方面的举措和成就。[2]

中国也一直积极参与联合国消除种族歧视委员会委员竞选的工作。比如，2008 年 1 月 17 日，在纽约联合国总部举行的《消除一切形式种族歧视国际公约》第二十二次缔约国大会上，中国专家黄永安

---

[1] 《中国代表团团长段洁龙在联合国消除种族歧视委员会审议中国第十至十三次履约报告会议上的介绍性发言》，载中国国际法学会主办《中国国际法年刊》，世界知识出版社 2010 年版，第 306 页。

[2] 吴海龙：《中国保护人权成就举世瞩目》，《人民日报》（海外版）2011 年 7 月 13 日第 7 版。

以139票成功当选种族歧视委员会委员。2011年11月30日,在纽约联合国总部举行的公约缔约国大会上,中国候选人黄永安再次以148票的最高票成功连任委员会委员。2016年至2020年,中国前大使李端燕担任该委员会委员。

邀请联合国消除种族歧视委员会的专家访问可以加强委员会成员以及委员会对中国少数民族权利保障状况的了解,也可以通过委员会专家的现场考察和指导,使国内政府部门和全社会增进对《消除一切形式种族歧视国际公约》的了解,获得对公约在国内实施方面的有益指导。

1998年10月,应中国外交部条约法律司的邀请联合国消除种族歧视委员会委员尤里·雷契托夫夫妇一行访问中国。10月8日上午他们在外交部有关人员的陪同下拜会了中国伊斯兰教协会,中国伊协副会长兼秘书长宛耀宾会见了代表团。[1]

2009年9月,联合国消除种族歧视委员会委员努尔丁一行访问四川。努尔丁一行听取了四川省民委有关该省实施民族区域自治政策的情况介绍,还了解了"5·12"汶川地震的情况。他表示四川省各民族在灾后重建工作中得到了平等的对待,是中国实行民族平等政策的很好体现。[2]

2011年10月,国家民委副主任吴仕民会见了应邀访华的联合国消除种族歧视委员会主席克马尔,从理论原则、政策措施和政治制度

---

[1] 常青亮:《联合国消除种族歧视委员会委员拜会中国伊协》,《中国穆斯林》1999年第1期。

[2] 《联合国消除种族歧视委员会阿尔及利亚籍委员努尔丁一行访川》,四川省政府门户网,http://www.sc.gov.cn/scszfxxgkml_2/sbgt_19/gzdt/zwdt/200909/t20090928_826169.shtml,2013年12月20日。

三个层面介绍了中国少数民族权益保障情况。中国一贯坚持民族平等、民族团结和各民族共同繁荣的基本原则,中央政府在税收、财政和资源开发等方面对民族地区予以扶持,经济发达省区对民族地区实行对口支援,国家在教育、升学等方面给予少数民族优惠政策,制度上通过法律制度和民族区域自治制度保护少数民族的合法权益。[①]

2006年联合国进行改革,建立了联合国人权理事会,取代了之前的人权委员会,提升了联合国框架下人权工作的地位和对人权工作的重视程度。人权理事会建立了普遍性定期审议制度,联合国所有成员国定期轮流接受全面的人权方面的公开审议。2008年11月,中国向该理事会提交了首份报告。

2013年10月中国顺利参加了联合国人权理事会第二次普遍性定期审议。同年早些时候,中国政府为此次审议向理事会提交的《国家人权报告》中,根据理事会规则限定的篇幅,专门概述了中国近年来在少数民族权利保障方面采取的措施和取得的成就。

中国既在国内加强少数民族权利保障,坚持民族平等、民族团结和各民族共同繁荣,又积极参与消除种族歧视的国际交流与合作。中国政府针对一小撮民族分裂分子在外部势力扶持下策划、制造的"西藏独立""东突厥斯坦"、伪"满洲国"等分裂行径和少数民族涉及恐怖主义的行为,进行了坚决的斗争,捍卫国家统一和领土完整,保障公共安全和人民群众的生命财产安全。中国的少数民族政策是成功的,少数民族公民的人权保障是有效的,有关分裂行径、恐怖主义或者其他非法暴力行为在中国值得重视,需要警惕,但是它们并没有多

[①]《吴仕民会见联合国消除种族歧视委员会主席克马尔一行》,中华人民共和国国家民族事务委员会网站,www. seac. gov. cn/art/2011/10/21/art_ 20_ 139679. html,2013年12月20日。

大的影响,远远不是中国民族问题的主要方面。

总的来说,有史以来,中华民族是一个命运共同体,一荣俱荣、一损俱损。各民族的大团结,是中华民族生机所在、力量所在、希望所在。

第七章

老年人权利

在20世纪里,全球人口寿命发生了巨大变化。平均预期寿命从1950年延长了20年,达到66岁,预计到2050年将再延长10年。① 这从一个侧面说明了人类社会文明进步取得的巨大成就。但是挑战也随之而来。

人口结构方面的这一长足进展以及21世纪上半叶人口的迅速增长意味着世界60岁以上的人口将从2000年的大约6亿增加到2050年的将近20亿,预计全球划定为老年的人口所占的比率将从1998年的10%增加到2025年的15%。在发展中国家,这种增长幅度最大、速度最快,今后50年里,这些国家的老年人口将增长为4倍。② 这种全球的人口变化已经在各个方面对个人、社区、国内和国际社会产生深刻的影响,这种影响包括社会、经济、政治、文化、心理和精神等各个方面。

中国也不例外,人口老龄化的形势严峻。一般认为,60岁及以上老年人口占人口总数达到10%,即意味着进入老龄化社会。截至2017年年底,中国60岁及以上老年人口有2.41亿人,占总人口的

---

① 联合国文件:A/CONF.197/9。
② 同上。

17.3%；中国从1999年进入人口老龄化社会到2017年，老年人口净增1.1亿，其中2017年新增老年人口首次超过1000万；预计到2050年前后，中国老年人口数将达到峰值4.87亿，占总人口的34.9%。[①]未来几年，中国人口老龄化将进入快速发展期，呈现出老龄化、高龄化、空巢化加速发展的特点。

在国内外的学术文献中，关于老年人的研究较多，但是关于老年人人权的研究较少。在国内外国际人权法的教科书中，都难以找到关于老年人人权的专门论述。这说明，老年人的人权是一个新领域，或者说是一个长期被忽视的领域。

2008年4月，由中国人权研究会主办的首届"北京人权论坛"在北京举行。笔者在论坛上提出，《马德里国际老龄问题行动计划》等直接规定老年人权利的国际文件虽然尚不具有法律拘束力，但是能够反映国际社会关于应对老龄化问题、保障老年人权利的最新进展，发挥着指引作用，可以为将来起草和通过更高规格的法律文件奠定基础；特别是，"是否可以在条件成熟时，起草、通过综合的保障老年人人权的国际公约，或者可以针对发展中国家面临的突出问题，制定专门的文件、建立特殊的机制，是值得关注的事情。这也是对国际社会的挑战和考验"[②]。

令人欣喜的是，起草和制定联合国《老年人权利公约》逐渐提上了联合国的议事日程。不论是国际社会还是国内社会，加强老年人的人权保障已成趋势。

[①] 罗争光：《我国60岁及以上老年人口数量达2.41亿 占总人口17.3%》，新华网，http：//www.xinhuanet.com/health/2018-02/27/c_1122457257.htm，2018年2月28日。

[②] 柳华文：《发展与人权：关于老龄化问题的思考》，《人权》2009年第2期。

◇ 一 老年人权利保护的新观念

中国人经常讨论的一个挑战就是未富先老的问题。人口老龄化在中国快速发展,形势严峻。

人口老龄化可以理解为社会有更多的成员健康长寿,同时意味着日渐发达的以社会参与和老有所养为特征的发展银色经济的需求。

如何应对人口老龄化?清华大学医院管理研究院、公共管理学院双聘教授杨燕绥认为,需要适应经济规律,驱动投资和消费两驾马车,制定和培育两个人口红利的发展战略。首先是改善劳动人口的人力资本,通过落实二孩政策、改革教育体制机制和评价方法、延长人口劳动年龄以及提高就业参与率、提高报酬和改善薪酬结构等措施,延续第一人口红利,提高国民生产力,以科技推动经济较快发展。其次是改善老龄人口的资产结构,通过健康管理、养老金账户、拥有一套住房等措施,培育第二人口红利,提高老龄人口的购买力,以消费拉动经济持续发展。[1]

应对人口老龄化有不同的视角,经济学家、社会管理学者从经济的角度观察和分析,而法学界则更多地从权利的角度进行分析。当然,法律必须有其观念和经济基础,脱离了国情,法律可能是一纸空文。

不过,法律并非只是亦步亦趋地被动地反映现实,相反,它也可以积极主动地倡导一种观念或者社会行为模式。在应对人口老龄化的

---

[1] 杨燕绥:《中国的积极老龄化之路》,《环球时报》2017年11月16日第15版。

过程中，它可以确认和倡导敬老养老助老的良好的社会文化，反映和弘扬优秀的中国传统文化——中华孝道，也可以巩固有效的应对老龄化的社会经验模式。比如，新的关于老年人权利的人权视角带来的新的观念和模式。

老年人面临的年龄歧视，忽视甚至暴力，给人权带来多重影响。老年人本来就在生理、心理、行为能力和经济状况等方面存在弱势因素，日益蔓延和深化的老龄化时代，更加剧了相关问题的严重性。

1982年7月26日至8月6日在维也纳举行的第一次老龄问题世界大会通过了《老龄问题国际行动计划》。该计划几十年来一直主导国际社会关于老龄问题的思考和行动方向。

1990年第45届联合国大会通过决议，从1991年开始，每年10月1日为"国际老年人日"。

联合国大会于1991年12月16日通过了《联合国老年人原则》（第46/91号决议）。大会鼓励各国政府尽可能将这些原则纳入本国国家方案。这些原则直接涉及老年人的人权问题，包括独立、参与、照顾、自我实现和尊严等方面。

1992年第47届联合国大会决定将1999年定为国际老年人年。1997年第52届联大确定国际老年人年从1998年10月1日"国际老年人日"开始。它旨在呼吁人们重视和关注人口老龄化问题，要求各国设立或加强老龄问题的国家协调机构，在国家、区域和地方各级制定综合战略，把老龄问题纳入到社会发展计划中，为老龄化社会的到来做好各项准备工作。1999年国际老年人年的主题是"不分年龄，人人共享的社会"，包括下列四个方面：个人终身发展，多代关系，人口老龄化与发展之间的关系和老年人处境。国际年有助于提高全世界的认识、促进研究和加强政策行动，包括把老龄问题纳入各部门的工作、创造人生各阶段应有的机会。

2002年4月8日至12日，第二届世界老龄大会在西班牙马德里举行，158个国家及联合国有关组织和专门机构、政府间国际组织和非政府组织约1500人出席了大会。大会全面回顾了1985年第一次世界老龄大会的成果，分析和讨论了新形势下的老龄化问题，提出建立"不分年龄，人人共享的社会"。会议通过成果文件《政治宣言》和《马德里国际老龄问题行动计划》。

2002年《马德里国际老龄问题行动计划》中贯穿了一些关于老年人人权的重要主题，其中包括：

——充分实现所有老年人的所有人权和基本自由；

——使老年生活安全无虞，这涉及重申消除老年贫穷的目标以及在《联合国老年人原则》的基础上做进一步发展；

——使老年人能够除其他外通过赚取收入工作和志愿工作，充分和有效地参与其社会的经济、政治和社会生活；

——通过诸如终身学习的机会和参与社区生活，为整个一生和晚年的个人发展、自我实现和幸福提供各种机会，但同时认识到，老年人并不是一个没有差异的群体；

——确保老年人充分享有经济、社会和文化权利，以及公民和政治权利，并消除对老年人的一切形式的暴力和歧视；

——通过消除性别等方面的歧视来确保老年人的性别平等；

——认识到家庭、世代相互依存、团结和互惠对于促进社会发展极为重要；

——提供老年人所需的保健和支助，并对其提供社会保护，包括预防和康复性保健；

——促进各级政府、民间社会、私营部门和老年人本身各方间的合作，把《马德里国际老龄问题行动计划》变为实际行动；

——特别是在发展中国家内，利用科学研究和专门知识，并发挥技术的潜力，集中注意老龄化所涉及的个人、社会和保健等问题；

——认识到老年土著人的境况，其独特的处境，并认识到有必要设法使其对直接影响到自己的决定有实际的发言权。

行动建议是按照下列三个优先方向安排的：老年人与发展；促进老年人的健康和福祉；确保有利的和支助性环境。老年人生活保障的程度大部分取决于在这三个方向取得的进展。这些优先方向的目的在于指导政策的制定和执行，以便实现成功地适应老龄化世界的具体目标，从而可以按照社会发展、老年人生活品质方面和维系一生幸福的各种正式的和非正式制度的持续性方面的改善程度来衡量成败。

2010年7月21日第65届联大还决定设立一个不限成员名额工作组，对联合国所有会员国开放，以审议现有的老年人人权国际框架，找出可能的差距，确定如何最好地解决这些差距，包括酌情审议制定其他文书和措施的可能性，以期加强保护老年人的人权，并请秘书长在现有资源范围内为工作组执行任务期间提供一切必要支持。①

2010年12月，老龄问题不限成员名额工作组成立，它在性质上属于联合国大会的附属机构。2011年4月18日至21日，老龄问题不限成员名额工作组在联合国总部举行了第一届工作会议。专家小组审议了现行的国际和区域人权框架和机制，讨论了最近发展，确定和思考了保护系统中的差距。这次会议表明，各会员国、非政府组织、联合国机构和实体及独立专家，对需要讨论这个庞大且不断增长的社会群体的人权加以保护和促进存在广泛共识。工作组认识到老年男女面

---

① 联合国文件：A/RES/65/182。

临迄今尚未得到充分解决的人权挑战的特殊性质。一些代表团提请注意，相关规则和标准比较分散，无法提供有效的保护。一些代表团、非政府组织和专家呼吁应当有一份具有约束力的文书。①

2010年12月，联合国老龄问题工作组的成立，标志着老年人权利保护公约的起草已经在联合国提上议事日程。制定《老年人权利公约》，弥补国际人权法一个结构性的空白，正在经历设想和讨论的阶段。

2012年8月，联合国人权高专办提出一份没有文件号的分析性成果文件《关于老年人的国际人权法标准》，呼吁应该在确认所有人权不可分割、相互依赖和互相联系的原则精神下在更为广泛的框架下使老年人权利保障的法律和人权标准获得发展。②

应该说，所有人权是一个整体，所有人都应该享有法律上规定的人权，老年人当然也不例外。倡导通过权利视角考察和分析老年人的处境、需求，建设性地实现中国人常讲的"老有所养""老有所为"，是为了让老年人更好地过上美好的晚年生活——实现"夕阳红"的目标。

中国政府不仅在国内重视老年人权利保障，在国际层面同样如此。中国一贯重视社会发展问题，积极参与多边社会发展领域的活动。1989年，中国首次当选为联合国社会发展委员会成员并出席其第31届会议。此后，中国派团参加了该委员会历届会议。1995年，中国积极参与了在丹麦哥本哈根召开的联合国社会发展问题世界首脑

---

① 联合国文件：A/AC.278/2011/4。
② Office of the High Commissioner for Human Rights, *Normative standards in international human rights law in relation to older persons*, Analytical Outcome Paper, August 2012. 可见联合国老龄问题不限成员名额工作组网站：http://social.un.org/ageing-working-group/thirdsession.shtml，2013年1月23日。

会议，并为推动会议的成功召开做出了贡献。

2001年12月10日至14日，第二届世界老龄大会第一次筹备会续会在纽约举行。会议讨论了第二届世界老龄大会日程、议事规则、非政府组织与会等事宜，并着重就第二届世界老龄大会成果文件《2002年老龄问题国际行动计划》（以下简称《国际行动计划》）草案进行了磋商。中国政府向会议秘书处提交了中国政府对《国际行动计划》的修改意见。

2002年4月8日至12日，第二届世界老龄大会在西班牙马德里举行。会议通过成果文件《政治宣言》和《马德里国际老龄问题行动计划》。国务委员、全国老龄工作委员会常务副主任司马义·艾买提率中国政府代表团与会。司马义国务委员在大会发言中指出，各国政府应根据本国国情将老龄问题纳入经济和社会发展计划，使老年人与其他社会成员一起共享人类进步发展的成果；发展中国家应将消除贫困，健全医疗社会保障作为优先目标，提高和改善老年人的生活水平和健康状况；发达国家应从人类进步利益出发，在资金和技术等方面，帮助发展中国家解决好老龄问题。司马义国务委员还介绍了中国在老龄领域采取的措施和取得的成就。

2010年2月7日至20日，中国代表团在美国纽约出席联合国社会发展委员会第49届会议。代表团由外交部、国家发展和改革委员会、全国老龄办、中国残疾人联合会、国务院扶贫办、中国国际扶贫中心等单位派员组成，中国常驻联合国代表团副代表王民大使任代表团团长。此次大会有关老龄问题决议的主题是"《2002年马德里老龄问题国际行动计划》第二次审查和评估的方式"。中国代表团参与了决议草案的小组和全体非正式磋商。

中国政府自始支持联合国大会成立老龄问题工作组。中国代表团在联合国老龄问题不限成员名额工作组 2011 年 4 月 18 日至 21 日召开的第一届工作会议上，对国际老年人权利保护，表达了以下意见：

"一、应对老龄问题应突出差异化原则。各国经济社会发展水平各异，历史文化传统千差万别。各国应对老龄问题应基于各自国情及不同发展水平，充分、合理利用现有机制和资源，为改善老年人福祉采取实际可行的措施。

二、从发展的角度看待老龄问题。老龄问题首先是发展问题。经济和社会发展始终是改善老年人福祉、保护老年人权利的必要前提。各国应全面、平衡看待老年人权利。既要顾及老年人的个人权利，也不应忽视他们的集体权利；既要保护他们的公民政治权利，也要重视他们的经济、社会和文化权利。

三、国际老龄问题合作应充分照顾发展中国家的关切。随着全球老龄化加速发展，发展中国家应对老龄化问题将面临更大挑战。国际社会应加强合作，关注发展中国家老龄事业发展面临的特殊处境和困难，解决发展中国家的合理关切，发达国家应为发展中国家应对老龄化提供必要的资金和技术支持。

四、工作组应在联大决议授权的范围内，循序渐进开展工作。目前，各方对是否制定《老年人权利公约》仍存在较大分歧。工作组应坚持联合国涉及老龄问题的发展目标、政策文件和法律文书体现的基本原则，研究各国老龄化趋势、老年人权利现状、现有保护机制等基础性问题，总结经验，查找不足，逐步累积共识。"[①]

以上立场和意见可以说集中表达了中国关于《老年人权利公约》

---

① 2011 年 4 月 18 日《中国代表团张丹参赞在联合国大会老龄问题工作组第一次会议上的发言》，中国常驻联合国代表团网站，http：//www.fmprc.gov.cn/ce/ceun/chn/hyyfy/t816413.htm，2012 年 7 月 12 日。

制定的积极态度和务实主张。其中关于全面对待两类人权、充分尊重不同国家经济发展水平和历史文化传统、充分照顾发展中国家的关切和循序渐进开展工作的主张符合国际人权法发展的趋势和特点,也反映了广大发展中国家的心声。

中国老龄工作委员会办公室副主任吴玉韶2012年2月29日在新闻发布会上说,2012年是贯彻实施老龄事业"十二五"规划的关键之年,中国老龄办将重点抓好的六项工作之一就是:"扎实推进国际交流合作。加强国际老龄问题研究,积极参与联合国《老年人权利公约》的制定工作……"这表明中国政府有关部门对于《老年人权利公约》制定工作的重视。[①]

中国是世界上最大的、拥有大量老龄人口的发展中国家,也是联合国安理会常任理事国,联合国人权理事会的现任理事国,应该而且事实上已经积极考虑并参与联合国《老年人权利公约》的设计和制定工作。不论从悠久的历史文化积淀来看,还是从丰富的国内实践以及当下面临的现实挑战来看,中国对该公约起草、通过和实施的参与都是意义重大、不可或缺的。

◇ 二 保护老年人权利的举措

1999年10月,中国国务院建立了主管全国老龄工作的议事协调机构——全国老龄工作委员会。

全国老龄工作委员会由中央组织部、中央宣传部、中直机关工

[①] 《中国60岁及以上老年人口1.85亿,老龄化形势严峻》,中国新闻网,http://politics.people.com.cn/GB/1026/17256407.html,2012年7月1日。

委、中央国家机关工委、外交部、国家发展和改革委员会、教育部、科技部、工业和信息化部、国家民委、公安部、民政部、司法部、财政部、人力资源社会保障部、自然资源部、住房城乡建设部、交通运输部、农业农村部、商务部、文化和旅游部、卫生健康委、国家税务总局、国家市场监考总局、国家广播电视总局、国家体育总局、国家统计局、国家医疗保障局、中国银行保险监督委员会、中央军委政治工作部、全国总工会、共青团中央、全国妇联、中国老龄协会等30多个单位组成。全国老龄工作委员会的主要职责是：（1）研究、制定老龄事业发展战略及重大政策，协调和推动有关部门实施老龄事业发展规划；（2）协调和推动有关部门做好维护老年人权益的保障工作；（3）协调和推动有关部门加强对老龄工作的宏观指导和综合管理，推动开展有利于老年人身心健康的各种活动；（4）指导、督促和检查各省、自治区、直辖市的老龄工作；（5）组织、协调联合国及其他国际组织有关老龄事务在国内的重大活动。

全国老龄工作委员会下设办公室，办公室设在卫生健康委员会。[1]自2005年8月开始，全国老龄工作委员会办公室与中国老龄协会实行合署办公，在国内以全国老龄工作委员会办公室的名义开展工作，在国际上主要以中国老龄协会的名义开展老龄事务的国际交流与合作。具体来看，全国老龄工作委员会办公室职责是：（1）办理全国老龄工作委员会决定的事项；（2）研究提出全国老龄工作发展的方针政策和规划，拟订实施办法；（3）督促、检查全国老龄工作委员会决定事项在有关部门和各地的落实情况并综合上报；（4）负责各成员单位的联系、协调工作；（5）开展调查研究，收集、整理老龄工作的有关

---

[1] 全国老龄工作委员会办公室官方网站，http://www.cncaprc.gov.cn，2018年11月20日。

情况和信息，总结推广先进经验；（6）承办全国老龄工作委员会交办的其他事项。

中国现行1982年宪法第二章规定的是"公民的基本权利和义务"，该章的大部分规定都与老年人有关，包括男女平等、宗教自由、出版自由等。最直接的三个条款是：（1）第三十三条第二款规定："中华人民共和国公民在法律面前一律平等。"（2）第三十三条第三款规定："国家尊重和保障人权。"第四十五条第一款规定："中华人民共和国公民在年老、疾病或者丧失劳动能力的情况下，有从国家和社会获得物质帮助的权利。国家发展为公民享受这些权利所需要的社会保险、社会救济和医疗卫生事业。"中国宪法规定了尊重和保障人权的原则，强调公民平等享有法律权利，并直接规定了老年人获得物质帮助的权利。这些规定为中国老年人权利保障奠定了根本法基础。

1996年8月29日第八届全国人民代表大会常务委员会第二十一次会议通过的《老年人权益保障法》是中国保护老年人权利的专门立法。与时俱进，《老年人权益保障法（修订草案）》2012年6月26日首次提请全国人大常委会审议，并在12月28日获得通过。其第一条规定了中国关于老年人权利保障的立法宗旨，即"为了保障老年人合法权益，发展老龄事业，弘扬中华民族敬老、养老、助老的美德，根据宪法，制定本法"。第二条规定了"老年人"的定义，即指60周岁以上的公民。第四条规定"实现老有所养、老有所医、老有所为、老有所学、老有所乐"的老龄工作目标。该法第六条规定"各级人民政府应当将老年事业纳入国民经济和社会发展计划，将老龄事业经费列入财政预算，建立稳定的经费保障机制，并鼓励社会各方面投入，使老年事业与经济、社会协调发展"。体现了老年人权利保障主流化的要求。

修订后的《老年人权益保障法》，该法从6章50条扩展到9章85条，新设3章、新增37条。法律修改"脱胎换骨"，体现了全社会应对人口老龄化挑战的勇气和智慧。其要点包括：（1）应对人口老龄化上升为国家长期战略任务；（2）重视老年人精神赡养问题；（3）老年人财产等合法权益受到法律保护；（4）失能护理补贴和高龄津贴制度入法；（5）老年人享受社会服务受法律保护；（6）国家推进老年宜居环境建设。[①]

从人权的视角看待老年问题，可从中国制订实施的多个国家人权计划中看到实例。[②] 在中国政府制定的这些从人权角度所做的国家计划中，有专门的章节规定"老年人权利"。2012年6月11日经国务院授权、国务院新闻办公室发布的《国家人权计划（2012—2015年)》是中国发布的第二个《国家人权行动计划》，其中关于老年人权利，强调实施老年人权益保障法，逐步完善老年人社会保障制度，推进老年人服务体系建设，保障老年人合法权益。具体来说，包括健全覆盖城乡居民的社会养老保障体系、完善老年人优待办法、健全家庭养老支持政策、实施《社会养老服务体系建设规划（2011—2015年)》、完善老年人基本医疗保障体系、丰富老年人精神文化生活、推动建设老年友好型城市和老年宜居社区和拓展老年人法律援助渠道几个方面。

[①] 参见卫敏丽、徐砲《立法聚焦：老年人权益保障法修订草案六大看点》，中国中央人民政府网站，http://www.gov.cn/jrzg/2012-06/26/content_2170322.htm，2012年7月12日。

[②] 参见柳华文《〈国家人权行动计划〉：中国人权保障的标志性文件》，载李林主编《中国法治发展报告（2010）》，社会科学文献出版社2010年版，第47—56页；柳华文《具有软法性质的人权事业新蓝图》，《法制日报》2012年6月13日第7版。

根据国务院授权、由国务院新闻办公室2016年9月29日发布的《国家人权行动计划（2016—2020年）》，第三次在《国家人权行动计划》中专门规定了"老年人权利"。其总的行动原则是："弘扬敬老养老助老社会风尚，实施老龄互助关爱工程，构建人口老龄化应对体系，切实维护老年人合法权益。"它强调的是符合中国传统文化的养老文明，强调系统性应对和通过法律手段维护老年人权益。其具体规定如下：

——全面建成以居家为基础、社区为依托、机构为补充，功能完善、规模适度、覆盖城乡、医养结合的养老服务体系。全面放开养老服务市场，通过购买服务、股权合作等方式支持各类市场主体增加养老服务和产品供给。到2020年，养老服务设施覆盖90%以上城镇社区和60%以上农村社区。

——健全防治结合、多元发展的老年医疗卫生服务体系，提高老年人健康服务可及性和老年人健康管理率。

——建立完善老年人监护制度。

——加强老年人优待工作，完善老年人社会福利制度和救助制度。全面建立针对经济困难高龄、失能老年人的补贴制度。

——建立健全老年宜居环境政策法规和标准规范体系。继续提高新建公共设施和涉老设施无障碍率，推进老年宜居环境建设。

——推进服务老年人的公共文化设施建设。继续扩大公共文化机构向老年人免费开放项目，增加老年人公共文化产品供给。

——加强社区养老服务设施与社区体育设施的功能衔接。支持社区利用公共服务设施和社会场所组织开展适合老年人的体育健身活动。

——大力支持老年社会组织发展。进一步扩大基层老年协会在城乡社区的覆盖率，提高老年人参与社会发展的意愿与程度。

2017年2月28日，国务院印发了更加详细的《"十三五"国家老龄事业发展和养老体系建设规划》。①该规划提出，"十三五"时期是中国全面建成小康社会决胜阶段，也是中国老龄事业改革发展和养老体系建设的重要战略窗口期。这个时期的特点是：

——面临严峻形势：预计到2020年，全国60岁以上老年人口将增加到2.55亿人左右，占总人口比重提升到17.8%左右；高龄老年人将增加到2900万人左右，独居和空巢老年人将增加到1.18亿人左右，老年抚养比将提高到28%左右；用于老年人的社会保障支出将持续增长；农村实际居住人口老龄化程度可能进一步加深。

——存在明显短板：涉老法规政策系统性、协调性、针对性、可操作性有待增强；城乡、区域老龄事业发展和养老体系建设不均衡问题突出；养老服务有效供给不足，质量效益不高，人才队伍短缺；老年用品市场供需矛盾比较突出；老龄工作体制机制不健全，社会参与不充分，基层基础比较薄弱。

——具备有利条件：党中央、国务院高度重视老龄事业发展和养老体系建设，"十三五"规划纲要对积极应对人口老龄化提出明确要求。经济社会平稳健康发展，供给侧结构性改革加快推进，公共服务和民生保障能力不断增强，科技创新成果加快推广应用，劳动年龄人口仍较为充足，社会参与老龄事业发展积极性不断提高。

在这样的背景下，规划规定了中国老龄事业和养老体系建设的指导思想、基本原则、发展目标和具体要求。其目标是，到2020年，老龄事业发展整体水平明显提升，养老体系更加健全完善，及时应

---

① 全文可见全国老龄工作委员会办公室网站，http://www.cncaprc.gov.cn/contents/2/179240.html，2018年1月25日。

对、科学应对、综合应对人口老龄化的社会基础更加牢固。具体来说，包括：(1) 多支柱、全覆盖、更加公平、更可持续的社会保障体系更加完善。城镇职工和城乡居民基本养老保险参保率达到90%，基本医疗保险参保率稳定在95%以上，社会保险、社会福利、社会救助等社会保障制度和公益慈善事业有效衔接，老年人的基本生活、基本医疗、基本照护等需求得到切实保障。(2) 居家为基础、社区为依托、机构为补充、医养相结合的养老服务体系更加健全。养老服务供给能力大幅提高、质量明显改善、结构更加合理，多层次、多样化的养老服务更加方便可及，政府运营的养老床位数占当地养老床位总数的比例不超过50%，护理型床位占当地养老床位总数的比例不低于30%，65岁以上老年人健康管理率达到70%。(3) 有利于政府和市场作用充分发挥的制度体系更加完备。老龄事业发展和养老体系建设的法治化、信息化、标准化、规范化程度明显提高。政府职能转变、"放管服"改革、行政效能提升成效显著。市场活力和社会创造力得到充分激发，养老服务和产品供给主体更加多元、内容更加丰富、质量更加优良，以信用为核心的新型市场监管机制建立完善。(4) 支持老龄事业发展和养老体系建设的社会环境更加友好。全社会积极应对人口老龄化、自觉支持老龄事业发展和养老体系建设的意识意愿显著增强，敬老养老助老社会风尚更加浓厚，安全绿色便利舒适的老年宜居环境建设扎实推进，老年文化体育教育事业更加繁荣发展，老年人合法权益得到有效保护，老年人参与社会发展的条件持续改善。

这个对于促进老年人权利保障至关重要的政府工作规划特别强调加强督促检查。它规定：全国老龄办、民政部、国家发展改革委会同有关部门，加强对各地的指导、督促，及时检查并向国务院报告工作进展情况；还要搭建社会监督平台，健全第三方评估机制，适时对规划执行情况进行评估，向社会公布评估结果。

2017年10月18日，中国共产党第十九次全国代表大会在北京召开，中共中央总书记习近平代表十八届中央委员会向大会做报告。报告指出，"积极应对人口老龄化，构建养老、孝老、敬老政策体系和社会环境，推进医养结合，加快老龄事业和产业发展"。这是习近平总书记站在决胜全面建成小康社会和全面建设社会主义现代化强国的全局和战略高度，对老龄工作创新发展的新部署、新要求，为加快发展老龄事业和产业指明了方向。

可以看到，在促进老年人权利保障方面，中国有从国家到地方的专门机构，有专门立法，更有专门的政策性安排。中国老年人权利保障有法可依，有计划可循，这对不断提升保障水平具有重要意义。

三 保护老年人权利的成就与挑战

根据2016年6月14日国务院授权国务院新闻办发布的《国家人权行动计划（2012—2015年）实施评估报告》，中国保护老年人权利事业突出的成就体现在三个方面。

第一，中国社会养老保障体系逐步健全。23个省（区、市）建立了高龄津贴制度，20个省（区、市）建立了经济困难老年人养老服务补贴制度，8个省（区、市）建立了失能老年人护理补贴制度，20个省（区、市）实施了老年人意外伤害保险制度。

第二，社会养老服务体系快速发展。截至2015年年底，全国共有养老机构和设施11.5万个，比2012年增长151%；居家养老服务设施已基本覆盖城镇社区和50%以上的农村社区。全国养老床位

671.7万张，每千名老人拥有床位30.3张，比2012年分别增加了60.9%和40.5%，远超计划预期目标。

第三，老年人文化生活更加丰富。截至2015年年底，全国共有老年学校7.63万个；建有180个国家级、500余个省级社区教育实验区、示范区，老年人占参与社区教育总人数的60%以上；有老年类报纸24种，老年类期刊24种。通过全国文化信息资源共享工程、国家数字文化网和"中国文化网络电视"等多种渠道提供各类适合老年人的数字文化资源。

近年来，中国养老机构建设迎来快速增长。据民政部统计，截至2017年9月，中国养老机构总数超过14.46万家，相比于2012年年底的4.43万家增长达226%。而且，不仅是数量的增加，服务体系的质量也在提升。针对养老机构的建设和服务标准，民政部制定了《养老机构设立许可办法》《养老机构管理办法》等规章，同时发布了《养老机构基本规范》《养老机构安全管理》《养老机构服务质量基本规范》等国家标准。

民政部等六部门2017年3月联合在全国发起养老院服务质量建设专项行动，提出9项重点任务，并明确提出了到2017年年底和到2020年年底的分阶段目标。2017年，该行动对全国4万余家养老院进行排查整治，处理隐患近19.7万处，依法取缔、关停、撤并养老院2122家。

医养结合是提升养老院服务质量的一项重要举措。经过多年大力推进，截至2017年7月底，全国78.6%的养老院不同形式提供了医疗服务，提前完成50%的预定目标；养老院护理型床位占比由2015年低于30%提升到了46.4%。

回顾和总结中国老年人权利保障的经验，展望未来的发展趋势，中国在保护老年人权利方面，可以说是机遇和挑战并存。

第一，中国尊老爱幼的优秀文化传统值得广为传播和发扬光大。

中国现行《老年人权益保障法》第一条中就强调"弘扬中华民族敬老、养老、助老的美德"。第三十八条第二款规定："发扬邻里互助的传统，提倡邻里间关心、帮助有困难的老年人。"

中国是文明古国。在中国，家庭是中国传统社会的重要单位，至今仍然是老年人生活的主要环境和重要依靠。家庭式照料是一个人权文书未充分涵盖，人权机构未充分关注的领域。[①] 它包括为长期生活不能自理的老年人提供各种支助服务，特别是与其健康、个人需要或情感需要有关的服务。家庭式照料可以包括对日常活动的支持，例如，吃饭、穿衣、走路、洗澡、如厕、吃药、购物和做家务。一方面，国家应该为家庭养老提供更多更为实质性的支持和帮助；另一方面，相关国际公约可以规定家庭对于老年人生活特别是实现赡养的重要地位和作用，发扬重视家庭和亲情关系、尊重和爱戴老人的优秀文化传统。

现代社会，生活节奏加快，工作人口流动性大，父母与成年子女不在一地的情况越来越普遍。如何维持和加强家庭亲情关系，特别是父母子女之间精神和物质等多方面的紧密联系，存在不少挑战。国家和政府应该更多地在社会舆论、社会政策等方面鼓励子女赡养父母，给予父母足够的精神慰藉等。

第二，尊重老年人的尊严应该作为老年人权利保护工作的根据和核心。

在国际人权文献中，"人的尊严"无疑具有突出的地位。1945年

---

① 参见联合国人权事务高级专员的报告，联合国文件：E/2012/51。

《联合国宪章》在前言中确认"为免后世再遭今代人类两度身历惨不堪言之战祸",要"重申基本人权、人格尊严与价值,以及男女与大小各国平等权利之信念"。这也正是国际人权法产生的历史背景和基本动因。联合国 1948 年 12 月 10 日通过的《世界人权宣言》被大量国际人权公约和许多国家的宪法引用。宣言在序言的首句就开宗明义地提到"对人类家庭所有成员的固有尊严及其平等的和不移的权利的承认,乃是世界自由、正义与和平的基础"。作为联合国最重要的"人权两公约"——1966 年 12 月 16 日通过的《经济、社会和文化权利国际公约》和《公民权利和政治权利国际公约》,均在其序言中进一步重申基本人权乃是源于人性尊严的核心价值,即"确认这些权利是源于人身的固有尊严"。1993 年第三次世界人权大会制定的《维也纳宣言和行动纲领》也在序言中规定"一切人权都源于人类固有的尊严和价值"。

2012 年 6 月 11 日新发布的中国《国家人权行动计划(2012—2015 年)》也在导言中明确提出:"切实保障公民的经济、政治、社会和文化权利,促进社会更加公正、和谐,努力使每一个社会成员生活得更有尊严、更加幸福。"

老年人的权利保障正是基于对其人格尊严的尊重,这符合中国尊老、爱老的优秀传统和国际人权法的基本原理。尊重老年人的尊严可以成为保护老年人权利工作的重要基础和核心。也因如此,老年人权利保护不可以简单地理解为一个解决温饱、资金投入、设施建设或者提供的问题,更要注意倾听老年人的心声,尊重他们的意见、尊重他们的具体需求。

第三,平等和非歧视特别是性别平等原则需要在老年人权利保护工作中获得贯彻。

每个期望实现社会正义和人权的民主社会，都以平等为社会基石。[①] 说人权具有普遍性，其中的一个含义就是指人权主体的普遍性。也就是说，它是所有人作为人固有的权利。

对老年人的歧视可能基于多重原因。老年人容易成为多重歧视的受害者。年龄对老年人来说是显而易见的歧视原因，最突出的还有性别歧视，两者构成国际人权法上关于老年人权利消除歧视的两大重点。另外还有健康状况、地域、肤色、种族等多方面的歧视。

中国有悠久的尊老、重老、爱老、助老的传统，但是针对老年人的歧视仍然会在个案中存在，是老年人权利保障的重要障碍和挑战。

第四，应该重视老年人赋权问题。

中国古话讲"授人以渔"，胜过"授人以鱼"。权利的实现不仅要靠他者，特别是政府的"保护""给予"，更要依靠权利主体自力更生，自我发展。这才是治本之道。以开办"穷人银行"著称的诺贝尔和平奖获得者尤努斯说："不管男女，都愿意自食其力，这是人类天生的心理；自己操纵自己的命运，支配自己的生活，如此你就会赢得尊严。"[②] 老年人也不例外。

通过赋权，能够使权利的行使最贴近权利主体，最可能具有针对性。每一位个人、每一个家庭、每一个社区或地区，甚至每一个国家，具体情况千差万别，权利主体的意愿和要求需要得到重视和尊重，他们应当可以并且能够在关心和实现自身权利的过程中扮演角色。赋权就能够体现老年人的这种自主权和参与权。因此，全社会应当尊重老年人的自主性和与其年龄和能力相适应的参与权。

[①] 联合国人权概况介绍第 22 号《对妇女的歧视问题：公约和委员会》，1999 年，第 1 页。

[②] 阮次山：《与世界领袖对话》，上海人民出版社 2009 年版，第 20 页。

第五，应当从整个人生的角度看待老年人人权问题，可以将老年人人权视为与人生的所有阶段都相关的事项。

现在，人们经常讨论老有所乐，老有所为。现在关于推迟退休时间讨论也经常成为社会关注的热点。笔者认为，如果可以推迟退休年龄或者过了退休年龄还可以发挥余热，这意味着这样做的老年人是健康的，他们获得了适当的知识和能力方面的及时更新，而且他们能够感觉到尊严和快乐。

不难发现，如果一个人有健康、幸福和充实的童年、中年，就更可能会有一样充满意义的老年；如果一位老年人的权益真正得到全面的保障，他或她才可能满足自己的人生需要，同时在老龄化社会中产生积极而不是消极的作用。

因此，笔者认为，切莫将老龄问题当作老龄阶段才出现的问题，也切莫将老龄问题简单地看成经济问题。国家要增加投入，提高老年人的社会保障水平，扩大其覆盖面，更要全面关注老年人的需要，保障他们的除了社会权利以外的其他各种权利。

第六，发展中国家和不发达国家的老年人权利问题需要进一步获得关注，国际合作需要加强。

老龄化是全球性的社会发展趋势，是世界各国均面临的全球性挑战。但是，发展中国家和不发达国家老年人权利保障方面所面临的问题相对发达国家更多，更加难以解决，这应当是以联合国为代表的国际社会关注的重点。

国际合作是人权保护国际化的必然要求，也是国际社会人权主流化的必然结果。国际合作是双向和相互的，发达国家和其他国家一样将从国际合作中受益。不过，发展中国家和不发达国家面临的问题更加突出和尖锐，需要受到更多重视。与积极落实联合国 2030 年可持续发展议程相结合，中国可以在加强人权领域对外交流与合作的过程中，增加保护老年人权利的内容，借鉴各国的经验，同时为老年人权利在国际社会的实现贡献智慧和力量。

总之，老龄化趋势在世界范围内迅速到来，已引起国际组织以及包括中国在内的各国政府的高度重视。老年人的权利也是人权，他们正是人权的持有者，是人权事业不可忽视的重要组成部分。老年人权利的立法和政策保障在国内和国际社会都在获得加强，这对于倡导"新老年观"或者"新的老年人人权观"，切实推动老年人的人权保障具有重要意义。

中华民族尊老、爱老的优秀传统值得在中国国内乃至国际社会中得到重视和发扬。尊重老年人的人格尊严应当成为法律和政策的基础，应当倡导将老年人人权视为与人生各个阶段都密切相关的事项，平等和非歧视原则应当得到规定和细化，在强调国际合作的同时要关注发展中国家和不发达国家的需求。

中国政府高度重视人权事业的发展，作为历史悠久、拥有优秀文化传统的人口大国，同时也是老龄化趋势明显、影响深刻的发展中国家，老年人人权保障是中国人权事业的一个重要方面。

第八章

残疾人权利

在人权保障主流化的过程中，对残疾人权利的认知和倡导，特别是对残疾人权利保障制度在国际和国内社会中的加强和完善都是比较晚的。联合国千年首脑会议于2000年9月制定的《千年发展目标》将发展与人权紧密联系在一起，是一个由联合国推动的国际社会最重要的社会发展议程，其中却缺少残疾人权利的发展指标；我们还看到，直到2006年12月，也就是在联合国成立60年之后，联合国大会才通过了《残疾人权利公约》，它是起草和制定最晚的几个联合国核心人权公约之一。这两个事实就是残疾人权利受重视较晚的明显的例证。

不过，一旦新认识形成，在新的关于残疾人权利的国际标准建立并获得联合国和各成员国的重视之后，在国际和国内不同行为者积极倡导下，残疾人权利保障方面的国际法和国内法都出现了迅速的进步。

中国作为一个发展中人口大国，残疾人人口数量大，而中国的社会保障制度整体上却还处于正在经历改革并不断完善的过程当中，在经济发展和社会进步的背景下，残疾人权利保障同时面临机遇和挑战并存。

一个突出的现象是，中国是起草联合国《残疾人权利公约》的积极倡导者，也是批准该公约后，积极履约并在国内大力倡导残疾人权利保障的国家。在保障残疾人权利方面，中国有特殊的做法，并取得了不少的成就和经验。

◇ 一　残疾人权利保护的新认识

1979年12月联合国大会通过了关于1981年为"国际残疾人年"的决议和相应的行动计划。"国际残疾人年"的主要精神是：充分参与和平等，设立"国际残疾人年"的目的是保证残疾人的问题能够列入联合国机构日常工作。

为响应联合国开展"国际残疾人年"活动、加强残疾人权利保障的倡导，中国专门成立了"国际残疾人年中国组织委员会"，并于1981年4月和7月组织了多种形式的纪念活动。

1981年11月10日，当时的中国邮政总局发行了"国际残疾人年"纪念邮票。本套邮票的主图为绿色的地球，象征着和平与希望。下面是黄、白、黑三种肤色的手，象征世界上不同肤色的人民。地球上标有"国际残疾人年"徽志，两枝橄榄叶环绕拥抱着残疾人徽。三只不同肤色的手高高托起，象征世界各国的残疾人享有平等地位和充分参与社会生活的希望与追求。值得注意的是，由于当时中国国内残疾人工作尚未广泛开展，残疾人的概念还很不规范，所以对残疾人的称呼沿用了社会中长期使用的饱含贬义和歧视性意味的概念——"残废人"。到了1984年，中国残疾人福利基金会成立，明确摒弃了"残废人"的概念。

直到今天，如何称呼残疾人仍然存在争议，现有的中国法律和政策中使用的"残疾人"一词仍然使其与不完整和疾病关联在一起，显得不准确、不合时宜。一些机构和个人转而使用"残障者"的概念，意图讲明残疾人不一定是病患，只是能力上有所障碍，但是这仍然是一个让人听起来感觉不舒服的词汇。

残疾人的法律概念是一个关键问题，它意味着谁应当受到与残疾人相关的法律和政策的保护。在这方面，联合国《残疾人权利公约》提供了一个国际性的残疾人法律概念的全新表达。

《残疾人权利公约》是国际社会在21世纪通过的第一个综合性人权公约，也是首个开放供区域一体化组织签字的人权公约。公约旨在成为反映社会进步和发展的人权文书，标志着人们对待残疾人的态度和方法发生了"示范性转变"。

"残疾"的概念是该公约的基础。这也是负责监督该公约国际实施的条约机构——联合国残疾人权利委员会关注的焦点之一。不论对发展中国家还是发达国家，残疾人权利委员会都常常有这方面的关切和不满，认为缔约国未能全面反映公约精神，在法律上做出与公约一致的定义。

《残疾人权利公约》的序言和第一条对残疾人群总体特征有一个描述，"确认残疾是一个演变中的概念，残疾是伤残者和阻碍他们在与其他人平等的基础上充分和切实地参与社会的各种态度和环境障碍相互作用所产生的结果"。而第一条关于公约宗旨的第二款则说明，"残疾人包括肢体、精神、智力或感官有长期损伤的人，这些损伤与各种障碍相互作用，可能阻碍残疾人在与他人平等的基础上充分和切实地参与社会"。序言明确提出了残疾是有损伤者和他人态度及环境之间互动所产生的，且这一现实进一步阻隔了残疾人。公约强调的是互动关系，即个体损伤和外界态度、环境的互动构成的障碍对残疾平等参与社会的影响，这一理念也呼应和反映了20世纪80年代由英国残疾学者提出的社会模式残障观的新理念。[1]

中国《残疾人保障法》中第二条对残疾人的定义是："残疾人是指在心理、生理、人体结构上，某种组织、功能丧失或者不正常，全部或者部分丧失以正常方式从事某种活动能力的人。"自从20世纪60年代开始，就不断有人质疑这种以疾病和损伤为视角，并以矫治康复为主要应对手段的定义模式。

客观地说，无论是在新理念下，还是在既有的尚待改进的观念之下，残疾人的操作性的定义都是与特定国情相联系的，既与社会观念和认识相关，也与社会经济发展水平和社会保障能力相联系。我们看到的不同国家向联合国报告的国内残疾人人口的数量，其实是不具有可比性的。因为法律和政策意义上的、具体的、操作性的残疾人甄别、确认过程是在不同定义和标准之下的工作过程。

公约的宗旨是促进、保护和确保所有残疾人充分和平等地享有一切人权和基本自由，并促进对残疾人固有尊严的尊重。该公约规定了八个一般原则，进一步体现了新的对待残疾人的态度和方法上的转变：

1. 尊重固有尊严和个人自主，包括自由做出自己的选择，以及个人的自立；

2. 不歧视；

3. 充分和切实地参与和融入社会；

4. 尊重差异，接受残疾人是人的多样性的一部分和人类的一分子；

---

[1] 李敬：《〈残疾人权利公约〉中的定义——解读〈残疾人权利公约〉之二》，《中国残疾人》2015年第9期。

5. 机会均等；

6. 无障碍；

7. 男女平等；

8. 尊重残疾儿童逐渐发展的能力并尊重残疾儿童保持其身份特性的权利。

公约代表着残疾人权利保障的新理念和新文化。在保障残疾人权利的宗旨和目标下，尽可能地吸收其精神和指导意义，在法律和政策层面，关注社会互动意义上的残疾人概念，是有积极的现实意义的。而在法律和政策之外，也首先是要改进和提高社会的认知，促使全社会改变对残疾人存在的偏见和刻板印象，包括经意和不经意的歧视性的认识。

中国一直在积极参与残疾人事务国际与区域合作并做出了重要贡献。自20世纪80年代以来，中国就支持并践行《关于残疾人的世界行动纲领》和《残疾人机会均等标准规则》。中国积极促成了1993年至2022年三个亚太残疾人十年活动，同时致力于区域残疾人事务交流、合作机制的建设。

从20世纪90年代起，中国就曾在多个国际场合呼吁制定《残疾人权利公约》，并与时任联合国秘书长科菲·安南、联合国人权高专和欧盟有关事务前负责人等各界人士广泛交换意见。2000年3月，中国邀请世界盲人联盟、世界聋人联合会、融合国际、康复国际、残疾人国际等五大残疾人组织以及各大洲十多个国家的残疾人事务负责人或代表齐聚北京，召开"世界残疾人非政府组织领导人会议"，通过了《北京宣言》，呼吁国际社会和各国政府更加关注残疾人状况，呼吁联合国制定保障残疾人权利的国际公约。《北京宣言》在国际上引起了巨大反响，对联合国启动公约制定进程起到了积极的推动作用。

中国是《残疾人权利公约》的发起国之一。在起草《残疾人权利公约》的过程中，中国政府重视残疾人权利的保障及充分实现，对制定此项公约持积极态度。2003年年底，中国向联合国提交了该公约的中国草案，主张公约应注重人权与社会发展并举、权利与措施的统一。中国政府还派团参加了上述会议，主张应根据联大建立公约特委会的有关决议精神，综合考虑社会发展、人权和反歧视等不同方面，起草一项全面保护和促进残疾人权利的公约，但在具体规定上应考虑各国不同情况，强调义务的逐步实现的性质，以便使公约能够为各国所广泛接受并切实履行，真正促进和保护残疾人的权利。[1] 可见，从制定国际公约之始，中国就将发展与人权密切结合在一起了。

中国在公约文本的形成、协调和促成各方达成妥协等方面发挥了建设性作用，为公约的出台做出了重要贡献。基于发展残疾人事业的经验，中国提出的建议颇具科学性和说服力，在公约中也得以体现，例如，中国主张公约既是残疾人权利保护法，又是残疾人事业促进法，要通过残疾人事业的发展实现残疾人的权利，体现人权的真实性和普遍性。中国强调生存权与发展权得到许多国家的认同，使公约更加全面和完整。

2007年3月30日，《残疾人权利公约》开放签署仪式在纽约联合国总部举行。当天，中国常驻联合国代表、特命全权大使王光亚代表中国庄严地在公约上签了字。中国残疾人联合会（简称中国残联）常务副理事长吕世明出席了签字仪式，并在下午的高级别对话中代表

---

[1] 《中国参与国际人权法律文书谈判起草工作》，中国外交部网站，http://www.fmprc.gov.cn/web/wjb_673085/zzjg_673183/tyfls_674667/xwlb_674669/t129649.shtml，2017年4月30日。

中国发言。吕世明说：中国高度重视保障8296万多名残疾人的权利，为该公约的顺利通过做出了实质性贡献；中国愿与各国加强友好交流与合作，促进全世界残疾人状况的普遍改善。①

中国政府于2008年6月26日正式批准《残疾人权利公约》，成为该公约的第33个缔约国。同年8月31日，公约对中国正式生效。也是这一年的11月，中国盲人协会副主席杨佳教授高票当选为联合国残疾人权利委员会委员，并在次年获选委员会副主席，2010年获选连任。② 现任委员当中仍然有一位中国国籍的委员，他是来自中国残联国际部的尤亮，本届任期至2018年12月31日。

◇ 二 保护残疾人权利的举措

中国政府历来重视残疾人权利保障工作，批准联合国《残疾人权利公约》进一步推动了中国残疾人事业的发展。为落实公约所规定的一般义务，促进充分实现残疾人的一切人权和基本自由，特别是残疾人的发展权，使其不受基于任何残疾的歧视，中国政府在立法、行政和司法等方面采取了一系列措施。公约的各项宗旨和原则在中国的相关法律法规和方针政策中得到充分的体现和具体落实。

在政府层面，中国国务院设立有专门的残疾人工作委员会。它的

---

① 《中国签署〈残疾人权利公约〉》，中国常驻联合国代表团网站，http://www.fmprc.gov.cn/ce/ceun/chn/zgylhg/jsyfz/shfz/t307719.htm，2017年4月30日。

② 参见杨佳《担任联合国残疾人权利委员会委员既是荣誉也是责任》，中国科学院网站，http://www.cas.cn/spzbl/yjxjsjbgh/zbzy/201104/t20110422_3120262.shtml，2018年1月25日。

主要职责是，协调国务院有关残疾人事业方针、政策、法规、规划的制定与实施工作；协调解决残疾人工作中的重大问题；组织协调联合国有关残疾人事务在中国的重要活动。国务院残疾人工作委员会的具体工作由中国残联承担。

中国残疾人联合会在中国残疾人事业中承担着重要的角色，是中国残疾人权利保障机制的关键。① 中国残联成立于1988年3月，是国家法律确认、国务院批准的由残疾人及其亲友和残疾人工作者组成的人民团体，是全国各类残疾人的统一组织。中国残联的宗旨是，弘扬人道主义思想，发展残疾人事业，促进残疾人平等、充分参与社会生活，共享社会物质文化成果。中国残联具有代表、服务、管理三种职能：代表残疾人共同利益，维护残疾人合法权益；团结帮助残疾人，为残疾人服务；履行法律赋予的职责，承担政府委托的任务，管理和发展残疾人事业。

中国残联的最高权力机构是全国代表大会，每五年举行一次。全国代表大会闭会期间，由其选举产生的主席团负责贯彻全国代表大会决议，领导全国残联工作。按照国家行政区划设立中国残联各级地方组织，社区居民委员会、村民委员会、残疾人集中的企业事业单位，建立残疾人协会或残疾人小组。从国家到地方，各级残联组织是中国推动残疾人事业发展的重要主体。

残疾人权利保障的立法在中国非常丰富。除宪法当中对公民权利的确认之外，中国有专门的残疾人立法。2008年4月，中国修订了《中华人民共和国残疾人保障法》，第一次引入"禁止基于残疾的歧视"概念，突出"以残疾人权利为本"的理念，明确提出了国家保

---

① 中国残疾人联合会官方网站，http：//www.cdpf.org.cn；英文版，http：//www.cdpf.org.cn/english/，2018年1月25日。

障残疾人享有康复服务、平等接受教育、劳动、平等参与文化生活、各项社会保障等权利，充实了为残疾人平等参与社会生活创造无障碍环境的内容，强化了侵害残疾人的权益所应承担的法律责任。

与之配套，中国政府又颁布了《残疾人教育条例》《残疾人就业条例》《无障碍环境建设条例》等专项法规，对残疾人的教育、就业、康复和无障碍等方面的权利做了更为明确和具体的规定。

只有法律还不够，中国政府通过了大量的政策性文件，具体落实法律的规定。

2008年是中国残疾人社会保障工作的分水岭。之前的社会保障更多停留在社会救助层面，多由民政部门负责，过多地依赖当地的经济发展水平和政府对残疾人重视的程度，可归于慈善模式；之后由于2008年中共中央和国务院发布《关于促进残疾人事业发展的意见》和2010年国务院办公厅转发中国残联、教育部、民政部等部门的文件《关于加快残疾人社会保障体系和服务体系建设的指导意见》，政府开始建立系统的残疾人社会保障体系和服务体系，其特征是主要由各地残联牵头主导，在满足基本社会救助的基础上，推进以基本养老、基本医疗为主的社会保障和社会福利，是一种福利模式。①

国务院授权国务院新闻办2009年4月发布的《国家人权行动计划（2009—2010年）》、2012年6月发布的《国家人权行动计划（2012—2015年）》、2016年9月发布的《国家人权行动计划（2016—2020年)》均对残疾人权利保障做了专门章节的规定，提出了阶段性目标。

目前正在实施的第三个国家人权行动计划《国家人权行动计划（2016—2020年）》强调："健全残疾人权益保障制度，提高残疾人社

---

① 张万洪、姜依彤主编：《平等、融合与发展：残障组织权利倡导指南》，社会科学文献出版社2015年版，第73—74页。

会保障和基本公共服务水平，促进残疾人平等参与社会生活，保障所有残疾人的人权。"该计划具体规定的举措包括：

——全面实施困难残疾人生活补贴和重度残疾人护理补贴制度。符合条件的残疾人家庭以及生活困难靠家庭供养且无法单独立户的成年无业重度残疾人按规定纳入最低生活保障。逐步扩大基本医疗保险支付的医疗康复项目范围。建立残疾儿童康复救助制度。有条件的地方可以为贫困、重度残疾人基本型辅助器具配置给予补贴。优先保障残疾人基本住房。实现残疾人基本民生兜底保障。

——开展残疾人康复服务。制定实施《残疾预防和残疾人康复条例》。为残疾人提供基本康复服务，以残疾儿童和持证残疾人为重点，实施精准康复服务。加强省、市、县级残疾人专业康复机构建设，支持二级综合医院转型建立以康复医疗为主的综合医院或康复医院，建立医疗机构与残疾人专业康复机构双向转诊制度。广泛开展残疾人社区康复。建设康复大学，培养康复专业技术人才。

——推进精神障碍患者社区康复服务。到2020年，基本实现每个地级市拥有一所精神卫生社会福利机构，70%以上的县（市、区）设有精神障碍社区康复机构或通过政府购买服务等方式委托社会组织开展康复工作。

——提升残疾人受教育水平。完善特殊教育学校布局，健全随班就读支持保障体系，努力为残疾儿童提供全纳教育，提供包括义务教育和高中阶段教育在内的12年免费教育，建立为不能到校学习的重度残疾儿童送教上门服务的制度。

——完善残疾人就业创业扶持政策，健全公共机构为残疾人提供就业岗位制度。加大对残疾人自主创业、灵活就业、辅助性就业、网络就业的政策扶持力度。加强残疾人就业培训与服务，为中西部地区

50万名农村贫困残疾人提供实用技术培训，实现城镇新增50万残疾人就业。

——加强残疾人文化权益保障。增加在公共文化场所配备适合残疾人使用的文化娱乐器材。有条件的公共图书馆全部设置盲人阅览区域或阅览室。鼓励盲用读物和残疾人题材图书出版。实施《国家手语和盲文规范化行动计划（2015—2020年）》。

——全面推进无障碍环境建设。确保新（改、扩）建道路、建筑物和居住区配套建设无障碍设施，推进已建设施无障碍改造。加强政府和公共服务机构网站无障碍改造，推动食品药品信息识别无障碍和影视节目加配字幕、手语，促进电信业务经营者、电子商务企业等为残疾人提供信息无障碍服务。进一步完善残疾人驾车服务措施。加大贫困重度残疾人家庭无障碍改造工作力度。

——完善残疾人获得法律援助、法律服务和司法救助制度。严厉打击侵犯残疾人合法权益的违法犯罪行为。畅通残疾人群体的利益表达渠道。

中国政府通过了大量专门针对残疾人的积极政策。2008年3月，《中共中央、国务院关于促进残疾人事业发展的意见》颁布，提出中国政府促进和保护残疾人权益的总体思想、指导原则、目标任务和重大措施。2010年3月，国务院下发《关于加快推进残疾人社会保障体系和服务体系建设的指导意见》，要求到2015年建立起残疾人社会保障体系和服务体系基本框架，到2020年做到"两个体系"更加完备，实现残疾人享有基本公共服务、基本生活保障、基本医疗保障和康复服务，文化教育水平显著提高，就业更加充分。

值得一提的是，为确保国家有关残疾人的法律法规和相关政策的实施，切实改善残疾人生活状况，实现残疾人各项基本权利，中国政府先后实施6个"国家残疾人事业五年规划"。《中国残疾人事业"十一五"发展纲要（2006—2010年）》充分结合《残疾人权利公约》所确定的各项原则，全面规划残疾人康复、教育、就业、扶贫、社会保障、维权、文化体育、无障碍环境建设、残疾人组织建设等各项工作。

2011年6月，国务院残疾人工作委员会制定的《中国残疾人事业"十二五"发展纲要》经国务院同意并批转各地、各部门贯彻执行。纲要强调，"十二五"时期，残疾人事业的发展要按照"政府主导、社会参与，国家扶持、市场推动，统筹兼顾、分类指导，立足基层、面向群众"的要求，健全残疾人社会保障体系和服务体系。纲要确定的"十二五"时期残疾人事业发展的总目标是：残疾人生活总体达到小康，参与和发展状况显著改善；建立起残疾人社会保障体系和服务体系基本框架，保障水平和服务能力明显提高；完善残疾人事业法律法规政策体系，依法保障残疾人政治、经济、社会、文化教育权利；加强残疾人组织和人才队伍建设，提高残疾人事业科技应用和信息化水平；系统开展残疾预防，有效控制残疾的发生和发展；弘扬人道主义思想，为残疾人平等参与社会生活、共享经济社会发展成果创造更加有利的环境。

"十二五"时期特别是党的十八大以来，残疾人权益保障制度不断完善，基本公共服务体系初步建立，残疾人生存发展状况显著改善。法律和政策的制定和实施都离不开从政府到社会，对基本国情的认知，包括对残疾人现状、残疾人具体需求的了解。在这方面，调查和统计工作非常重要。

全国残疾人基本服务状况和需求专项调查工作于2015年1月1日启动。在3个月里，100多万名调查人员对全国在册登记的残疾人以及约 3000 万在册登记而暂未持证的疑似残疾儿童开展一对一调查工作。调查重点了解残疾人在生活救助、社会保障、康复服务、辅具服务、接受教育、就业帮扶、托养照料、扶贫开发、住房保障、无障碍改造、权益维护等方面的现有服务状况、托底服务需求等内容。

此次全国残疾人基本服务状况和需求专项调查与以往有很多不同。1987 年、2006 年中国进行过两次全国残疾人抽样调查，有一定的经验。从此次调查的社会背景看，随着经济、社会的发展，我们有更好的社会基础给予残疾人更好的待遇，同时也为调查的更好开展提供了有利条件。

残疾人权利是中国人权事业的有机组成部分。中国作为一个发展中人口大国，现在仍然面临减贫的严峻任务。中国国家主席习近平提出，到 2020 年让所有贫困人口脱贫。中国减贫事业进入一个精准扶贫和冲刺攻坚阶段。在扶贫过程中，残疾人脱贫问题被作为重中之重。

2015 年 2 月，国务院印发《关于加快推进残疾人小康进程的意见》，提出建立残疾人基本生活兜底保障机制，要加大残疾人社会救助力度，建立困难残疾人生活补贴、重度残疾人护理补贴和残疾儿童康复救助制度，帮助残疾人普遍参加基本养老和基本医疗保险。

2015 年 5 月，人社部、中国残联印发《关于实施残疾人职业技能提升计划（2016—2020 年）的通知》，提出到 2020 年，力争使新进入人力资源市场的残疾人都有机会接受至少一次相应的就业技能培训；使企业技能岗位的残疾人都有机会得到一次以上岗位技能提升培训或高技能人才培训等。

2015 年 9 月，国务院印发了《关于全面建立困难残疾人生活补贴和重度残疾人护理补贴制度的意见》。这是全国层面首次建立残疾人专项福利补贴制度，惠及1000万困难残疾人和1000万重度残疾人，成为保基本、兜底线的重要民生保障制度。

2016年8月，经李克强总理签批，国务院印发《"十三五"加快残疾人小康进程规划纲要》（以下简称《纲要》），提出到2020年，农村贫困残疾人实现脱贫，力争城乡残疾人家庭人均可支配收入年均增速比社会平均水平更快一些，残疾人家庭人均可支配收入年均增速大于6.5%。残疾人普遍享有基本住房、基本养老、基本医疗、基本康复，生活有保障，居家有照料，出行更便利。《纲要》清楚指出，残疾人群体仍然是全面建成小康社会的难中之难、困中之困。《纲要》设定的目标是，到2020年，残疾人权益保障制度基本健全、基本公共服务体系更加完善，残疾人事业与经济社会协调发展；残疾人社会保障和基本公共服务水平明显提高，共享全面建成小康社会的成果。《纲要》强调民生，并提出将农村贫困残疾人作为脱贫攻坚的重点对象，分类施策、精准帮扶，确保如期脱贫的重要性。[1] 这一《纲要》不仅规定了原则性目标和举措，还规定了具体的量化指标，给残疾人带来实实在在的好处。比如，《纲要》提出，要提高残疾人受教育水平。为家庭经济困难的残疾儿童、青少年提供包括义务教育、高中阶段教育在内的12年免费教育。

可以看出，在中国，从修改法律到制定政策，残疾人权利被纳入国家和社会发展的主流，残疾人的发展权被置于残疾人权利保障事业的重中之重，获得持续推进和重点推进。

---

[1] 关于针对残疾人群体的精准扶贫的讨论，参见贾玉娇《积极推动农村残疾人精准扶贫》；徐倩《从"精准扶贫"到"精准助残"》，均载《中国社会科学报》2016年8月17日第6版。

◇ 三 保护残疾人权利的成就和挑战

在笔者看来，中国特色社会主义人权观的一个重要特点是，从不孤立地谈人权，而是将人权与发展、人权与法治等密不可分的社会维度结合起来分析和讨论。重视生存权和发展权，其实也是人权与发展须臾不可分离的社会规律的反映，反映在残疾人权利保障事业领域，就是明确的以人为本、在发展中促进人权的基本路径。

中国为保障残疾人人权所做出的巨大努力和取得的成就赢得了国际社会的普遍赞誉，联合国等国际机构颁发给中国残联等组织"联合国和平使者奖""联合国残疾人十年特别奖""联合国—中国二十五年合作杰出贡献奖""亚太残疾人十年特别奖"等 10 余个奖项。2003 年，中国残联主席邓朴方荣获"联合国人权奖"，成为历史上首位获得此奖的残疾人，也是第一位获此荣誉的中国人。

近年来，中国残疾人权利保障取得的成就有以下几个突出的方面：[①]

第一，残疾人权益保障制度不断完善。2012 年 8 月以来，国务院先后颁布《无障碍环境建设条例》《关于加快推进残疾人小康进程的意见》。最高人民检察院、中国残疾人联合会印发《关于在检察工作中切实维护残疾人合法权益的意见》。建立健全残疾人法律救助制度，为残疾人提供免费、及时、便利的法律服务。

[①] 中国国务院新闻办公室：《国家人权行动计划（2012—2015 年）实施评估报告》，外文出版社 2016 年版，第 59—61 页；中国国务院新闻办公室：《中国的减贫行动与人权进步》，人民出版社 2016 年版，第 20—21 页。

第二，残疾人获得社会保障。截至2015年，全国建立了困难残疾人生活补贴制度和重度残疾人护理补贴制度。1088.5万城乡残疾人纳入最低生活保障范围，近2230万残疾人参加城乡居民社会养老保险，302.3万残疾人参加城镇居民基本医疗保险。2012—2015年，累计为145.2万残疾人提供职业培训，城镇新增123.9万残疾人就业。全国残疾人网络就业服务平台开通。496.2万农村贫困残疾人脱贫，317万农村贫困残疾人得到实用技术培训，因残致贫现象得到有效缓解。中央安排37.4亿元康复扶贫贴息贷款，扶持21.9万贫困残疾人。国家补助完成117.5万户农村贫困残疾人危房改造。

第三，残疾人康复服务持续推进。截至2015年年底，全国已建社区康复站的社区总数22.2万个，2012—2015年，854.4万残疾人接受社区康复服务。1246.6万残疾人得到基本康复服务，提前完成计划预期目标。2011—2015年，中央财政投入经费4.32亿元，为3.6万名贫困孤独症儿童提供康复训练补助。覆盖城乡的辅助器具服务网络逐步完善，累计提供各类辅助器具665.5万件。

第四，残疾人教育、就业和文化权利得到进一步保障。实施《特殊教育提升计划（2014—2016年）》，全面提升特殊教育普及水平、保障能力和教育教学质量。2015年，全国共有特殊教育学校2053所，在校生44.22万人，专任教师5.03万人。2012—2015年，中央财政共下达特殊教育补助资金9.25亿元。实施"特殊教育学校建设（二期）工程"，安排专项资金24.42亿元，共支持61所残疾人中高职院校和高等特殊师范院校基础设施建设。有关部门于2015年印发《残疾人参加普通高等学校招生全国统一考试管理规定（暂行）》，保障残疾人的平等受教育权；积极推进《残疾人教育条例》修订工作，加强法律保障。2012年印发《关于加强残疾人职业培训促进就业工作的通知》,保证有就业愿望的残疾人都能获得相应的职业培训。自2014年开始,党政机关、事业单位、国有企业等单位招录残疾高校毕业生得到政策性保障。在各级公共图书馆建立盲人阅览室,截至2015年年底,盲文图书新增藏量48.6万册,盲人阅览室座席数2.1万个。盲文出版物出版规模大幅提升。2011—2015年,共出版盲文教材476个品种,69.2万册;盲文图书5526个品种,133.19万册;低视力大字版图书1138个品种,112.34万册;盲人有声读物2400个品种,16000小时,提前并超额完成计划预期目标。优秀盲文出版项目纳入国家出版规划,国家出版基金对符合条件的予以支持。

第五,无障碍建设与改造加速推进。有关部门修改实施《残疾人航空运输管理办法》《无障碍设计规范》,印发《关于加强村镇无障碍环境建设的指导意见》,制定实施《网站设计无障碍技术要求》。在所有列车设置残疾人专座,允许导盲犬乘坐火车。在城市道路、建筑物公共停车场增设无障碍停车位,在人行道交通信号设施安装盲人过街音响信号装置。国家补助57.3万户贫困残疾人家庭进行无障碍改造。当然作为一个发展中国家,无障碍理念的普及,相关建设和设施完善还需要时日。2012年8月6日,肢体残障的王金雷在河南省郑州市火车站乘火车时,因无障碍通道上锁、无工作人员开门而误车;他在找郑州火车站管委会投诉,管委会当即赔礼道歉,并赔偿他3000元的损失。有专家认为,这是《无障碍环境建设条例》生效后的首例赔偿案例。[①] 2013年,第二版的福建省福州市无障碍爱心地图正式推出,并发布了手机客户端。

[①] 张万洪、姜依彤主编:《平等、融合与发展:残障组织权利倡导指南》,社会科学文献出版社2015年版,第110页。

中国作为积极倡导《残疾人权利公约》的制定、推广和实施的发展中国家，本身在包括残疾人权利保护在内的法治与人权事业的发展过程中取得了令人瞩目的成就，也积累了丰富的经验。当下中国残疾人权利保障事业面临许多挑战，同时对这些挑战的应对也是一种新的机遇。

第一，进一步完善法律和政策体系，倡导新的残疾人权利观。

人权不仅是政治问题、法律问题，也是一个社会文化问题。《残疾人权利公约》所提供的，绝不仅仅是一种国际法原则和规则，更是一个崭新的人权视角、残疾人权利观，它所倡导的是一种新的基于人（所有人）的人格尊严的人权文化。

因此，新时代的残疾人事业或者残疾人工作，更加强调权利视角。这意味着一种工作范式的转换，或者说权利意识的提高。

不论从发达国家来看，还是对发展中国家来说，联合国残疾人权利委员会关注的不仅仅是一国对残疾人群体投入了多少资金，做了多少事情，还关心在这一过程当中是否仅仅是将残疾人作为接受救济、援助和保护的对象，是否残疾人也可以像其他人一样，有尊严、有适当自主性的选择、有行动的自由、有平等参与发展并从发展中提升自我获得感和成就感的机会。

古今中外，人类的文明史并不短，但是真正全面地看待人、尊重人、尊重所有人的历史却并不长。人权主流化是20世纪90年代后期，联合国提出并倡导的口号。而残疾人权利的主流化口号出现得更晚一些，相对应的是残疾人权利的边缘化，在国内社会和国际社会皆然。

《残疾人权利公约》的制定、新近联合国2030年可持续发展议程的通过都极大地促进了残疾人权利主流化的进程，有利于国内和国际社会对于残疾人权利的重视以及认识上的提高。这对于进一步完善残疾人权利法律和政策体系具有重要意义。

因此，国际公约的履约过程，国内立法和政策的制定与实施，需要有一个明确的尊重和保障残疾人人权的意识，要用《残疾人权利公约》的宗旨、新定义、新理念指导相关的工作，特别是要加强教育与宣传，让新的残疾人权利观在社会中获得普及，深入人心。

第二，进一步加强国内残疾人权利保障机制建设。

残疾人权利保障机制是一国人权保障机制的有机组成部分，同时也是一个独立的重要领域。联合国残疾人权利委员会重视各国《残疾人权利公约》履约机制的建设，例如，缔约国指定何种或者哪个机构、部门作为履约工作的协调中心或者连接点，如何协调一国中央和地方、联邦和各州或邦的关系，如何处理政府与社会主体的互动，如何听取残疾人及其群体的意见和建议等。

各国有不同的政治、法律、社会体制。许多国家建立了国家人权委员会，联合国为此倡导一种独立的国家人权委员会标准，即《巴黎原则》；不论发达国家，还是发展中国家，都有许多国家建立这一机构，并致力于符合联合国的相关标准。但是，是否建立国家人权机构，建立何种国家人权机构，本身不是目的，应该是建立符合本国国情，能够真正促进本国人权事业发展的机构和机制。因此，不应该也不可能按照刻板的标准来决定是否建、建立什么样的国家人权机构。比如是建立一个综合的国家人权机构，还是建立若干个专门领域的国家人权机构，建立具有多大程度独立性的国家人权机构（是否隶属于国家权力机关等），是否具有个案处理甚至是审理能力等。联合国的《巴黎原则》是一个总体的、一般性的经验总结或者指引，具有建设和参考的性质，其宗旨和目标，也是希望各国能够建立起符合实际情况、真正有效促进人权的机制，因此，也并非是要提供一个简单或者强求划一的模式。

从各国的实践看，政府与社会力量的有机配合，倾听、尊重残疾人及其群体的意见、需求，更好地加强国家顶层设计，夯实基层和基础，是做好残疾人权利保障工作的重要趋势。

在中国，在国家层面，有国务院的残疾人工作委员会，也有国家法律确认、国务院批准的由残疾人及其亲友和残疾人工作者组成的人民团体——中国残疾人联合会，是全国各类残疾人的统一组织。中国残疾人工作的政府机制是健全的。

还应当看到，在中国，长期存在的是"大政府，小社会"的社会格局。中国历来重视社会组织的管理，并且是与特定的政治、经济和社会发展阶段及背景相联系的。今天，各级政府确立了加强社会机制创新和社会治理的目标，更加重视对社会组织的分类管理，在加强管理的同时，努力发挥国内社会组织的积极和建设性作用。[1] 在这方面，中国残联可以在残疾人领域的社会组织的发展、指引方面发挥积极作用。

第三，利用大数据时代的发展机遇，进一步加强残疾人统计调查工作。

考察联合国残疾人权利委员会对各国国家履约报告审议的结果，它几乎无一例外地强调针对残疾人的统计和调查工作的重视，要求加强对残疾人基本情况、生活和发展状况的统计和调查工作。而且，它还强调建立和实行基于人权的调查和统计体系，比如分性别、分种族、分健康状况等细分的调查指标和数据收集、处理。

---

[1] 参见柳华文《社会企业提供发展新动能》，《中国经济社会论坛》2017年第3期。

联合国2030年可持续发展议程也特别强调统计调查工作。它在第57段中提出："我们认识到，仍无法获得某些具体目标的基线数据，我们呼吁进一步协助加强会员国的数据收集和能力建设工作，以便在缺少这类数据的国家制定国家和全球基线数据。我们承诺将填补数据收集的空白，以便在掌握更多信息的情况下衡量进展，特别是衡量那些没有明确数字指标的具体目标的进展。"

对于发展中国家，特别是像中国这样的发展中大国来说，人权领域的统计调查工作在人力、物力、时间、精力和技术上都意味着不小的挑战。然而，这是一个方向和趋势。现代社会，对于经济发展和社会进步来说，"心中有数"是正确决策和开展工作的基础。

可喜的是，中国政府非常重视残疾人事业中的统计调查工作，在这方面，有多次的全国性调查工作的经验，逐步形成了自己的制度、工作经验，也培训出一支开展调查工作的队伍。虽然仍然是任重道远，但是已有重要的基础。

互联网技术的发展和运用，特别是大数据时代的到来，为我们根据国情、发展需要，加强统计调查工作提供了重要的机遇。这是中国作为发展中国家，在信息领域"弯道超车"的重要机会。由于互联网技术的运用，中国司法机关在司法公开领域，比如最高人民法院根据中央关于进一步深化司法体制改革的总体部署，推进阳光司法，全面推进审判流程公开、庭审活动公开、裁判文书公开、执行信息公开四大平台建设，成就令许多西方发达国家的专家惊叹。可以说，在残疾人统计、调查工作方面，还大有文章可做，潜力很大。

第四，继续引领联合国2030年可持续发展议程的落实，以议程和公约为基础开展国际交流与合作，推动残疾人权利的实现。

虽然人权主流化的主张在联合国已提出了一段时日，但是残疾人权利的主流化，特别是纳入国际发展议程，却并没有经过很长时间。非常遗憾的是，在联合国千年发展目标当中，残疾人权利并没有被明确提及。

近年来，将残疾人权利纳入国际发展议程逐渐成为国际共识。一贯将生存权和发展权作为首要人权的中国正是这一趋势的积极倡导者、支持者和建设者。

2013年9月23日，"残疾与发展问题"高级别会议在纽约联合国总部举行，包括一些国家元首和政府首脑在内的联合国会员国代表以及来自残疾人组织的800多名代表出席，从而拉开了第六十八届联合国大会的序幕。这是联合国历史上首次就残疾人问题召开国家元首级会议。当天，率团出席会议的中国残疾人联合会主席张海迪在发言中指出，在当今这个全球化的时代，残疾人问题已经超越了文化和国家的界限。只有借助国际和区域合作，共同发展的目标才能实现。她就进一步加强残疾人问题的区域和国际合作提出了以下4点建议：第一，在加强传统的南北合作的同时，深化南南合作，将残疾人问题纳入全球经济社会发展的主要议题；第二，在国际交流与合作中，应优先考虑发展中国家残疾人的生存与发展问题；第三，国际社会应重视区域与次区域合作；第四，国际发展机构和发达国家要为发展中国家提供更多有利于残疾人发展的援助。①

经过两年多谈判，联合国193个会员国于2015年8月就2015年后发展议程达成一致。9月1日，联大通过决议，决定将各方协商一致的2015年后发展议程正式提交联合国发展峰会审议通过。9月25日，联合国发展峰会在美国纽约联合国总部开幕，随着峰会主席丹麦

---

① 《联合国大会关注全球10亿残疾人》，新华网，http://news.xinhuanet.com/gongyi/2013-09/25/c_125442358.htm，2017年4月30日。

首相拉斯穆森敲响木槌，题为《变革我们的世界——2030年可持续发展议程》（也称后2015年议程）的文件正式获得通过。残疾人权利保障终于直接、正式地写进了新的发展议程，文件在非歧视、赋权、教育、就业、城市和社区建设和国际合作等部分明确提到"残疾"或者"残疾人"的地方有11处之多。[1] 在发展中实现残疾人的人权，残疾人人权得以通过发展话语、以发展权的形式被强调和落实。抽象的发展权在向具体的发展权转化和延伸。

2016年3月15日，中国外交部部长王毅主持召开落实2030年可持续发展议程部际协调机制首次会议，研究和部署中国落实2030年可持续发展议程相关工作。中国残联与国家发展改革委、教育部、科技部、商务部等43家协调机制成员单位参加了会议。

2016年4月19日，中国发布《落实2030年可持续发展议程中方立场文件》。它标志着中国已全面启动落实工作。立场文件中明确提出："维护公平正义。把增进民众福祉、促进人的全面发展作为发展的出发点和落脚点。坚持以人为本，消除机会不平等、分配不平等和体制不平等，让发展成果更多、更公平惠及全体人民。促进性别平等，推动妇女全面发展，切实加强妇女、未成年人、残疾人等社会群体权益保护。"[2]

可以看出，2015年后发展议程的提出和实施，是人权与发展密切结合的典范，中国不仅在联合国千年发展目标的实现方面、在2030年新议程的拟定过程中贡献突出，也将在新议程的未来实践中发挥重要作用。

---

[1] 联合国文件：A/RES/70/1。

[2] 文件全文可参见中国外交部网站，http：//www.fmprc.gov.cn/web/ziliao_674904/zt_674979/dnzt_674981/qtzt/2030kcxfzyc_686343/t1357699.shtml，2017年4月30日。

总之，中国在促进残疾人权利保障事业的过程中，将人权与发展联系在一起，将生存权、发展权放在残疾人权利保障首位，从法律、政策及其实施入手，在就业、教育等领域持续加强残疾人权利的民生保障，并在国内不断加强残疾人权利的保障的同时，在国际社会致力于加强交流与合作，促进并响应联合国的发展议程，积极引领联合国2030年可持续发展议程的实现。中国残疾人权利保障事业的基本特点、基本路径和重要成就生动地反映了中国重视和实现发展权的实践，体现了发展与人权有机融合。

第 九 章

中国与国际人权治理

人权是世界各国人民共同的理想。古往今来,各国人民和仁人志士不断加深对人权的认识,并通过具体的人权实践倡导和推动人类社会的文明与进步。进入 21 世纪,随着生产力的进一步解放,生产关系的优化和发展,人类社会保障人权的水平和潜力是前所未有的。

然而,人权的实现从来都不是简简单单、自然而然的,而是各国人民通过辛勤的劳动、不懈的努力,甚至是艰苦卓绝的斗争获得的。今天,无论是在全球还是在单个国家的层面,尊重和保障人权的事业仍然是挑战和机遇并存。

2017 年 2 月 27 日,联合国新任秘书长安东尼奥·古特雷斯(António Guterres)出席人权理事会第三十四次会议、首次以秘书长身份在该理事会发表演讲时指出,世界正在变得更加危险,不可预测,且更为混乱,旧的冲突尚未结束,新的冲突又开始出现。[1]

国际人权事业的发展正在面临传统和新型的挑战,特别是在相当程度上面临着政治、经济和科技等诸多因素带来的不确定性。人们希

---

[1] António Guterres, Remarks to the UN Human Rights Council, 27 February 2017, a-vailable at://www. un. org/sg/en/content/sg/speeches/2017 – 02 – 27/secretary – generals – human – rights – council – remarks, last visited on March 28, 2017.

望来之不易的人权进步具有不可逆性,但是世界和平并非坚不可摧,局部的战争和武装冲突还没有得到有效预防和制止;联合国所倡导的进一步促进繁荣和消除贫困的发展目标仍然任务繁重;某些区域出现的愈演愈烈的移民和"难民潮"问题仍然无解;个别国家单边主义和保守主义抬头;应对世界范围内恐怖主义、种族主义、性别歧视等社会顽疾仍然是任重道远;而在环境保护、气候变化、互联网、医疗技术等对人权产生复杂影响的诸多新兴领域,尚缺乏有效治理。

大河有水小河满,反之亦然。世界人权事业的进步离不开包括发展中国家和不发达国家在内的世界各国的经济发展和社会进步,离不开国家间积极、有效、建设性的交流与合作。以联合国为代表的普遍性国际组织,既见证了国际人权事业的发展和进步,又见证了国际人权事业面临的风险和挑战,包括人权领域的"治理赤字"。针对于此,关于保障人权这一全人类共同的事业,中国主张体现中国智慧。这就是,在国内,主要依靠本国人民,坚持适应本国国情、符合最广大人民利益的人权道路;在国际,各国共同努力,构建相互尊重、公平正义、合作共赢的新型国际关系,构建人类命运共同体,坚持多边主义,加强人权领域对话与合作,实现合作共赢。

一 联合国与人权主流化

两次世界大战给人类带来了惨不堪言的战祸,德国法西斯主义和日本军国主义的残暴行径,包括纳粹对犹太人灭绝种族的行为和侵华日军在中国南京进行的大屠杀,激起全世界人民的义愤,促使人类深刻反省。人们认识到,国家侵犯和践踏人权的野蛮行为与其侵略行为之间存在密切的联系,尊重人权与维护世界和平密切相关。

1944年8月至10月,美国、苏联、英国和中国四大国举行了筹建联合国的敦巴顿橡树园会议,同意由美国提出的联合国"应就推动人权及基本自由的尊重而进行研究和提出建议"的方案。会议最终达成的《关于建立普遍性的国际组织的建议案》倡议:"考虑到创造稳定与福利的条件对于国家间和平与友好关系的必要性,联合国应促成对社会、经济和其他人道主义问题的解决,推动对人权和基本自由的尊重。"①

1945年旧金山会议期间,人权问题交由一个小组委员会讨论。小组委员会的报告承认人权问题主要是一个国内事务,但同时又指出,如果个人的基本自由受到严重的侵犯,以致造成威胁或者阻挠《联合国宪章》条款实施的情况,就不能认为纯粹是一国之事。② 其实,当时的主要战胜国都有自身的人权问题,苏联有古拉格制度,美国存在法律上的种族歧视,英法则要维护其殖民帝国,所以它们在推动人权方面的态度都是有所保留的,而只有一些小的国家和非政府组织提倡建立一个有效的国际人权保障体系。③

1945年6月26日旧金山会议结束时50个国家的代表在旧金山签字通过《联合国宪章》(以下简称《宪章》)。同年10月15日,波兰

---

① "Proposals for the Establishment of a General International Organization", *Documents Pertaining to American Interest in Establishing a Lasting World Peace*: January 1941 – February 1946, Pennsylvania: The Book Department, Army Information School, Carlisle Barracks, May 1946, p. 45.

② 陈世材:《国际组织——联合国体系的研究》,中国友谊出版公司1986年版,第219—220页。

③ 托马斯·伯根索尔、黛娜·谢尔顿、戴维·斯图尔特:《国际人权法精要》,黎作恒译,法律出版社2008年版,第21页。

也认可了《宪章》的内容。《宪章》于1945年10月24日正式生效。《宪章》中规定人权问题的条款有9处之多,①但是措辞谨慎。这符合国际法慎重与保守的特点。《宪章》明确重申基本人权、人格尊严与价值（序文），将联合国的宗旨之一定为"增进并激励对于全体人类之人权及基本自由的尊重"。除了序言、第五十五条及第五十六条以外，《宪章》其余的各项人权条款都是在专门规定联合国及其机构的宗旨或职权，而不是直接规定会员国的义务。第五十五条规定："为造成国际间以尊重人民平等权利及自决原则为根据之和平友好关系所必要之安定及福利条件起见，联合国应促进……（寅）全体人类之人权及基本自由之普遍尊重与遵守，不分种族、性别、语言或宗教。"② 第五十六条规定："各会员国担允采取共同行动及个别行动与本组织合作，以达成第五十五条所载之宗旨。"③

从联合国成立起，70多年来，国际社会风云变幻，国际关系继往开来，联合国已经成为世界多边外交的重要舞台、国际治理体系的核心。联合国的发展历程中，和平、发展和人权是三条重要的主线，贯穿始终，并继续指引其未来的改革与发展。人权主流化是联合国的工作重点，也是国际组织和国内社会出现的以推动人权立法和决策及其实施的重要趋势，这在联合国的法律发展和机制建设中有充分的体现。

以1948年《世界人权宣言》和1966年《经济、社会和文化权利

---

① 指序文、第1条第3款、第13条第1款（丑）项、第55条（寅）项、第56条、第62条第2款、第68条、第73条和第76条（寅）项。

② 《联合国宪章》，http://www.un.org/zh/documents/charter/chapter9.shtml，2018年1月20日。

③ 同上。

国际公约》《公民权利和政治权利国际公约》共同构成的"国际人权宪章"为基础,许多国际人权条约或其他国际文件得到通过或发展,而且联合国的人权机制建设也得以不断进步和完善。

联合国框架下产生并且现行有效的核心人权条约包括:(1) 1965年《消除一切形式种族歧视国际公约》;(2) 1966年《公民权利和政治权利国际公约》;(3) 1966年《经济、社会和文化权利国际公约》;(4) 1979年《消除对妇女一切形式的歧视公约》;(5) 1984年《禁止酷刑和其他残忍、不人道或有辱人格的待遇或处罚公约》;(6)《禁止酷刑和其他残忍、不人道或有辱人格的待遇或处罚公约任择议定书》;(7) 1989年《儿童权利公约》;(8) 1990年《保护所有移徙工人及其家庭成员权利国际公约》;(9) 2006年《残疾人权利国际公约》;(10) 2006年《保护所有人免遭强迫失踪国际公约》。

这些条约极大地丰富了国际人权法的法律框架和内容,构成了一个较为完整的规则体系,并为联合国根据《联合国宪章》推动人权工作、建立人权机制奠定了法律基础。[①]

联合国人权体系的建立引起联合国首任人权司司长、国际人权法元老约翰·汉弗莱(John Humphrey)的注意。他较早地预见到国际人权法的深远影响。汉弗莱认为,由于国际人权法的发展,国际法"不仅在内容上正在更新,而且它的特点和构成也在发生变化。就其特点而言,它曾是水平式的,因为它仅仅规定国家的关系;现在它是垂直式的,因为它现在延伸到了作为个人的男男女女。从现在算起

[①] 联合国的人权条约体系也仍然可以丰富和完善,起草《老年人权利公约》问题已经提上日程,参见柳华文《关于制定联合国〈老年人权利公约〉的初步研究》,载中国国际法学会主办《中国国际法年刊》(2012年卷),法律出版社2013年版,第355—382页。

100 年之后,当历史学家就 20 世纪的国际法著书立说的时候,他们就会说,在这个体系的历史上这些发展是最重要和最彻底的"①。

1993 年世界人权大会通过的《维也纳宣言和行动纲领》虽然没有"人权主流化"的字样,但是实际上提出了这样的要求,它敦促联合国机关和机构的高级官员协调行动,评估其战略和策略对人权的影响。

1997 年时任联合国秘书长科菲·安南在《革新联合国:改革方案》报告中强调了人权主流化的需要,他说:"人权是促进和平与安全、经济繁荣和社会公正所不可或缺的。联合国在其作为世界组织的整个历史中,一贯积极促进和保护人权……联合国的一项主要任务是加强它的人权方案,并将其纳入联合国范围广泛的各项活动。"② 2002年,安南秘书长在题为《加强联合国:进一步改革纲领》的报告中有进一步的阐述:"提倡和保护人权是实现《宪章》关于建设一个正义与和平的世界这一前景的基本条件。人权准则和人权公约地位的提高及其推广是上一个世纪真正的丰功伟绩之一,联合国是做出这项努力的核心机构。"③ 2005 年安南秘书长的报告《大自由:实现人人共享的发展、安全和人权》强调:"确实,在本组织的整个工作中,都应将人权纳入决策和讨论。人权'主流化'的概念近年来受到更多的重视,但尚待在关键的政策和资源决策中得到充分体现。"④

---

① John Humphrey, *No Distant Millennium: The International Law of Human Rights*, Paris: UNESCO, 1989, p. 203.

② 联合国大会文件:A/51/950,第 78、79 段,http://daccess-dds-ny.un.org/doc/UNDOC/GEN/N97/189/78/IMG/N9718978.pdf?OpenElement,2018 年 1 月 20 日。

③ 联合国大会文件:A/57/387,第 45 段,http://daccess-dds-ny.un.org/doc/UNDOC/GEN/N02/583/25/PDF/N0258325.pdf?OpenElement,2018 年 1 月 20 日。

④ 联合国大会文件:A/59/2005,第 144 段,http://www.un.org/chinese/larger-freedom/part4.htm,2018 年 1 月 20 日。

事实上，2006年联合国人权理事会的建立就是联合国加强人权领域工作、推进联合国改革与发展的重要举措，这本身即是人权主流化的结果，反过来，也有益于进一步推进人权主流化。

2005年世界首脑会议在决定创建人权理事会时指出，"支持进一步将人权置于整个联合国系统的主要位置"，"负责促进普遍尊重对所有人的所有人权和基本自由的保护"，"处理各种侵犯人权的情况，包括粗暴、蓄意侵犯人权的事件"，"促进联合国系统内部的有效协调，推动将人权纳入主流"。①

中国学者张乃根据此认为，新成立的联合国人权理事会已经与原有的安理会、经社理事会一起初步形成了与《联合国宪章》的"三重"宗旨即"和平与安全、发展、人权"相吻合的"三重"理事会。"三重"理事会的形成是近年来联合国改革新路径的目标，体现了健全的国际法治理念。② 的确，2004年关于联合国改革的高级别小组报告提议创建人权理事会时就建议，"从长远来看，会员国应考虑把（人权）委员会提升为'人权理事会'，这就是说，它不再是经济及社会理事会的附属机构，而是与理事会和安全理事会同等并列的一个宪章机构，以此体现在《宪章》序言中，人权问题与安全和经济问题一样，同样得到了重视"③。

2011年联合国大会通过对人权理事会的第一次审查决议，决定

---

① 联合国大会决议：《2005年世界首脑会议成果》，A/RES/60/1（2005），第157—159段，http：//mdgs. un. org/unsd/mdg/Resources/Static/Products/GAResolutions/60_ 1/a_res_ 60_ 1c. pdf，2018年1月20日。

② 张乃根：《论联合国"三重"理事会》，《国际法研究》2014年第3期。

③ 威胁、挑战和改革问题高级别小组的报告：《一个更安全的世界：我们的责任》，联合国大会文件：A/59/565（2004），第291段，http：//www. reclaimourun. org/documents/documents/Amoresecureworld_ 000. pdf，2018年1月20日。

继续保持该理事会的现时地位,"并在适当时候而且在最早10年最晚15年的时间内再次审议是否保持这一地位的问题"[①]。可见,联合国人权主流化的进程已经开始,但是还没有完成预期,存在继续强化的趋势。

随着国际社会人权主流化趋势的日益推进,国际刑法、国际劳工法、国际人道法等与国际人权法已经有了相当明显的交叉和融合。比如,拐卖人口向来被认为是刑法问题,长期以来在联合国也是在国际刑事司法合作的框架下而不是在人权机制框架下开展相关工作的。近年来,在反对人口拐卖的过程中,侧重点越来越由预防和打击犯罪转向人权保障和受害人保护。反对拐卖人口的主题开始更多地在人权视角下获得讨论。联合国经社理事会提出了反对人口拐卖工作的"人权至上原则"(principle of the primacy of human rights)[②]。

不仅联合国各主要机关在其工作中积极纳入人权视角,联合国各专门机构也在人权主流化趋势下加紧改革或者转型。例如,联合国儿童基金会在1998年向所有国家项目组发放了《联合国儿童基金会以人权为本的项目方法指南》,首次在其整个系统内对以人权为本的发展项目方针做出系统阐述。1999年它通过了将人权纳入其工作的政策文件《联合国儿童基金会的人权概念性框架》。在人权主流化的过程中,最显著的变化是,众多联合国机构和国际非政府组织或发展机构都将以往熟知的"以基本需求为本"的思路和方式转换成"以权利

[①] 联合国大会决议:《审查人权理事会》,A/RES/65/281(2011),第3段,http://www.un.org/zh/documents/view_doc.asp?symbol=A/RES/65/281,2015年1月20日。

[②] 《建议采用的人权与贩运人口问题原则和准则》,联合国经社理事会文件:E/2002/68/Add.1,2002年,准则1,http://www.un.org/ga/president/62/ThematicDebates/humantrafficking/N0240168.pdf,2018年1月20日。

为本"的框架模式。[1]

将人权与安全和发展并列,作为联合国改革与发展的三大支柱,这对于联合国的工作及其在国际社会的地位与作用具有深远影响。三者的有机结合和互相补充与促进是联合国在经济全球化背景下进入21世纪之际根据《联合国宪章》和《世界人权宣言》做出的重要抉择。

二 中国积极参与联合国人权工作

中国作为发展中大国,也是联合国的创始会员国、安全理事会的常任理事国,现在还是人权理事会的成员国,高度重视联合国在当今国际社会中发挥的重要作用。中国一直以积极负责的态度参加联合国的人权活动与工作,努力促进国际人权事业的健康发展,在世界人权事务中发挥着越来越重要的作用。

从1979年起,中国连续多年派代表以观察员身份列席联合国人权委员会会议。1981年,中国在联合国经社理事会当选为人权委员会成员国,并一直连任该委员会成员。自1984年开始,中国向人权委员会推荐的人权事务专家连续当选为防止歧视和保护少数小组委员会的委员和候补委员。

以美国为代表的部分西方国家在国际人权领域的双重标准曾经严重影响了联合国的人权工作。自1990年起,联合国人权委员会中一度出现了西方国家提出的题为"中国的人权状况"的所谓"反华提

---

[1] Urban Jonsson, "Human Rights Approach to Development Programming", http://www.unicef.org/rightsresults/files/HRBDP_Urban_Jonsson_April_2003.pdf, 2018年2月14日。

案"。中方根据程序规则,以"不采取行动"动议还击,即要求委员会对西方的提案不采取任何行动,不讨论也不表决。在人权委员会上中国连续11次挫败反华提案,说明这种政治性的选择具体国家进行指责的动议是不得人心的。[①]

1995年9月,中国成功地在北京举办了联合国第四次世界妇女大会和非政府组织妇女论坛。北京世妇会是妇女权利保障史上一个里程碑式的会议。

中国在人权领域的努力和成就也获得了国际社会的积极肯定。2003年11月,中国承办了联合国亚太经社理事会关于制定《残疾人权利公约》的政府间会议,会议通过了《北京宣言》。中国还参与推动第二个"亚太残疾人十年(2003—2012年)"活动。2003年12月,第五十九届联合国大会主席朱里安·亨特向中国残疾人联合会主席邓朴方颁发了"联合国人权奖"。

中国始终以实际行动支持联合国维和行动。自1989年起,中国开始派出观察员参加联合国维护和平行动。1992年派出800人的工程大队赴柬埔寨。2000年1月,应联合国请求,中国向联合国东帝汶过渡行政当局派遣了15名民事警察。这是中国政府首次派遣民事警察执行联合国维和任务。截至2018年1月24日,中国累计派出维和人员近4万人次,先后有13名官兵和4名警察在执行维和任务时献出了宝贵生命。

中国国家主席习近平2015年出席联合国成立70周年系列峰会时宣布建立中国—联合国和平与发展基金,目的是支持联合国工作,促进多边事业,为世界和平与发展做出新的贡献。基金已在斡旋调解、

[①] 参见李林蔚、陶甜《难忘16年前的那个春天——访联合国人权小组会专家陈士球》,《人民日报》(海外版)2006年3月17日。

维和及反恐能力建设、2030年可持续发展议程、难移民等领域开展了几十个具体项目。①

中国是联合国《关于难民地位的公约》及其议定书的缔约国，积极参与和支持了世界范围内由联合国主导的难民保护工作。中国国务院总理李克强2016年9月19日出席了在美国纽约举行的联大"应对难民和移徙者大规模流动问题高级别会议"，这是联合国成立以来的首次应对难民和移民大规模流动问题高级别会议。他指出，难民和移民的大规模流动引发了一系列的政治、经济、社会和安全问题，面对这一国际社会的共同挑战，中国愿承担与自身相应的责任。② 李克强总理承诺，在已有援助规模基础上，中国再提供1亿美元援助。

中国与许多美国、英国、澳大利亚等许多国家以及欧盟等就人权问题进行了多轮对话，邀请众多联合国和其他国家的人权官员和专家访华，并派出代表团赴一些国家就国际人权领域的有关问题交换意见和看法。

针对政治性、选择性和对抗性之弊，2006年联合国人权理事会正式成立，取代了人权委员会。理事会成立伊始，中国即获选首届的人权理事会成员国，此后多次获得连任。

中国政府高度重视参与联合国人权理事会普遍性定期审议工作。除了认真审议其他国家外，中国政府积极筹备和参加对中国的审议工作。2009年是中国首次接受审议。联合国人权理事会第十一次会议

---

① 《2018年1月24日外交部发言人华春莹主持例行记者会》，外交部网站，http://www.fmprc.gov.cn/web/wjdt_674879/fyrbt_674889/t1528436.shtml，2018年3月9日。

② 李克强：《在第71届联大解决难民和移民大规模流动问题高级别会议上的讲话》，《人民日报》（海外版）2016年9月21日。

于2009年6月审议通过了对中国人权普遍定期审议最后文件。2013年10月22日，人权理事会国别审议工作组在日内瓦开展了对中国的第二次普遍性定期审议。笔者现场看到，因为报名发言的国家很多，每个国家在会上只有51秒的发言时间。有137个国家的代表，包括50多名大使先后发言，有110多位代表在发言中积极评价了中国人权事业的成就。2014年3月20日，联合国人权理事会通过了对中国人权普遍定期审议最后文件。中国在会上宣布，对各国提出的252条建议，经慎重研究和努力，决定接受其中204条建议，占建议总数的81%，涉及减贫、教育、司法改革等20多个领域。

2018年11月6至9日，中国第三次参加了联合国人权理事会普遍性定期审议。中国外交部副部长乐玉成率团与会。中方向会议提交了国家人权报告，全面介绍中国在促进和保护人权方面取得的新成就、新进展，并宣布了30项在人权领域将采取的新举措。中国代表团本着开放、包容、坦诚、合作态度同各方进行对话，积极回应与会各方提出的意见和建议，同时驳斥少数国家对中国的无理指责。审议中，120多个国家充分肯定中国在促进和保护人权方面取得的巨大成就，高度评价中国特色人权理念和实践，赞赏中国的发展进步为世界人权事业做出的重要贡献。

人权理事会的国别审查是政府间进程，但是非政府组织亦有积极的参与。比如，在第二次普遍性定期审议过程中，来自中国国内的非政府组织的参与有新的发展。按照联合国的规则，非政府组织可以在审议期间组织边会（side event），介绍和讨论相关国家的人权状况。全国妇联、中国人权研究会和中国非政府组织国际交流促进会等非政府组织出现在日内瓦的万国宫，在人权国别审议期间组织了三场边会，主题分别是"中国对妇女权利的促进""中国人权：一种整合的路径"和"中国非政府组织与人权"。发言者中既有中国人权专家和非政府组织的官员,也有对中国问题有独到观察和研究的荷兰和瑞士学者。笔者以专家身份出席边会并发言,并切身感受到,非政府组织向国际社会专门介绍中国人权领域的具体问题和发展路径,发出来自民间的声音,有效增加了外界认识中国、了解中国的渠道。考虑到联合国人权领域非政府组织的参与以西方国家背景的非政府组织为主,中国非政府组织走出国门,在联合国建设性开展工作,意义重大。

越来越多来自社会基层的非政府组织活跃起来,并开始走向国际人权舞台。比如,北京青少年法律援助与研究中心、北京致诚农民工法律援助与研究中心组团全程参加了联合国人权理事会第35届大会。2017年,为响应联合国可持续发展目标和联合国儿童基金会等国际组织发起的消除针对儿童暴力伙伴计划的号召,北京青少年法律援助与研究中心牵头,与联合国儿童基金会驻华代表处、救助儿童会中国项目等共同发起"消除针对儿童暴力中国伙伴计划",并成为中国首家联合国消除针对儿童暴力伙伴计划成员。该计划在全国范围内推动消除针对儿童的暴力。截至2018年年初,已有来自全国30多个省市的近700名不同领域的个人和机构报名参与志愿服务。

联合国大会每年改选人权理事会47个议席中1/3左右的理事会成员,获选理事会成员每届任期3年,最多可连任一次,所以连续两任后须间隔一年方可寻求新任期。2013年11月12日,第68届联合国大会在联合国总部举行全体会议,投票改选联合国人权理事会成员。中国在连任之后,间隔一届,再次以176票的高票成功当选,新的任期是2014—2016年。2016年10月28日,中国第四次以180票的高票当选联合国人权理事会成员国,再次获得连任。

中国多次高票当选人权理事会成员,反映了各国对中国人权事业所取得的巨大成就和中国在国际人权交流与合作中所发挥的重要作用的充分肯定,同时更反映了国际社会对作为正在崛起的发展中大国的中国在联合国发挥更大作用的一种期待。这种作用就是,中国将继续建设性地参与人权理事会等联合国人权机制的工作,倡导对话与合作,推动国际社会以平等态度重视各类人权,以公正、客观和非选择性方式处理人权问题。

多年来,中国积极参加人权领域国际规则的起草和制定。中国作为联合国的创始会员国,参与了《联合国宪章》《世界人权宣言》和一系列国际人权文献的制定工作,为国际人权规则体系发展做出了重要贡献。中国参与了联合国《儿童权利公约》《消除对妇女一切形式歧视公约》《禁止酷刑和其他残忍、不人道或有辱人格的待遇或处罚公约》和《残疾人权利公约》等公约的起草工作,在以《联合国气候变化框架公约》为主渠道的气候变化国际谈判中发挥建设性作用,推动气候变化《巴黎协定》的达成和生效。除公约之外,中国还参加了《保护民族、种族、语言、宗教上属于少数人的权利宣言》《发展权利宣言》《维也纳宣言与行动纲领》《和平权利宣言》等人权文件的起草。以《联合国宪章》精神为基础,中国提出"一带一路"重大倡议,大力推动经济、环境保护、医疗卫生、青少年、儿童保护与发展、网络空间治理、反腐败、禁毒等领域国际合作规则制定。

迄今为止,中国已先后加入了20多项国际人权公约和议定书。在联合国各核心人权公约中,中国没有签署或者批准1990年《保护所有移徙工人及其家庭成员权利国际公约》和2006年《保护所有人免遭强迫失踪国际公约》。中国已经批准但是尚未加入《公民权利和政治权利国际公约》,不过,中国政府正在努力创造条件,为早日批准《公民权利和政治权利国际公约》做准备"。

中国重视国际人权文书对促进和保护人权的重要作用，对于已经批准或者加入的人权公约，认真履行条约义务，及时向相关条约机构提交履约报告，与条约机构开展建设性对话，并充分考虑条约机构提出的建议与意见，结合中国国情对合理可行的建议加以采纳和落实。以 2012 年以来为例，2012 年，中国执行《残疾人权利公约》首次报告顺利通过审议。2013 年，中国执行《儿童权利公约》第三、四次合并报告和执行《〈儿童权利公约〉关于儿童卷入武装冲突问题的任择议定书》首次报告顺利通过审议。2014 年，中国执行《经济社会文化权利国际公约》第二次履约报告顺利通过审议，中国执行《消除对妇女一切形式歧视公约》第七、八次合并报告接受消除对妇女歧视委员会审议。2015 年，中国执行《禁止酷刑和其他残忍、不人道或有辱人格的待遇或处罚公约》第六次报告接受禁止酷刑委员会审议。中国是一个幅员辽阔、人口众多、国情比较复杂的发展中大国，定期撰写、准备全国性的国家履约报告，并非易事，相比联合国人权机制中长期存在的条约缔约国迟交、不交国家履约报告、不重视与人权条约机构在审议程序中的对话的现象，中国表现出积极、负责任和建设性的态度，曾经被经济、社会和文化权利委员会称为典范。

联合国的人权机制具有一定的完整性。以《联合国宪章》为基础，以《世界人权宣言》为纲领，以联合国人权核心条约为框架和基本内容，辅之以大量的联合国大会决议、宣言和联合国人权条约机制的解释性文件，联合国框架下的人权法制度已成体系，并且是不同层级的法律文本与机构建设、程序保障相配套，从标准制定到履行监督与倡导，均有积极建树。中国发展迅速，中国在联合国中的地位和作用为世界瞩目。与联合国对人权事务的重视不断加强相适应，更与国内经济发展、社会进步和法治建设同步，中国对联合国人权机制的参与不断深入。

◇ 三 中国积极促进国际人权治理

20世纪70年代末80年代初,被称为中国改革开放总设计师的邓小平提出了"韬光养晦"的低调的外交政策,符合当时和之后很长一个时期里中国的国情和有效扩大对外交往与合作的需要。随着中国综合实力的提高和国际形势的变化,中国对外政策的调整逐渐提上了日程。作为对世界经济增速贡献最大、经济整体规模和实力明显增长,国际事务参与程度越来越深,国际治理能力不断增强的中国来说,来自国际社会的期望也在明显增多。因此,"大国外交"自然成为中国外交的政策选项。它意味着中国外交对于整个世界更多的作为、更多的担当、更多的贡献。

2017年10月,中国共产党第十九次全国代表大会正式确立了习近平新时代中国特色社会主义思想。党的十九大报告中写入了"中国特色大国外交"的概念,并提出来"两个构建"的对外关系的新主张,即构建新型国际关系,构建人类命运共同体。报告指出,中国秉持共商共建共享的全球治理观,倡导国际关系民主化,坚持国家不分大小、强弱、贫富一律平等,支持联合国发挥积极作用,支持扩大发展中国家在国际事务中的代表性和发言权。中国将继续发挥负责任大国作用,积极参与全球治理体系改革和建设,不断贡献中国智慧和力量。

2018年3月11日第十三届全国人民代表大会第一次会议通过了新的宪法修正案,其中在宪法序言第十二自然段中"中国坚持独立自主的对外政策，坚持互相尊重主权和领土完整、互不侵犯、互不干涉内政、平等互利、和平共处的五项原则"后增加"坚持和平发展道路，坚持互利共赢开放战略"；并将"发展同各国的外交关系和经济、文化的交流"修改为"发展同各国的外交关系和经济、文化交流，推动构建人类命运共同体"。可见，构建人类命运共同体是对中国自20世纪50年代以来主张的和平共处五项原则的坚持和发展，是中国的宪法性原则、目标和理念。

人权领域的国际交流与合作是中国特色大国外交的重要内容，国际人权治理也是中国倡导的国际治理的有机组成部分。

从2006年人权理事会成立开始，在所有按规则有机会参选的选举中，中国均成功当选。而且，2016年10月28日，中国第四次高票当选联合国人权理事会成员国时，中国得票数高达180票，足以显示国际社会对中国人权事业所取得的成就的认可，也可以看到各国对中国在国际人权领域中发挥作用的深切期望。

什么样的国际人权治理目标、治理模式，决定了各国及其人民能否平等、公平、公正地参与和实现国际人权交流与合作，通过国内努力与国际合作的合力，共同促进国际人权事业健康发展，而正确的理念又是有效开展国际治理的前提。

2013年3月，中国国家主席习近平在莫斯科国际关系学院发表的重要演讲。他指出，人类生活在同一个地球村里，生活在历史和现实交汇的同一个时空里，越来越成为你中有我、我中有你的命运共同体。[①] 几年来，习近平在国际国内重要场合多次谈及命运共同体。

和平与发展是时代的主题。人类命运共同体的理念在人权领域，

---

① 习近平：《顺应时代前进潮流，促进世界和平发展》，载《习近平谈治国理政》，外文出版社2014年版，第272页。

突出体现为中国特色社会主义人权观对和平权、发展权的强调。习近平总书记在致"2015·北京人权论坛"的贺信中提到了两个"坚定不移",即中国坚定不移走和平发展道路,坚定不移推进中国人权事业和世界人权事业。2016年12月4日习近平总书记在致"纪念《发展权利宣言》通过30周年国际研讨会"的贺信中强调,发展是人类社会永恒的主题,联合国《发展权利宣言》确认发展权利是一项不可剥夺的人权,中国将为人类发展进步做出更大贡献,国际社会要以联合国2030年可持续发展议程为新起点,努力走出一条公平、开放、全面、创新的发展之路,实现各国共同发展。他强调,中国积极参与全球治理,着力推进包容性发展,努力为各国特别是发展中国家共享发展成果创造条件和机会。①

2015年9月,习近平主席在联合国成立70周年系列峰会上全面阐述了打造人类命运共同体的主要内涵。2017年1月,习近平主席在日内瓦万国宫出席"共商共筑人类命运共同体"高级别会议,并发表题为"共同构建人类命运共同体"的主旨演讲。在演讲中,习近平主席深刻、全面、系统阐述人类命运共同体理念,主张共同推进构建人类命运共同体伟大进程,坚持对话协商、共建共享、合作共赢、交流互鉴、绿色低碳,建设一个持久和平、普遍安全、共同繁荣、开放包容、清洁美丽的世界。② 习近平主席的重要讲话为应对当前突出全球性挑战指明了根本出路,对完善国际人权治理也具有重要启示。

2017年2月27日,中国外交部长王毅在人权理事会第三十四次

---

① 习近平:《致"纪念〈发展权利宣言〉通过30周年国际研讨会"的贺信》,《人民日报》2016年12月5日第1版。
② 习近平:《共同构建人类命运共同体——在联合国日内瓦总部的演讲》,《人民日报》2017年1月20日第2版。

会议开幕的当天，在《人民日报》发表题为"共同促进和保护人权，携手构建人类命运共同体"的文章，重申中国国家主席习近平今年年初在联合国日内瓦总部发表演讲时深入阐述的共同构建人类命运共同体的时代命题，指出：人类命运共同体理念植根于源远流长的中华文明，契合国际社会求和平、谋发展、促合作的共同愿望，为应对当前突出全球性挑战指明了根本出路，对完善国际人权治理也具有重要启示。① 随后，时任中国常驻联合国日内瓦办事处和瑞士其他国际组织代表马朝旭大使在人权理事会此次会议上，代表140个国家发表题为"促进和保护人权，共建人类命运共同体"的联合声明。他说：为维护世界和平，实现共同发展，促进和保护人权，各国应共同构建人类命运共同体，建设一个持久和平、普遍安全、共同繁荣、开放包容、清洁美丽的世界。②

中国主张在联合国引起了重要反响。2017年2月13日，联合国社会发展委员会第55届会议协商一致通过"非洲发展新伙伴关系的社会层面"决议，呼吁国际社会本着合作共赢和构建人类命运共同体的精神，加强对非洲经济社会发展的支持。这是联合国决议首次写入"构建人类命运共同体"理念。联合国安理会3月17日以15票赞成，一致通过关于阿富汗问题的第2344号决议。决议强调，应本着合作共赢精神推进地区合作，以有效促进阿富汗及地区安全、稳定和发展，构建人类命运共同体。3月23日，联合国人权理事会第三十四次

---

① 王毅：《共同促进和保护人权 携手构建人类命运共同体》，《人民日报》2017年2月27日第21版。
② 常驻联合国日内瓦办事处和瑞士其他国际组织代表马朝旭大使在人权理事会第三十四次会议所做的题为"促进和保护人权，共建人类命运共同体"的共同发言，中文全文参见中国外交部网站，http：//www.fmprc.gov.cn/ce/cegv/chn/hyyfy/t1447149.htm，2017年3月28日。

会议通过关于"经济、社会、文化权利"和"粮食权"的两个决议,又明确表示要"构建人类命运共同体",这是人类命运共同体重大理念首次载入人权理事会决议,标志着人权理事会开始在决议中正式使用由中国提出的这一重要理念。

2018年3月23日,联合国人权理事会第37次会议通过了中国提出的"在人权领域促进合作共赢"决议。该决议体现了联合国最重要的人权机关对全球人权治理的新认识、新主张,决议首次将"两个构建"同时写入联合国的文件。它强调各国要坚持多边主义,加强人权领域对话与合作,实现合作共赢,方法就是构建相互尊重、公平正义、合作共赢的新型国际关系,构建人类命运共同体。这标志着中国主张正在逐渐成为世界主张。

有中国学者认为,建设人类命运共同体是新时期中国外交事务的重要指导思想,蕴含着深刻的国际法思想与内涵。[①] 人类命运共同体概念和思想将深刻影响国内法和国际法的互动以及国内法治与国际法治的未来。构建人类命运共同体,也是来自中国的构建公正、合理的国际人权治理体系的重要话语。人类命运共同体概念和思想蕴含着人类智慧与文明的结晶,是中国对国际人权观的重要贡献。

构建人类命运共同体,中国人权在行动。截至2016年,中国累计对外提供援款4000多亿元人民币,向69个国家提供医疗援助,派遣60多万名援助人员,还为120多个发展中国家落实联合国千年发展目标提供援助。中国的"一带一路"倡议同样是面向世界的中国智慧和中国贡献,将越来越多地惠及沿线和更广范围的国家和人民,促进合作共赢、民心相通,促进当地的经济发展、社会进步和人权

---

① 李赞:《建设人类命运共同体的国际法原理与路径》,《国际法研究》2016年第6期。

保障。

中国重视并以引领者的姿态倡导通过南北合作、南南合作，推动联合国2030年可持续发展议程的落实。2016年9月，二十国集团（G20）杭州峰会还在中国的推动下，实现了G20历史上的两个"第一次"：第一次把发展问题置于全球宏观政策框架的突出位置；第一次就落实2030年可持续发展议程制订集体行动计划。

当今，在世界范围内，尊重和保障人权的事业面临诸多挑战，而广大发展中国家面临的困难和阻碍尤其突出和严重。2017年12月7日至8日，中国国务院新闻办和外交部在北京举办首届"南南人权论坛"。中国国家主席习近平致贺信，来自世界近60个国家、地区及国际组织的200余位代表出席论坛并积极参与讨论，共商发展中国家和世界人权发展大计。习主席的贺信，发出了新时代加强全球人权治理的中国声音——以人民为中心，坚持人权的普遍性与特殊性相统一，强调以合作促发展、以发展促人权，共同构建人类命运共同体。这对广大发展中国家乃至世界人权事业发展具有重要的启发和引领作用。

正如2018年2月28日中国常驻联合国日内瓦办事处和瑞士其他国际组织代表俞建华大使在联合国人权理事会第三十七次会议上阐述中国的立场和主张时所说的，在"两个构建"的目标之下，中国主张以发展促人权、以安全促人权、合作促人权、以公平促人权，"中国始终是国际人权治理的参与者、建设者和贡献者，始终积极推动国际人权事业健康发展"[1]。这一阐述典型地体现了中国文化中整体论的思想，即不是就人权说人权，而是将人权置于整个社会文明进步的大

---

[1] 俞建华:《坚持合作共赢共促人权发展——在人权理事会第三十七次会议高级别会议一般性辩论中的发言》，中国外交部网站，http://www.mfa.gov.cn/ce/cegv/chn/hyyfy/t1538414.htm，2018年3月9日。

框架之下,通过系统地考察,主张将与人权相关的要素有机联系起来,真正有效地促进人权。因此,可以说中国对国际人权治理的贡献是全面、科学和务实的。

总体来看,中国特色社会主义人权观在近年来又在不断加强制度和理论创新的基础上获得重要的突破和发展。中国对人权保障的基本立场与国际社会特别是联合国的人权立场与主张高度一致。中国主张所有人权的整体推进,同时强调基于国情,选择适合自己的发展道路,将人民的生存权和发展权放在首位;中国认为,人权只有更好,没有最好,国与国之间应当在平等与互相尊重的基础上开展建设性的人权对话与合作;中国支持联合国人权理事会在客观、公正、非政治化、非选择性、非对抗性的工作原则基础上开展工作。特别是,构建人类命运共同体的提出,为人权保护的国际交流与合作奠定了坚实的思想与理论基础,为国际人权治理指明了方向。

在正确的中国特色社会主义人权观的指引下,中国不仅在国内有计划、有步骤地推进人权事业的发展,也正在积极参与和促进国际人权治理,为国际人权事业的健康发展贡献智慧。

参考文献

习近平：《习近平谈治国理政》，外文出版社2014年版。

习近平：《习近平谈治国理政·第二卷》，外文出版社2017年版。

李步云：《人权法学》，高等教育出版社2005年版。

李步云、孙世彦：《人权案例选编》，高等教育出版社2008年版。

徐显明主编：《国际人权法》，法律出版社2004年版。

白桂梅：《人权法学》，北京大学出版社2011年版。

《国际人权法教程》项目组：《国际人权法教程》第1卷，中国政法大学出版社2002年版。

白桂梅等：《国际法上的人权》，北京大学出版社1996年版。

罗豪才：《软法的理论与实践》，北京大学出版社2010年版。

罗豪才、宋德功：《软法亦法：公共治理呼唤软法之治》，北京大学出版社2009年版。

董云虎、常健主编：《中国人权建设60年》，江西人民出版社2009年版。

李林：《走向人权的探索》，法律出版社2010年版。

刘海年：《新中国人权保障发展六十年》，中国社会科学出版社2012年版。

谷春德：《中国特色社会主义人权理论与实践研究》，中国人民大学出版社 2013 年版。

陈佑武：《中国特色社会主义人权理论研究》，中国检察出版社 2012 年版。

刘杰：《人权：中国道路》，五洲传播出版社 2014 年版。

刘杰：《中国政治发展进程·2017 年》，时事出版社 2017 年版。

常健主编：《当代中国人权保障》，中国人民大学出版社 2015 年版。

薛进文、常健等：《中国特色人权发展道路研究》，中国社会科学出版社 2016 年版。

鲜开林：《中国特色社会主义人权理论体系研究》，人民出版社 2014 年版。

中华人民共和国最高人民法院：《中国法院的司法改革：2013—2016 年》，人民法院出版社 2017 年版。

中华人民共和国外交部条法司编：《中国国际法实践案例选编》，世界知识出版社 2018 年版。

中国外交部国际司编：《中国"人权入宪"十年：2004—2014 年》，世界知识出版社 2015 年版。

中国人权研究会编：《中国梦：中国人权事业的新进展》，五洲传播出版社 2015 年版。

柳华文：《人权知识：联合国核心人权公约与机制》，湖南大学出版社 2016 年版。

刘楠来主编：《发展中国家与人权》，四川人民出版社 1994 年版。

曾令良等编著：《国际人权公约的实施及中国的实践》，武汉大学出版社 2015 年版。

陈泽宪主编：《人权领域的国际合作与中国视角》，中国政法大学出版社 2017 年版。

莫纪宏：《国际人权公约与中国》，世界知识出版社 2005 年版。

戴瑞君：《国际人权条约的国内适用研究》，社会科学文献出版社 2013 年版。

熊万鹏：《人权的哲学基础》，商务印书馆 2013 年版。

贾宇主编：《人权论衡·特刊》，中国民主法制出版社 2016 年版。

孙平华：《〈世界人权宣言〉研究》，北京大学出版社 2012 年版。

汪习根：《法治社会的基本人权——发展权法律制度研究》，中国人民公安大学出版社 2002 年版。

李林：《中国的法治道路》，中国社会科学出版社 2016 年版。

齐延平等：《人权观念的演进》，山东大学出版社 2015 年版。

陈来：《中华文明的核心价值：国学流变与传统价值观》，生活·读书·新知三联书店 2015 年版。

干春松：《中华文化简明读本》，中国社会科学出版社 2017 年版。

张宇燕、冯维江：《中国的和平发展道路》，中国社会科学出版社 2017 年版。

陈泽宪主编：《公民权利与政治权利国际公约的批准与实施》，中国社会科学出版社 2008 年版。

孙世彦：《公民及政治权利国际公约缔约国的义务》，社会科学文献出版社 2013 年版。

刘海年：《〈经济、社会和文化权利国际公约〉研究》，中国法制出版社 2000 年版。

柳华文：《国家在〈经济、社会和文化权利国际公约〉下义务的不对称性》，北京大学出版社 2005 年版。

柳华文：《经济、社会和文化权利的可诉性研究》，中国社会科学出版社 2008 年版。

黄金荣：《〈经济、社会、文化权利国际公约〉国内实施读本》，北京大学出版社 2011 年版。

黄金荣：《司法保障人权的限度：经济和社会权利可诉性问题研究》，社会科学文献出版社 2009 年版。

龚向和：《从民生改善到经济发展：社会权法律保障新视角研究》，法律出版社 2013 年版。

王光贤：《禁止酷刑的理论与实践——国际和国内监督机制相结合的视角》，上海人民出版社 2007 年版。

王雪梅：《儿童权利论》，社会科学文献出版社 2005 年版。

柳华文：《儿童权利与法律保护》，上海人民出版社 2008 年版。

苑立新主编：《中国儿童参与状况报告（2017）》，社会科学文献出版社 2017 年版。

中国儿童中心编：《中国家庭教养中的父母角色》，社会科学文献出版社 2017 年版。

王振耀主编：《重建现代儿童福利制度——中国儿童福利政策报告 2014》，社会科学文献出版社 2015 年版。

刘继同：《国家责任与儿童福利》，中国社会出版社 2010 年版。

黎建飞主编：《残疾人法教程》，中国人民大学出版社 2016 年版。

陈明侠、黄列：《性别与法律研究概论》，中国社会科学出版社 2009 年版。

李秀华、李傲等：《性别与法》，中国政法大学出版社 2012 年版。

常安：《统一多民族国家的宪制变迁》，中国民主法制出版社 2015 年版。

郭春宁：《人权视角下的中国残疾人社会保障》，中国劳动社会保障出版社 2014 年版。

张万洪、姜依彤主编：《平等、融合与发展：残障组织权利倡导指南》，社会科学文献出版社 2015 年版。

赵树坤：《中国特定群体人权保护的理论与实践》，法律出版社 2012 年版。

佟丽华：《走进联合国——中国社会组织参加联合国人权理事会大会纪实》，人民出版社 2017 年版。

[加拿大] 约翰·汉弗莱：《国际人权法》，庞森译，世界知识出版社 1992 年版。

[瑞典] 格德门德尔·阿尔弗雷德松、[挪] 阿斯布佐恩·艾德：《〈世界人权宣言〉：努力实现的共同目标》，中国人权研究会译，四川人民出版社 1999 年版。

[挪] 艾德等：《经济、社会和文化权利教程》，中国人权研究会译，四川人民出版社 2004 年版。

[奥] 曼弗雷德·诺瓦克：《国际人权制度导论》，柳华文译，北京大学出版社 2010 年版。

[美] 安靖如：《人权与中国思想：一种跨文化的探索》，黄金荣、黄斌译，中国人民大学 2012 年版。

[日] 须藤瑞代：《中国"女权"概念的变迁：清末民初的人权和社会性别》，姚毅译，社会科学文献出版社 2010 年版。

[日] 大沼保昭：《人权、国家与文明》，王志安译，生活·读书·新知三联书店 2003 年版。

"人的安全网络"组织：《人权教育手册》，李保东译，生活·读书·新知三联书店 2005 年版。

Sonya Sceats and Shaun Breslin, *China and The International Human*

Rights System, Chatham House, 2012.

Wolfgang Benedek, *Understanding Human Rights: Manual on Human Rights Education*, NWV Neuer Wissenschaftlicher Verlag, Wien-Graz, 2nd edition, 2006.

Rebecca Wallence, *International Human Rights: Text and Materials*, 2nd edition, Sweet & Maxwell, 2001.

Hans-Otto Sano and Gudmundur Alfredson (ed.), *Human Rights and Good Governance: Building Bridges*, Martinus Nijhoff Publishers, 2002.

Anne F. Bayefsky (ed.), *The UN Human Rights Treaty System in the 21st Century*, Kluwer Law International, 2000.

Henry J. Steiner and Philip Alston, *International Human Rights in Context: Law, Politics and Morals (Text and Materials)*, Oxford Clarendon Press, 1994.

Gudmundur Alfredsson, Jonas Grimheden, Bertram G. Ramcharan and Alfred de Zayas (eds), *International Human Rights Monitoring Mechanisms: Essays in Honour of Jakob Th. Möller*, Martinus Nijhoff Publishers, 2001.

索 引

G20 33, 252

中国人类发展报告 2016 1

2030 年可持续发展议程 31 - 32, 34, 57, 124 - 125, 225, 228, 230 - 231, 242, 249, 252

安东尼奥·古特雷斯 232

安娜·埃莉诺·罗斯福 19

巴黎协定 245

巴黎原则 226

保留 78, 80 - 81, 85, 234

北京人权论坛 31, 34, 186, 249

表达权 74, 83, 92, 94, 109 - 110

财产权利 8, 24, 48, 99

参与权 68, 83, 89, 107, 143, 205

查尔斯·马利克 20

陈独秀 19

邓朴方 222, 241

邓小平 14, 21, 247

儿童最大利益原则 142 - 143, 150, 153

发展权 11 - 13, 15, 31 - 34, 42, 72, 76, 94, 143, 175, 213 - 214, 221 - 222, 229 - 231, 249, 253

反腐 9, 23, 93 - 94, 112

反家庭暴力法 131 - 132, 135, 157

反恐 242

非政府组织 19, 91 - 92, 123, 127, 189 - 192, 212, 234,

239，241，243-244

扶贫　43-44，46，56，59，109，126，172，192，219-221，223

妇女权益保障法　28，127-128，132

工作权利　44，57

国际人权法　31，75，117-119，121，142，186，191，194，204，205，213，234，236，239

国际人权治理　31，34，232，247-253

国家人权教育和培训基地　65-66

国家人权行动计划　12，15-16，29-30，43，46，52，54，56，66，70，72，79，83，130，133-134，147，149-150，172，174，197-198，201，204，216，222

和平权　31，249

环境保护法　54，68，70

环境权利　54，67，70

婚姻法　7，117，132，144，154

获得公正审判的权利　74，80，86，100

基本生活水准权利　45-46，59

计划生育　155

家庭暴力　131，135-137，153，157

监察法　112-113

监督权　68，83，92-94，110

健康权利　49，61，130-131

科菲·安南　212，237

老龄化　185-190，193-194，197-201，206-207

老年人权益保障法　196-197，203

勒内·卡辛　19

李克强　4，221，242

联合国宪章　120，204，234-236，238，240，245-246

梁慧星　25

乐玉成　243

留守儿童　51，149，156-158

马朝旭　250

马德里国际老龄问题行动计划　186，189-190，192

民法　8，23，25，28，165

民法典　24－25，48

民生　13，30，34－35，42－44，56，70－71，120，179，199，217，221，231

民族区域自治　161，163－165，170，174，179，182－183

民族区域自治法　165－167，170，173

南南合作　33，229，252

难民　242

内蒙古　161，163，167，173，175，177

女童　119，125，140，158

彭真　26，79

普遍性定期审议　32，183，242－243

气候变化　233，245

全国妇联　117，123，126，132－133，145，195，243

全国老龄工作委员会　192，194－196，199

人的尊严　122，203

人类命运共同体　10，33，233，247－253

人权教育　52，65－66

人权理事会　10，29，32，94，183，194，232，238－240，242－245，248－253

人权入宪　20，22－23

人身权　83

软法　91，149，197

社会保障权利　47，59

社会组织　16－17，30，68，91，93，108－109，131，140，198，217，227

生存权　11－13，15，21，32－34，39，42，72，143，213，222，229，231，253

世界人权宣言　15，19，30，37，74，75，79，121，204，235，240，245－246

受教育权　50－51，63，150，223

特赦　28，97－98

王家福　21

王利明　24－25

王毅　230，249－250

维也纳人权宣言和行动纲领　29

未成年人保护法　28，140－144，147

文化权利 13-14，32，34，36-43，45-46，52，55-56，66-67，70-76，79，94，121，189，193，204，223，235-236，246，251

无障碍 106，212，216，218-220，222，224

吴邦国 8，23

西藏 105，133，162-163，167，173-175，177-179，183

希拉里·克林顿 34

习近平 2-6，10，12，23，26-28，31，33-35，44，57，70-71，82，91，97，114，125，164，173，179-180，201，220，241，247-250，252

宪法 3，7-8，10，15，18，20，22-26，28-30，80，83-84，88-89，93，97，104，113，127，142，149，164-166，168，170，173，179，181，196，204，215，247-248

宪法修正案 3，7-8，18，22-24，164，247

新疆 60，64，162-163，167，173-177，179-180

信春鹰 22

刑事诉讼法 8，26，78，80，84，87，95，97，102

刑讯逼供 26，81，83-84，96，102

性别平等 117，120-121，123-124，128，132，135-136，138，158，189，204，230

徐显明 18，22，25

俞建华 252

约翰·汉弗莱 118，236

约瑟夫·拜登 34

张彭春 19-20

赵作海 26

知情权 68，74，83，86-87，89-90，93，103，106

中国残联 126，213-216，220，222，227，230

中国儿童发展纲要 30，146-147

中国反对拐卖人口行动计划

131，135

中国妇女发展纲要　30，129 -
　　130

中国共产党章程　3，23

中国梦　1 - 2，4 - 6，13，15，

17，44，173

追逃　94，98

宗教信仰自由　87 - 89，104，
　　167 - 168，174